Timorsee
MELVILLE ISLAND
COBURG PENINSULA
BATHURST ISLAND
KAKADU NATIONAL PARK
Darwin
LITCHFIELD NATIONAL PARK
Jim Jim Falls
Adelaide River
KATHERINE NAT. PARK
Katherine
Mataranka
Kalumburu
KEEP RIVER NATIONAL PARK
Wyndham
GREGORY NATIONAL PARK
Daly Wate
Kimberleys
Kununurra
Lake Argyle
NORTHERN TERRITORY
Cape Leveque
Beagle Bay
Derby
PURNULULU NP
BUNGLE BUNGLE NP
Broome
Fitzroy Crossing
Halls Creek
Tennant Creek
250 km
155 miles
N
INDISCHER OZEAN
Devil's Marbles
Great Sandy Desert
Tanami Track
Tanami Desert
Eighty Mile Beach
Port Hedland
Lake Mackay
Karratha
Marble Bar
Macdonnell Ranges
Dampier
Pilbara
Hamersley Range
FINKE GORGE NATIONAL PARK
Tropic of Capricorn
Wittenoom
KARIJINI NATIONAL PARK
Gibson Desert
WATARRKA NATIONAL PARK
Exmouth
Erlund
CAPE RANGE NATIONAL PARK
Tom Price
Newman
Mount Olga
Ayers Rock
Great Northern Highway
Gunbarrel Highway
ULURU KATA TJUTA NATIONAL PARK
Warburton
Marla
Carnarvon
Shark Bay
Wiluna
WESTERN AUSTRALIA
SOUTH AUSTRALIA
Monkey Mia
Meekatharra
Great Victoria Desert
Denham
KALBARRI NATIONAL PARK
Mount Magnet
Leonora
Nullarbor Plain
Ooldea
Cook
Geraldton
Brand Highway
Kalgoorlie-Boulder
Indian Pacific
Eucla
Ceduna
Eyre Highway
NAMBUNG NATIONAL PARK
Coolgardie
Norseman
Große Australische Bucht
ROTTNEST ISLAND
Perth
Fremantle
Wave Rock
Bunbury
Arthur River
Esperance
LEEUWIN NATIONAL PARK
Margaret River
STIRLING RANGE NATIONAL PARK
Cape Leeuwin
Augusta
Pemberton
Albany
INDISCHER OZEAN

Torres Strait
afurasee
THURSDAY ISLAND
Cape York
hulunbuy
Weipa
CAPE YORK PENINSULA
LIZARD ISLAND
Golf von Carpentaria
Great Barrier Reef
Korallensee
Cooktown
Cape Tribulation
DAINTREE NATIONAL PARK
Mossman
Port Douglas
GREEN ISLAND
FITZROY ISLAND
Cairns
Karumba
Normanton
HINCHINBROOK ISLAND
DUNK ISLAND
BEDARRA ISLAND
MAGNETIC ISLAND
Burketown
Great Dividing Range
Townsville
Bowen
WHITSUNDAY ISLANDS
Cloncurry
Mount Isa
Mackay
BRAMPTON ISLAND
QUEENSLAND
EUNGELLA NATIONAL PARK
Winton
Boulia
GREAT KEPPEL ISLAND
HERON ISLAND
Barcaldine
Longreach
Rockhampton
Gladstone
Bundaberg
CARNARVON NATIONAL PARK
FRASER ISLAND
Maryborough
Matilda Highway
Birdsville
Birdsville Track
Charleville
Sunshine Coast
MOOLOOLABA RIVER NATIONAL PARK
Brisbane
Cunnamulla
LAMINGTON NATIONAL PARK
Surfers Paradise
Gold Coast
Lismore
Byron Bay
Cooper Creek
Innamincka
Lake Eyre
Marree
Lake Torrens
Bourke
NEW SOUTH WALES
Coffs Harbour
FLINDERS RANGES NATIONAL PARK
Port Augusta
Tamworth
Broken Hill
Dubbo
Port Macquarie
LORD HOWE ISLAND
Wellington
Hunter Valley
Pacific Highway
BLUE MTS. NATIONAL PARK
Newcastle
Darling
Mildura
Cowra
Sydney
Blue Mts.
Barossa Valley
Murray
Wagga Wagga
Adelaide
Murray Bridge
MURRAMARANG NATIONAL PARK
Canberra (ACT)
Victor Harbor
Mount Kosciusko
Cooma
PAZIFISCHER OZEAN
Bendigo
Horsham
Snowy Mts.
VICTORIA
GRAMPIANS NATIONAL PARK
Halls Gap
Ararat
Great Ocean Road
Melbourne
Mount Gambier
Lakes Entrance
Warrnambool
Geelong
PORT CAMPBELL NATIONAL PARK (Twelve Apostles)
WILSONS PROMONTORY NATIONAL PARK
Bass Strait
KING ISLAND
FLINDERS ISLAND
Tasmansee
CRADLE MOUNTAIN LAKE ST. CLAIR NATIONAL PARK
Bay of Fires
Launceston
FREYCINET PENINSULA
Strahan
MARIA ISLAND
TASMANIEN
Hobart
Port Arthur

Australien

Don Fuchs

Neuseeland

Holger Leue

BRUCKMANN

Inhalt

AUSTRALIEN

Sydney: Die Nacht der Nächte 8

Die Parade des Sydney Gay and Lesbian Mardi Gras ist fröhlich und bunt wie ein Karnevalsumzug. Australiens größtes Straßenfest ist aber zugleich auch eine Demonstration für Freiheit und Toleranz.

Sydney: Life's a Beach 16

Ohne die freiwillige Arbeit der Lebensretter wäre die Sicherheit an Sydneys beliebten Stränden nicht gewährt. Zwei Lebensretter am Manly Beach führen durch den Tag.

Deniliquin: Ball der einsamen Herzen 24

So etwas kann es nur im autoverrückten Australien geben: Ein dreitägiges Festival um die »Ute« genannten Pick-up-trucks, das in einen kuriosen Weltrekordversuch mündet.

White Cliffs: Die Maulwurfskolonie 32

Im sonnenverbrannten Outback von New South Wales leben die Bewohner von White Cliffs in friedvoller Anarchie und hoffen auf den großen Fund.

The Gulflander: Von Nirgendwo nach Nirgendwo 44

Mit dem Lokführer Ken Millard geht es auf eine außergewöhnliche Zugreise durch die weiten Savannen von Queensland: Der Gulflander verbindet Normanton mit dem ehemaligen Bergwerksort Croydon.

Birdsville: Ascot im Outback 54

Einmal im Jahr wird der abgelegene Ort Birdsville im Outback von Queensland von einer Invasion heimgesucht. Dann steht das verrückteste Pferderennen Australiens auf dem Programm – und der Ort Kopf.

Kimberley Coast: Reise in eine versteinerte Zeit 62

Die Kimberley Coast in Westaustralien – eine der letzten Wildnisküsten und eine der am seltensten besuchten Regionen der Erde – als Ziel einer außergewöhnlichen Expeditionskreuzfahrt.

Gibb River Road: Seitensprünge 74

Auf der als »beef road« konzipierten Staubpiste quer durch die Kimberley-Region zu den versteckten Schönheiten einer einzigartigen wilden Natur: Allradabenteuer auf der Gibb River Road.

Cocos Islands: Leben in Zeitlupe 86

Weit draußen im Indischen Ozean, auf halbem Weg nach Sri Lanka, verstecken sich die Cocos (oder: Keeling) Islands. Kenner vergleichen die verwunschenen Inseln mit den Malediven vor der touristischen Entdeckung.

New Norcia: Die Zeitmaschine 98

Die alte Welt in der neuen findet man in New Norcia, einem Klosterdorf, das seit dem Jahr 1846 von Benediktiner-Mönchen geführt wird. Reisende haben hier die Möglichkeit, in eine sakrale, friedvolle Enklave zu blicken, die einzigartig in Australien ist.

Aborigines: Echos aus der fernen Zeit 106

Eine spirituelle Reise zu beeindruckenden Zeugnissen der »ältesten noch lebenden Kultur der Erde«.

Die Whitsunday Islands: Out of the Blue 118

Ein ausgedehnter Streifzug durch eine der schönsten Ferienregionen Australiens, die grandiose Inselwelt der Whitsunday Islands.

Flinders Ranges: Ein tierisches Abenteuer 128

Acht Tage lang zieht der Autor unter der Führung des Cameleers Luke mit Kamelen durch das Wüstengebirge der nördlichen Flinders Ranges in Südaustralien und lebt das Leben der »camel men« nach, die einst entscheidend zur Erforschung des Fünften Kontinents beigetragen haben.

Reise-Tipps und Informationen 136

Aus dem Notizbuch des Autors: Hotels, Restaurants, Attraktionen und wichtige Adressen und Telefonnummern für Reisen »down under«.

Inhalt

Nostalgie-Flug mit einer DC-3: Über Stock und Stein 142

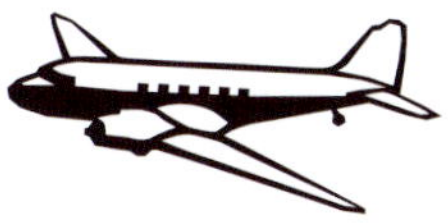

„Dulcie" heißt die restaurierte DC-3 von „Pionair" – einer Gesellschaft, die sich auf nostalgische Flugreisen durch Neuseeland und Australien spezialisiert hat. Während Flugkapitän Alistair die beiden Motoren warmlaufen lässt, machen es sich die Passagiere in der Kabine bequem.

City of Sails: Auckland 156

Die Lage der Millionenstadt an einer Landenge zwischen zwei Weltmeeren ist nahezu ideal für den Segelsport. Schätzungsweise 100 000 Boote liegen in den Marinas der Stadt, eines auf zehn Einwohner. Das ist die größte Bootsdichte der Welt.

The Beach Goes On: Die schönsten Strände 168

Für die Maoris waren die wilderen Strände an der Westküste männlich und die geschützteren im Osten weiblich. Heute sind andere Kriterien wichtig: Welcher der Strände ringsum ist besonders geeignet für Schwimmer, welcher für Surfer, welcher für Angler?

Ein Maori-Geburtstag: Te Kaha 178

Moengaroa Kerei, kurz Moe genannt, wird sechzig Jahre alt. Die Gäste haben sich seit zwei Tagen versammelt, sie kommen zum Teil von weither, die älteste Tochter sogar aus Sydney.

Die Südinsel im Campingbus: On the road: 196

Wer in Neuseeland mit dem Wohnmobil reisen will, findet nahezu ideale Bedingungen vor. Wo es nicht ausdrücklich verboten ist, ist Campen erlaubt, und in praktisch jedem Dorf hat jemand seinen Garten zu einer Campingwiese umfunktioniert.

Abenteuerspielplatz: Queenstown 210

Immer auf dem Sprung: Queenstown ist eine harte Stadt. Hier treffen sich harte Männer und harte Frauen, die das Extreme lieben. Denn extrem ist fast alles hier in Queenstown – dem Mekka für Adrenalin-Junkies zwischen Endorphin-Rausch und freiem Fall.

Laufen, klettern, fliegen: Westland 224

Der Westland Nationalpark ist ungefähr so groß wie der Schwarzwald. Eine einzige geteerte Straße schlängelt sich wie ein langes Band die Küste entlang. Wann immer wir woanders hin wollen, müssen wir laufen, klettern oder – fliegen. Im Hubschrauber.

Weine für die Welt: New Rebland 238

Sie heißen heute nicht mehr „Liebestraum" oder „Wohnsiedler". Neuseelands Weine müssen keine deutsche (oder mediterrane) Herkunft mehr vortäuschen, um im eigenen Land akzeptiert zu werden – und nicht nur da.

Reise-Tipps und Informationen 250

Allgemeine Informationen, wichtige Adressen und Telefon-Nummern für eine Reise durch Neuseeland, mit besonderen Angaben zu den einzelnen Kapiteln.

Sydney
DIE NACHT DER NÄCHTE

Living Legend. Ron Mancaster prägt seit den Anfängen den Mardi Gras mit seinen extravaganten Kostümen.

Die Parade des Sydney Gay and Lesbian Mardi Gras ist fröhlich und bunt wie ein Karnevalsumzug. Australiens größtes Straßenfest ist aber auch zugleich eine Demonstration für Freiheit und Toleranz.

Jedes Jahr Ende Februar marschieren sie zu tausenden. Und die Menschen von Sydney schauen zu: zu abertausenden. Ebenso regelmäßig treten alle Jahre wieder eine Handvoll Kreuzzügler gegen moralischen Verfall, Perversion, Andersartigkeit an: Es ist Mardi Gras, und Sydney steht Kopf. Die Oxford Street, eine der großen Arterien, die die City mit den Vorstädten verbindet, wird dann ihrer Pflichten als sechsspurige Verkehrsader für mehrere Stunden enthoben. An diesem Abend werden an die 700 000 Menschen die Straße säumen, haben sich Kamerateams aufgebaut, marschieren die Schwulen und Lesben.

Schon am Nachmittag sind die Oxford Street sowie ihre Cityzubringer Elizabeth Street und Liverpool Street abgesperrt. Barrikaden säumen die Straßenzüge, Polizei und Sicherheitsbeamte schwirren umher, um Ordnung in das sich entwickelnde Chaos zu bringen. Bereits um vier Uhr Nachmittag säumen tausende den Straßenrand, um zu sehen, wie sich die Paradiesvögel der weltweiten Schwulengemeinde versammeln und für die Parade fertig machen. Jetzt ist der große Moment der Fotografen, denn »man(n)« zeigt sich, lächelt in die Kameras, posiert.

Noch ist Zeit. Der Umzug beginnt erst um sieben Uhr abends. In der Elizabeth Street, die den Hyde Park begrenzt, reihen sich bereits die Festwagen, üben Tanzgruppen noch einmal ihre Schritte. Zwischen all dem Getümmel, noch beinahe unsichtbar, bereitet sich Ron Mancaster auf seinen Auftritt vor: Der Schmetterling beginnt zu schlüpfen. Mit Hilfe seines Partners verlässt er seinen Kokon und beginnt langsam seine Flügel zu entfalten; grazil, filigran. Die Verwandlung ist vollkommen: Aus einem schmächtigen, fast unauffälligen Mann wird ein Kunstobjekt, das Blicke auf sich zieht, das den Kameras schmeichelt; das später, auf dem drei Kilometer langen Weg von hier zum Taylor Square, Jubel in der Menge auslösen wird. Für Ron ist das allerdings nichts Neues. Der inzwischen 65-jährige ist seit über 20 Jahren dabei. Er ist eine Institution, »a living legend«.

Am 24. Juni 1978 marschierten erstmals etwa 1000 Menschen die Oxford Street entlang, um den International Gay Solidary Day zu zelebrieren, um an die Stonewall-Unruhen in den USA zu erinnern, gegen die Schikanen der australischen Polizei zu protestieren und für die Aufhebung jener Gesetze zu demonstrieren, die Homosexuelle in Australien diskriminieren. In letzter Minute war die Demonstrationserlaubnis aufgehoben worden, und die Polizei verhaftete 53 Aktivisten. Ron erinnert sich noch genau an die Szenen, als die Polizisten brutal mit Schlagstöcken die Proteste unterbanden und – nachdem die Proteste nicht verstummten – weitere 100 Menschen verhafteten.

Zwanzig Jahre später ist die Parade des Sydney Gay and Lesbian Mardi Gras ein regelmäßiges Ereignis geworden. Einige der Teilnehmer des Jahres 1978 sind wieder dabei, in der ersten Reihe des Umzugs. Und auch die Polizei ist wieder da. In ihren makellosen Uniformen nehmen die Polizisten Aufstellung, dann marschieren sie los. Diesmal allerdings in die gleiche Richtung wie alle anderen Teilnehmer zum zwanzigsten Jahrestag. Es ist die größte Parade in der Geschichte des Mardi Gras. Die meis-

Provokation.
Tabus brechen, viel Haut zeigen – und Spaß haben, das ist Mardi Gras in Sydney.

ten Zuschauer denken wohl daran, wie sehr sich die gesellschaftlichen Werte seit dem Jahr 1978 geändert haben. Nur Reverend Fred Nile, Pfarrer der Uniting Church of Australia, Mitglied der Christian Democratic Party und moralischer Kreuzzügler, veranstaltet mit einer Handvoll Anhänger seinen inzwischen traditionellen Protestzug gegen die Parade.

Vor zwanzig Jahren war Ron ein Mitglied jener Künstlergruppe, in der die Idee geboren wurde, sich für die Parade herauszuputzen, sich in auffälligen Kostümen zur Schau zu stellen. Er war es dann auch, der das erste Kostüm für den Mardi Gras entwarf: »Ich war schon immer ein Exhibitionist«, sagt er, während sein Partner an seinem Kostüm die letzten Vorbereitungen trifft. »Ich habe Spaß daran, mich so richtig herauszuputzen. So verwandelten wir einen Protestmarsch politischer Aktivisten in ein rauschendes Fest.«

Die Sonne ist bereits hinter dem Hochhausgebirge der City verschwunden. Die Dämmerung setzt langsam ein, als die Parade endlich beginnt. Ungezählte Harleys donnern los: Die Armada der »dykes on bikes«, der Lesben auf Motorrädern, setzt sich dröhnend in Bewegung, von der Menge angefeuert. Ron ist jetzt aufgeputzt wie ein Pfau, eine wartende Diva mit Brokat und Pailletten, Federn und Samt. Sein mächtiger Kopfschmuck besteht aus einem Federkranz – ein Pfauenrad in Schwarz-Weiß, der weite Rock glitzert und leuchtet, reflektiert die Straßenlichter und die Blitzlichter der Fotografen. Von drei Seiten werden Festwagen und Gruppen in die Parade geschleust. Es dauert fast eine halbe Stunde, bis sie endlich bei Ron angekommen ist. Doch dann sind er und sein Partner endlich an der Reihe, und die nächsten Stunden gehören ihm: Stolz, aufgerichtet, selbstbewusst schreitet er dahin, ein Lachen im Gesicht. In seinem inzwischen grau gewordenen Bart glitzern Pailletten: Auftritt der unbestrittenen »Queen of Mardi Gras«.

Aber hinter der glitzernden Fassade versteckt sich auch ein anderer Ron – einer, für den der Mardi Gras auch ein Gedächtnisumzug für all jene Freunde und Partner ist, die heute nicht dabei sind: »Ich bin der Einzige aus der Künstlergruppe, der noch übrig ist. Das ist der Grund, warum sie mich eine lebende Legende

Karneval.
Wenig oder viel, echt oder unecht, der Fantasie sind beim Mardi Gras keine Grenzen gesetzt.

nennen«: Vor mehr als 20 Jahren wurde Ron als HIV-positiv diagnostiziert. Er erinnert sich an das Jahr 1984, als Aids die Homosexuellen-Gemeinde in Sydney dezimierte: »Es war wie im Krieg. Um mich herum starben Menschen nur so weg.«

Nun geht es die Liverpool Street hinauf zum Whitlam Square, wo die Oxford Street beginnt. Musik dröhnt aus vielen Lautsprechern, Flutlichter erhellen die Parade. Der staatliche australische Sender ABC überträgt das Spektakel live, die anderen werden in den folgenden Wochen Berichte und Zusammenschnitte bringen. Alle Sender haben Nachrichtenteams bereitgestellt. Sie warten auf Ron, der sich den Fragen stellt, filmen und fotografieren lässt, und immer in Bewegung bleibt.

Ron ist nicht nur in Schwulenkreisen eine Berühmtheit. Anfangs machte er seine Kostüme noch aus Abfall und Restmaterialien, heute gelten seine Kreationen als Kunst. Schon vierzehnmal hat er den Kostümwettbewerb des Mardi Gras gewonnen. Die National Gallery in Canberra stellte seine Werke zur Schau, es folgte die Australien Gallery in Sydney, danach dann das Powerhouse Museum. Eines seiner Kostüme ist sogar im neuen Australian Museum in Canberra zu bewundern: »Ich bin nicht der Intelligenteste«, meint er bescheiden, »aber sehr geschickt mit meinen Händen. Gott hat mich mit handwerklichem Können gesegnet.«

Für Ron ist das Gestalten dieser Kostüme nur ein Hobby, sein Geld verdient er seit 35 Jahren als Antiquitätenhändler. Davor restaurierte er die teuren Stücke. Für ein Hobby ist das Anfertigen der Kostüme allerdings ziemlich zeitaufwändig. Und teuer: »Im Lauf der Zeit gab ich mehr und mehr Geld dafür aus. Einmal schlugen allein schon die Pailletten mit etwa 3000 Dollar zu Buche. Aber ich gebe eben lieber einen Dollar für Pailletten aus als für ein Sandwich.«

Langsam zeichnen sich auf Rons Gesicht Müdigkeit und Erschöpfung ab. Doch seine Augen strahlen immer noch.

Für viele Homosexuelle ist der Umzug auch eine Menschenrechtsdemonstration, ein Akt der Befreiung. An diesem Abend können sie sich zeigen, sich offen zu ihren Neigungen bekennen, protestieren und provozieren. Und es ist ein relativ sicheres Ereignis: Zwischenfälle sind trotz – oder

Liebesreigen.
Sich öffentlich zu seinen Neigungen zu bekennen, ist wie eine Befreiung.

dank – der Menschenmassen rar, die Stimmung ist fröhlich und friedlich.

Der Alltag sieht allerdings anders aus, selbst in einer liberalen Stadt wie Sydney. »Gay bashing«, das Verprügeln Homosexueller, ist nach wie vor ein beliebter »Sport«, Homophobie immer noch weit verbreitet.

»Trotzdem haben wir es seit den Tagen des Oskar Wilde weit gebracht«, meint Ron. Das stimmt: Die Barrieren brechen langsam zusammen. Aber immer noch gibt es genügend Gründe, um einmal im Jahr auf die Straße zu gehen, um seine Rechte einzuklagen, aber auch um politische wie wirtschaftliche Macht zu demonstrieren. Denn der Mardi Gras sowie das damit verbundene dreiwöchige Festival ist inzwischen so bedeutend geworden, dass es nicht mehr ignoriert werden kann. Alle namhaften Politiker sind präsent oder tragen Grußworte bei. Nahezu 100 Millionen Dollar fließen zu diesem Ereignis in den Stadtsäckel von Sydney, 12 000 internationale und nationale Besucher füllen Hotels, Restaurants, Bars. 130 000 Dollar gehen allein für das Absperren der Straßen zur RTA (Road & Traffic Authority). Auch die Putzbrigaden müssen bezahlt werden, die die Straßen noch in derselben Nacht von jenem Abfall säubern, den die rund 700 000 Zuschauer und fast 9000 Paradeteilnehmer mit über 200 Festwagen tonnenweise hinterlassen haben.

Inzwischen entwickelte sich der Mardi Gras zu einem potenziellen Spielplatz für Sponsoren. Doch bislang sind die einzigen Finanzquellen für den Umzug der so genannte »Sleaze Ball« und die Party nach der Parade.

Geld und Politik sind jedoch Themen, die Ron in der Regel viel lieber den anderen überlässt.

»Ihr gebt die Route vor, der wir folgen können«, pflegt er dem Organisationskomitee zu sagen. Er hat einfach Freude daran, »jene Phantasien zu gestalten, die jeder zu mögen scheint.« Am Taylor Square trennen sich unsere Wege. Die Parade löst sich auf.

Aber für Ron ist die Nacht noch lange nicht zu Ende. Zusammen mit mehr als 22 000 Gleichgesinnten wird er nun zur größten Homosexuellenparty der Welt gehen, um dort für ein paar Stunden alle Probleme wegzufeiern.

SUPPORT
LISTEN

STEYNE
HOTEL

Sydney
LIFE'S A BEACH

Dienstpause. Ruth Kelly und Greg Booker im Manly Life Saving Club.

Ohne die freiwillige Arbeit der Lebensretter wäre die Sicherheit an Sydneys beliebten Stränden nicht gewährt. Zwei Lebensretter am Manly Beach führen durch den Tag.

Samstagmorgen, sechs Uhr. Mit viel Pink, Orange und Rosa kündigt sich der Sonnenaufgang an. Für kurze Zeit glühen die Wolken am Horizont auf, die satten Farben spiegeln sich im Wasser. Die Appartementhochhäuser oberhalb der Marine Parade sind nur als Silhouette erkennbar. Das Meer scheint noch träge zu sein, kleine Wellen schwappen an das Ufer. Um diese Tageszeit ist es am Manly Beach, einem der bekanntesten Stadtstrände Sydneys, fast wie ausgestorben. Nur einige Lebensretter nutzen die frühe Stunde für ein paar Trainingsrunden mit dem Rettungsboot. Ein idealer Tag am Strand bricht an. Der Wetterbericht verspricht für heute einen warmen, sonnigen Tag mit 28 Grad Höchsttemperatur; für den Spätnachmittag werden Gewitter angesagt. Die Wassertemperatur liegt bei angenehmen 22 Grad.

Um sieben Uhr wird ein Bereich des Strandes von einem Lebensretter mit zwei rot-gelben Flaggen abgesteckt. Zwischen diesen Markierungen werden sich später die Badenden tummeln. Nun macht auch schon eine Handvoll Frühaufsteher mit Bewegungsdrang den verwaisten Strand zur Sportarena. Aber die Jogger, Powerwalker und ein paar müde Nachtgestalten, die von den nahen Clubs ausgespuckt wurden, haben Sydneys Vorzeigestrand immer noch weitgehend für sich. An der Promenade unter den unverwechsellbaren Silhouetten der mächtigen Norfolk Pines werden Hunde ausgeführt.

Acht Uhr. Greg Booker, ein 39-jähriger Computerspezialist, und Ruth Kelly, 24 Jahre alt, Stockbroker für die Deutsche Bank in Sydney, beenden ihr Frühstück. Vom Balkon ihres Appartements aus überblicken sie den weiten, kilometerlangen Sandbogen des Manly Beach. Der Paradestrand endet weit hinten abrupt an der felsigen Landzunge von Queenscliff. Von hier oben sehen sie die beiden einsamen Flaggen. Niemand ist im Wasser. Ihre Kollegen von der Frühschicht haben nichts zu tun und befinden sich im nahen Clubhaus des Manly Life Saving Clubs.

Ruth und Greg schieben seit Jahren Dienst als freiwillige Lebensretter. Ungezählte Stunden, ohne Bezahlung, zum Wohl der Allgemeinheit.

Der Manly Life Saving Club hat derzeit etwa 1300 Mitglieder, davon über 700 »senior members«, die oft bis zum Lebensende dem Club treu bleiben, und 200 »nippers«, wie der Nachwuchs im Alter zwischen sechs und dreizehn Jahre heißt. Ohne den ehrenamtlichen Einsatz freiwilliger Lebensretter wäre die Sicherheit an Australiens Stränden nicht gewährleistet.

Greg und Ruth sind für die Nachmittagsschicht eingetragen, die mittags um zwölf Uhr beginnt. Den Morgen nutzen sie für eine kurze Trainingsrunde auf Surfskis. Beide sind Fitnessfreaks, nehmen regelmäßig an Triathlon- und Marathonveranstaltungen sowie Surf Carnevals teil.

Neun Uhr: Das knallrote Rettungsboot, »duck«, wird zum Strand gebracht. Greg und Ruth fahren auf das Meer hinaus, um Bojen für die Manly Club Championships zu setzen, die für diesen Vormittag angesagt sind. Der Himmel hat sich entgegen der Wettervorhersage bedeckt, das Meer ist bleiern, die Luft schwer und schwül.

Um zehn Uhr beginnen die Wettbewerbe. Der Manly Life Saving Club ist bekannt für die sportlichen Erfolge seiner Mitglieder und brachte schon eine ganze Reihe erfolgreicher Athleten hervor. Neben dem freiwilligen Dienst als Lebensretter steht der Sport bei den Lebensrettern im Mittelpunkt. Ruth und Greg gehören zur ersten Garnitur des Clubs und nehmen an dem Wettbewerb teil. Dabei werden vor allem jene Fähigkeiten getestet, die für den Einsatz als Lebensretter wichtig sind: »Rescue

Wellengang. Mächtige Brecher rollen auf den Strand von Manly zu.

Wellenreiter. Surfing ist australischer Nationalsport – und Ausdruck eines Lebensstils.

and Resuscitation« (Rettung aus dem Wasser und Wiederbelebung), »beach sprinting« (Sprint im tiefen Sand am Strand), »sprint relay« (Stapellauf), »ski races« (Rennen mit Surf Ski), »board races« (Rennen auf Surfbrettern) und »surf boat races« (Rennen mit schnittigen Rettungsbooten aus Holz) sind nur einige der Wettbewerbsdisziplinen.

Greg und Ruth nehmen bei den »ski races« teil. Der so genannte Surf Ski ist ein Mittelding zwischen Surfboard und Kajak. Dann sind die board races dran, das Rennen auf den Surfbrettern. Heute allerdings erleiden beide einen empfindlichen Einbruch bei den Qualifikationen. Die Nachwehen eines Querfeldein-Marathonlaufes am Vortag in den Blue Mountains stecken ihnen noch in den Knochen. Trotzdem lassen sich die beiden den Spaß nicht verderben, geben ihr Bestes, feuern Teamkollegen an, sind unermüdlich bei der Sache.

Kurz nach elf Uhr überzieht sich der Himmel immer mehr, es beginnt zu regnen. Zwanzig Minuten später ist der letzte Wettbewerb der Manly Club Championships abgeschlossen, der Strand wird leer. Ruth und Greg gehen nach Hause, um sich auf ihre Schicht vorzubereiten.

Zwölf Uhr: Schichtwechsel. Das Wetter hat sich wieder beruhigt. Kaum Wellengang, keine Strömungen. Patrouillengänge sind vorerst nicht nötig. Greg und Ruth ziehen sich in den Surf Club zurück, sehen fern. Dann lockern sie im Fitnessraum ihre schmerzenden Muskeln. Draußen hat der Wind inzwischen auf Nordost gedreht, es beginnt aufzufrischen. In den Wolken zeigen sich blaue Lücken. Der Wellengang nimmt zu.

Kurz vor 14 Uhr starten Greg und Ruth ihren ersten Patrouillengang. Angelockt durch die positiven Wetteraussichten, strömen nun die Menschen zum Strand. Mit der veränderten Windrichtung driften sogenannte »Blue Bottles« – quallenähnliche Nesseltiere, deren lange Tentakeln schmerzhafte Vernesselungen verursachen – vom offenen Meer in Richtung Strand. Greg stellt ein Warnschild auf, das auf die Gefahr durch die Quallen hinweist. Aber trotz der immer häufiger angespülten Tiere tummeln sich viele Menschen sorglos im Meer.

Kurz vor 15 Uhr treffen Greg und Ruth auf die ersten Opfer der Nesseltiere. Immer

Ballspiel. Nicht erst seit dem australischen Erfolg bei den Olympischen Spielen 2000 ist Beach-Volleyball sehr beliebt.

Aussichtsturm. Unbeschwertes Tummeln im Meer unter dem wachen Auge der Lebensretter.

Rückenansicht. Ruth beobachtet ihren Partner Greg während eines Rennens.

Hautkunst. Der Rücken als Kunstobjekt, der Strand als Gallerie.

wieder werden die beiden Life Saver bei ihren Patrouillengängen von betroffenen Badenden und Touristen angesprochen. Aufklärungsmaßnahmen und Erste-Hilfe-Tipps bestimmen die Arbeit am Nachmittag. Früher wurden die Nesselwunden mit Essig behandelt, bis man feststellte, dass dadurch die Nesselzellen der Tentakeln erst richtig geöffnet wurden. Heute werden die Wunden nur noch mit kaltem Wasser behandelt und die Tentakeln mit der Hand entfernt.

Nun beginnt sich die Wolkendecke schnell zu lichten, die Sonne setzt sich durch. Der Strand füllt sich immer mehr, die beiden Lebensretter haben alle Hände voll zu tun. Neben der Quallenplage sind undisziplinierte Schwimmer, die sich außerhalb des abgesteckten Bereichs aufhalten, das größte Problem. Mit zunehmendem Wellengang kommen jetzt auch

Fußgängerzone. Wer sich nicht am Strand tummelt, lässt es sich im Corso von Manly gutgehen.

die Surfer an den Strand. Ausgerüstet mit einer Trillerpfeife mahnen die Lebensretter sie zur Disziplin, wenn sie den Schwimmern gefährlich nahe kommen. Gelegentlich verteilen sie auch Hinweise zum Sonnenschutz an bleiche Touristen, die sich der knallenden Sonne aussetzen.

18 Uhr: Ende der Schicht. Die Flaggen werden abgebaut, der Wind bläst noch immer aus Nordost. Das Quallenwarnschild bleibt aufgestellt. Ab jetzt ist der Strand unbewacht, das Schwimmen findet auf eigene Gefahr statt.

Diesmal war es eine relativ ruhige Schicht, ohne große Dramen. Ruth und Greg mussten nicht ins Wasser, um ein Leben zu retten. Aber sie wären da gewesen, wenn etwas passiert wäre. Und morgen sind sie für die Frühschicht eingetragen: Da kann die Sache ganz anders aussehen.

Flirtkönige.
Die Life Savers sind beliebt beim weiblichen Geschlecht.

Aufklärung.
Ruth und Greg weisen Touristen auf die Quallengefahr hin.

A B&S BALL
MONGREL V8 UTE
QNC-318

Deniliquin
BALL DER EINSAMEN HERZEN

Autonarr. Andy Urquart ist immer dabei, wenn sich der Ute-Zirkus irgendwo in Australien trifft.

So etwas kann es nur im autoverrückten Australien geben: Ein dreitägiges Festival um die »Ute« genannten Pick-up-trucks, das in einen kuriosen Weltrekordversuch mündet.

Deniliquin ist ein ziemlich langweiliges Kaff im Westen von New South Wales. Knapp 8000 Seelen leben dort, wo die Landschaft zweidimensional zu sein scheint, wo sich der Horizont und der Himmel in einer geraden Linie treffen. Hier werden die Kids entweder Jackeroos oder Jilleroos, australische Cowboys oder Cowgirls, dreht sich das Leben für die meisten um die Farm oder um die Schaf-Station. Sonst ist praktisch nie etwas los – außer an jenem verlängerten Wochenende im September, wenn es gilt, einen Weltrekord zu brechen: den vom Vorjahr. Denn Deniliquin befindet sich in der illustren Gesellschaft all jener, die im Guiness-Buch der Rekorde mit dem sagenhaften Weltrekord vertreten sind, an einem Tag die meisten Utes versammeln zu können. Grund genug für mich, diesen Wallfahrtsort der Autonarren im Reisfeld aufzusuchen, um zu lernen, zu verstehen – und um eine Lektion in Sachen australischer Kultur zu bekommen.

Ute (sprich: Juut) steht für utility truck, ein Fahrzeug mit Fahrerkabine und Ladefläche. In Amerika nennen sie den Ute einen Pick-up-truck. Aber im ländlichen Australien geht die Bedeutung des Ute weit über seinen reinen Nutzwert hinaus. Für die Landjugend ist er ein Statussymbol, ein wichtiges Balzutensil (»Real Aussies do it in Utes«) sowie ein Ausdruck von Individualität und ein – geldfressendes – Hobby. So mancher stolze Ute-Besitzer steckt sein gesamtes Einkommen in das Fahrzeug, und da ist es nur natürlich, dass man das gute Stück auch vorführen will: in Deniliquin zum Beispiel.

Aber der Reihe nach. Das Wochenende, Deniliquin Ute Muster genannt, beginnt am Freitagnachmittag, »after work« und nicht in Deni, wie Deniliquin von den Eingeweihten kurz genannt wird, sondern im 91 Kilometer entfernten Jerilderie. Auftakt ist ein Ball der einsamen Herzen: »Bacholor und Spinster Ball«. Auf dem Lande sind solche Bälle für die unruhige, hormonstrotzende Jugend oft die einzige Möglichkeit, Mitglieder des anderen Geschlechts kennen zu lernen.

Die Sonne ist noch weit über dem Horizont, als die ersten Utes und ihre Besitzer auf dem weitläufigen Feld, das für den Abend als Parkplatz dient, Aufstellung nehmen. Andy Urquart in seinem feuerroten Holden V8 Ute ist einer von ihnen. Gleich fünf Antennen, Scheinwerfer am Überrollbügel, ein mächtiger Kuhfänger vorne dran und eine eindrucksvolle Sammlung von Aufklebern vollenden das Meisterwerk: »If you drive a V8 ute, you're a bloody legend«, »You're in ute country now so, MORE CIRCLE WORK!«, »You have just been overtaken by an B & S piss cutting legend«. Auch das Logo einer Biermarke aus Queensland, vier gelbe X auf rotem Grund, darf nicht fehlen, denn die Brauerei sponsort inzwischen sein Hobby.

Der Lehrer aus Gilgandra bei Dubbo ist mit seiner Frau Libby jedesmal dabei, wenn sich Gleichgesinnte treffen. Und das

Oldtimer.
Der Besitzer des alten Toyotas ist allein auf weiter Flur, Deniliquin fest in der Hand der Country-Kids.

Nickerchen. Um das dreitägige Ute-Fest zu überstehen, sind gelegentliche Ruhepausen notwendig.

Deniliquin-Wochenende bildet ohne Zweifel den Höhepunkt des jährlichen Ute-Zirkusses. Als die Sonne hinter den mächtigen Eukalyptusbäumen am Feldrand zu versinken beginnt, ist der Parkplatz voll – und ein nicht unbedeutender Anteil der Ute-Besitzer ist das auch. Denn Alkohol spielt an diesem Wochenende eine Hauptrolle.

Szenenwechsel: Conargo, 56 Kilometer westlich von Jerilderie und nur noch 35 Kilometer von Deni entfernt. Ein winziger Pub an einer Straßenkreuzung bildet das Überlaufbecken für den B & S Ball in Jerilderie. Alle, die dort nicht mehr unterkommen oder nicht bereit sind, den Eintrittspreis für den B & S Ball zu zahlen, pilgern dort hin. Ich auch, denn hinter dem Pub, unter mächtigen Flusseukalyptusbäumen, hat der Besitzer ein paar schmucke Schlammziegel-Cottages gebaut als günstige Übernachtungsmöglichkeit für jene, die keinen Ute besitzen und auf der Ladefläche ihren Swag – eine Liegematte mit Schlafsack in einer wasserdichten Canvashülle – ausrollen können.

Der Canargo Pub ist für australische Verhältnisse winzig, nicht viel größer als ein geräumiges Wohnzimmer. Aber an diesem Abend tanzen über 700 Ute-Enthusiasten an, in der Nacht ist der Bär los und der Wirt macht das Geschäft seines Lebens. An Schlaf ist dabei allerdings nicht zu denken.

Schwerer Tau bedeckt am Samstagmorgen das Gras. Über den offenen Ebenen links und rechts der Straße liegt leichter Nebel wie eine Daunendecke. Die Sonne hat es noch nicht über den Horizont geschafft, aber wegen der lärmenden Kakadus in den Eukalypten beginnt sich das Leben in den Swags auf den Ladeflächen der Utes schon in aller Frühe zu rühren. Der Wirt feuert einen gewaltigen Grill vor dem Pub an, um mehrere hundert Country Kids mit fetten Würsten, Tomatensauce und schlappen Weißbrotscheiben zu füttern. Nein, der große Tag von Deni beginnt nicht als kulinarischer Höhepunkt …

Dann rückt die Polizei an. Die steckt an diesem Wochenende in einem Dilemma: Würde sie Alkoholtests veranstalten, müsste sie über 90 Prozent der Ute-Fahrer aus dem Verkehr ziehen. Damit würde sie aber das Ute Muster ruinieren, und für das sowieso schon angeschlagene Image der

Wartezeit.
Bis zur Bekanntgabe des offiziellen Rekordergebnisses bleibt nur Warten – und Trinken.

Flagge zeigen. Herausgeputzt und beflaggt wird das Prachtstück am Rekordversuchstag präsentiert.

Cops wäre dies zudem ein PR-Desaster. Doch es gibt eine Lösung: Die Polizei versammelt alle Teilnehmer und formt Convoys. Ein Polizeifahrzeug führt an und gibt das Tempo vor, der Rest folgt. Solche Convoys kommen den ganzen Tag über von allen Richtungen. Treffpunkt ist ein gigantisches Feld, wo die Utes nach Modellen sortiert aufgereiht werden.

Für Andy und seine Frau war der B & S Ball in Jerilderie ein voller Erfolg: das Essen ok, das Bier – Gott bewahre! – ging nicht aus. Nachdem er sein Prachtstück geparkt hat, führt er mich durch die immer länger werdenden Reihen von Utes und erzählt dabei, dass er vor kurzem den ersten Preis in einem »Chick pulling ute contest« gewonnen hat: Das ist ein Wettbewerb, bei dem weibliche Preisrichter den besten Aufreißwagen prämieren.

Wir kommen an Oldtimern vorbei, deren Besitzer nicht so recht in die Menge der aufgekratzten Country Kids zu passen scheinen, an Toyotas – klassisches Farmgerät im ländlichen Australien –, Holdens – einst eine australische Marke, die dann von dem amerikanischen Giganten General Motors aufgekauft wurde –, Fords – dem Erzrivalen von Holden. Aber was mich wirklich interessiert: Was macht einen richtigen Ute aus?

»Ein Holden-Achtzylinder-Motor ist ein Muss!«, bekomme ich wie aus der Pistole geschossen zur Antwort. Trotz der neuen Besitzverhältnisse hat Holden immer noch einen wichtigen Platz im Herzen eines patriotisch gesinnten Aussie. »Und«, sagt Andy, »Kuhfänger, Überrollbügel, Funkgerät und zusätzliche Scheinwerfer gehören zur Standardausrüstung.«

Das gilt vor allem für jene, die beim Wettbewerb »Ute of the Millenium« teilnehmen: Die stellen dann ihren Stolz auf Hochglanz poliert und mit überteuertem Schnickschnack ausgerüstet den strengen Richtern vor. Wem das zu fein ist, der kann sich ja um den Preis für den dreckigsten Ute bewerben: Auch der wird hier in Deni honoriert. Laut Andy scheuen da einige Teilnehmer weder Kosten noch Mühen, um in einem über und über mit Schlamm verkrusteten Ute anzurollen.

Der Rest des Tages wird mit Warten verbracht, bis die Richter um vier Uhr Nachmittag endlich das Ergebnis der offiziellen Zählung bekannt geben.

Allzweckfahrzeug. Wenn der Fahrer seine Füße hochlegen will, wird der Ute zum Sofa.

Warten – das bedeutet für die meisten in erster Linie Zeit zum Trinken, Spaß haben, den Motor aufheulen lassen. Mancher »rev-head« kann sich nicht zurückhalten und lässt verbotenerweise die Reifen qualmen: »burning rubber« auf Gras, auch das ist eine Leistung. Für diejenigen, die ein paar Dollar mehr zum Verbrennen übrig haben, steht ein Helikopter bereit, der Fünf-Minuten-Runden über dem Feld dreht, damit das Spektakel aus der Vogelperspektive betrachtet werden kann: 22 bis zu einem Kilometer lange Autorreihen ergeben ein beeindruckendes Bild, und die Prognosen stehen eindeutig günstig für einen neuen Weltrekord. Die Gerüchteküche kocht. Andy hat eine weit über 4000 liegende Zahl gehört, aber das Ergebnis fällt dann doch weniger spektakulär aus: Knapp über dreitausend Utes brechen den Rekord des Vorjahres um ganze 51 Fahrzeuge. Mit der Bekanntgabe dieses Ergebnisses ist der offizielle Teil der Veranstaltung auch schon vorbei. Partytime! Unterstützt durch Unmengen von Alkohol dauert das Fest bis in den späten Sonntagmorgen hinein. Ein paar große Namen der australischen Country Music Szene – Adam Brand, Kesey Chambers und Beccy Cole – heizen den etwa 20 000 versammelten Autonarren kräftig ein.

Am Morgen ist es dann Zeit, die Zelte abzubrechen und zum Conrago Pub zu pilgern. Dort ist ab Mittag Live-Musik angesagt, ebenfalls country music natürlich, zur Fortsetzung der Festlichkeiten bis in den Montag hinein. Der ist zum Glück ein Feiertag, und jetzt sage noch einer, die »country kids« könnten nicht feiern.

Erstaunlicherweise ist am Ende zwar so manch Teilnehmer etwas angeschlagen, aber trotz des tagelangen Besäufnisses kommt es weder zu Schlägereien, Unfällen oder sonstigen Zwischenfällen: »Das sind alles nette Kids«, meint Andy, »die nicht viel mehr kennen als harte Arbeit und halt einmal im Jahr die Sau rauslassen wollen. Am Montagabend sind die meisten wieder bei Muttern.« Da wäre dann nur noch eine Frage übrig: Was bleibt Deniliquin von dem Auflauf, außer Benzindunst und einem ruinierten Feld? »Ungefähr fünf Millionen Dollar lassen die Ute-Enthusiasten an diesem langen Wochenende in der Region«, weiß Andy. Doch, Rekordebrechen ist durchaus gut fürs Geschäft.

Kämpferisch. Warnung an alle Insekten (bugs): der Kuhfänger ist eine tödliche Falle!

White Cliffs
DIE MAULWURFSKOLONIE

Schürfrechte. Grenzpfosten definieren die individuellen Claims auf dem Opalfeld von White Cliffs.

Im sonnenverbrannten Outback von New South Wales leben die Bewohner von White Cliffs in friedvoller Anarchie und hoffen auf den großen Fund.

»Geh rüber zum Kinderfriedhof, da erfährst du alles, was du über White Cliffs wissen musst!«

Wow. Der gute alte Jock hat mal wieder eine seiner Launen. Vorausgesetzt, es sind welche da, führt er Touristen durch seinen labyrinthartigen, mit allerhand Krimskrams vollgestopften Dugout. Und wenn es ihm in den Kram passt, dann schmettert er dabei dem verdutzten Besucher seine eingangs zitierte Version von White Cliffs entgegen, unterstützt durch dramatische Mimik und Handbewegungen.

Jock »is a bit of a character«, sagt man in White Cliffs. Ernst nimmt ihn wohl kaum jemand, aber das spielt hier auch keine Rolle: Jock ist White Cliffs pur.

Drüben am Kinderfriedhof haben sie die Gräber von fünf Geschwistern eingezäunt, mit grau-verwitterten Mulgaknüppeln und Draht: ein trauriges Viereck in der staubigen Realität des abgelegenen Ortes, ein Fenster in die Vergangenheit. Die Richardsons gehören zu den etwa 500 Kindern, die hier in den Jahren zwischen 1892 und 1899 starben – als Opfer der fürchterlichen Lebensbedingungen auf den Opalfeldern, dahingerafft von Diphtherie und Typhus.

Einige Jahre zuvor, 1899, stolperte eine Gruppe von Känguru-Jägern hier in der trostlosen Einöde, 250 Kilometer nordöstlich der Silberstadt Broken Hill, über die ersten Opale. Der daraufhin einsetzende Boom etablierte White Cliffs als das erste kommerzielle Opalfeld in Australien. Heerscharen von Opalschürfern gingen in den Untergrund und begannen auf der Suche nach dem wertvollen Regenbogen-Stein den felsigen Grund zu durchwühlen. Als mit Beginn des Ersten Weltkriegs der große Boom vorbei war, zierten geschätzte 50 000 Minenschächte das Opalfeld. Krater an Krater, Maulwurfshügel an Maulwurfshügel formten eine Mondlandschaft, die einzigartig auf der Erde ist.

White Cliffs, das sind Smith's Hill, Turley's Hill und Potch Gully – drei flache, kraterübersäte Hügel aus hellem Sedimentgestein, die aus leblosen Salzbuschebenen herausragen. Und dazwischen liegt eine kleine Ansammlung schmuckloser Häuser, die sich um ein Straßenkreuz gruppieren. Mehr ist da nicht. Über die elende Siedlung spannt sich ein ewig blauer Himmel, der so groß ist, dass man sich klein darunter fühlt. Weit, weit ist alles hier. Und offen, ungeschützt. Thermische Windböen wirbeln Staubfahnen auf, die grell-sengende Sonne tötet alle Farben. In den Ebenen draußen wabern Hitzespiegelungen. Ein trauriger Anblick: trostlos und desolat ist es hier, zum Davonlaufen. Die Antithese eines lebenswerten Ortes.

Einer der sich auskennt in White Cliffs ist Ross Jones, »the bearded historian«, wie er wegen seines imposanten Vollbarts und aufgrund seiner Passion für die geschichtliche Entwicklung dieses Ortes genannt wird. Für ein paar Dollar zeigt er Touristen »sein« White Cliffs, lässt die Vergangenheit wieder aufleben, schlägt die Brücke zum Jetzt.

Und er öffnet einem die Augen: »In White Cliffs muss man hinter – oder besser: unter – die Kulisse blicken.« Denn das eigentliche White Cliffs liegt unter der sonnenverbrannten leblosen Erde. Über 200 Menschen halten es dort permanent aus, widerstehen der gnadenlosen Sommerhitze, dem allgegenwärtigen Staub und den gelegentlich wütenden Wetterkapriolen in ihren Höhlenwohnungen, den so genannten Dugouts.

Es ist schon ein ganz besonderer Menschenschlag, der hier lebt: Aussteiger und Zivilisationsflüchtlinge, Träumer und Glücksritter, Künstler und Lebenskünstler, Rentner und Arbeitslose. Und alle sind sie Individualisten: »Mind your own business« lautet ihr Credo, »Kümmere dich um deinen eigenen Kram.« Nur wenn Not am

Abraumhalde. Der Hobby-Historiker Ross Jones demonstriert die Kunst des »Noodeling«.

Glückstreffer. Manchmal wird man beim Durchwühlen der Abraumhalden fündig und stolpert über einen Opal.

Mann sei, erzählt Ross, dann zögen alle an einem Strang. – Und die verschrobenen Charaktere von White Cliffs geben immer eine Anekdote her. Da ist zum Beispiel »Kiwi«, der scheue Neuseeländer; ein Mann mit praktischen Ideen. »Als es ihm eines Tages zu dumm wurde, Fruchtsirup mit Wasser zu mischen«, berichtet Ross, »erstand er zwei Galonen des klebrigen Saftkonzentrats, ging hinters Haus und kippte den Inhalt der beiden Flaschen in seinen Wassertank. Von nun an musste er nur noch den Wasserhahn aufdrehen und das erfrischende Fruchtsaftgetränk ins Glas laufen lassen.« Ross sieht mir in die Augen und fügt hinzu: »Frag nur nicht, wie das dann mit dem Waschen funktionierte.«

White Cliffs ist der einzige Ort seiner Größe in New South Wales, in dem es keine Polizei gibt. Kein Richter spricht Recht, kein Anwalt verteidigt Beschuldigte. Doch die Kriminalitätsrate ist erstaunlich niedrig. Gut, da sind die gelegentlichen kleinen Diebstähle, vor ein paar Jahren gab es sogar einen echten Mord; und ein Priester, der hier stationiert war, entpuppte sich als Pädophiler. Aber das lässt sich alles regeln: Den Mörder haben sie flugs dingfest gemacht und im Pub festgehalten, bis die Polizei aus dem 100 Kilometer entfernten Wilcannia anrückte. Der Priester sitzt inzwischen ebenfalls im Knast. Das ist gut für ihn, denn in White Cliffs gibt es Leute, die nicht allzu sanft mit ihm umgehen würden. Bei aller Freiheit: Wer hier Blödsinn macht, muss die Konsequenzen tragen. Wie jene zwei Idioten, die über die Stränge schlugen und einen Kompressor auf dem Opalfeld demolierten. Denen haben sie das Auto verbrannt, die Kleider weggenommen und sie zwanzig Kilometer vom Ort entfernt in der Wüste ausgesetzt. Ohne Wasser natürlich.

Die Obrigkeit ist kein gern gesehener Gast in diesem Ort. Vor allem der Steuerbeamte, der »tax man«, gilt als Feind Nummer eins. Auch ein Polizist oder gar ein Politiker sollte um diesen Ort in der Regel besser einen Bogen machen. Genau genommen herrscht in White Cliffs Anarchie. Und es scheint bestens zu funktionieren. Die Leute regeln ihre Affären alleine, Einmischung von außen wird als Bedrohung angesehen.

Als vor nicht allzu langer Zeit eine unabhängige Polizeieinheit, die »Flying

White Cliffs.
Straßenkinder, Schrottautos und Hightechanlagen – der Opalort hat viele Gesichter.

Squad«, ohne Vorankündigung bis nach White Cliffs flog, gab es lange Gesichter. Die fliegende Polizeitruppe hatte es auf die zahllosen unangemeldeten Fahrzeuge abgesehen. Denn niemand hier schert sich darum, sein Auto registrieren zu lassen. Die meisten benutzen die auch »mine bombs« genannten alten Schrottkisten nur, um zu ihren Claims auf dem Opalfeld zu tuckern. Denn nach wie vor dreht sich in White Cliffs alles um Opale, um den möglichen schnellen Reichtum.

Auch dazu hat Jock natürlich etwas zu sagen: »Hast du hier schon einen reichen Opalschürfer gesehen?«, schleudert er mir auf meine naive Frage entgegen.

»Nein«, stammle ich, und Jock grinst mich an. Aber selbst wenn man in White Cliffs kaum Reichtum sehen wird, heißt das nicht, dass nicht gelegentlich einer der zahllosen Hobbybergwerkler (in White Cliffs gibt es kaum noch jemanden, der allein vom Opalschürfen lebt) einen Treffer landet.

Nur: Erfahren wird es keiner. Immer noch hängt eine Aura von Geheimniskrämerei über den Opalfeldern. Man lässt sich nicht gerne fotografieren, Zutritt zu den meisten Minen ist tabu, Herumschnüffeln wird nicht gerne gesehen. »Keep off, private property!« Funde werden unter der Hand gegen cash verkauft und bilden ein willkommenes Zubrot: Nicht wenige der Bewohner von White Cliffs leben von der staatlichen Fürsorge und holen sich ohne große Gewissensbisse alle vierzehn Tage das Arbeitslosengeld ab. Jobs gibt es hier sowieso keine, und die Obrigkeit ist weit.

Damit sie die Menschen hier besser verstehen können, nimmt Ross Besucher mit zum Potch Gully hinaus. Während er durch die Kraterlandschaft des Opalfeldes manövriert, lässt er die Vergangenheit wortgewaltig wieder aufleben. Hier, auf diesem Schlachtfeld menschlichen Leidens, wo Triumph und Tragödie, Glück und Unglück abhängig sind von den Launen der Natur, schlägt das eigentliche Herz White Cliffs. Schacht an Schacht dringen dort in den Grund hinein, quadratkilometerweise, und entfalten sich ein paar Meter unter der Oberfläche zu einem Labyrinth aus Gängen und Stollen. Fast alle in White Cliffs haben hier ihre Claims abgesteckt. 60 Dollar zahlen sie im ersten Jahr, dann 90 Dollar für jedes weitere, erzählt Ross. Dafür dürfen sie

auf einer Fläche von 50 mal 50 Metern das opalhaltige Gestein unterminieren.

Hier buddeln auch der 82 Jahre alte Rentner Neave Young sowie Rob Wellington, der sein Dugout zur Kunstgalerie umgebaut hat und sein Geld vor allem mit Pinsel und Farben verdient. Welington bringt es auf den Punkt: »Wenn ich nicht mehr schürfen kann, dann ziehe ich hier weg.«

Es sind Süchtige, die von der Hoffnung getrieben tief unter der Erde mit Presslufthammer und Pickel dem bunten Stein nachjagen, und sie wirken wie Spieler mit einem schlechten Blatt, die davon überzeugt sind, dass die Pechsträhne mit dem nächsten Spiel endet. Doch im Gegensatz zu Coober Pedy in Südaustralien oder Lightning Ridge in New South Wales, wo die opalführenden Schichten genau definiert sind, gelten in White Cliffs die Regeln nicht. Zwar hat jeder der Maulwürfe hier seine eigene Theorie, wo der Edelstein (der inzwischen wertvoller ist als Gold) zu finden ist: »Tatsache aber ist«, meint Ross, »dass das bunte Mineral hier wahllos im Gestein steckt und Funde völlig unberechenbar sind.«

Ab und zu aber landen sie doch mal einen Treffer, und wenn sie erst einmal Vertrauen gefasst haben, dann erzählen sie dir schon von ihren Schätzen.

Bernie Cashmore etwa, ein Künstler und Lebenskünstler, Opalschürfer und bekennender Marihuana-Konsument: Er stolperte in seiner Mine über die opalisierten Knochen eines Plesiosaurus und hat gar keine Probleme, die blauschillernden Stücke dem Fotografen mit seinen dreckigen und schruntigen Händen zu präsentieren. Als Schmuck sind diese Stücke zwar wertlos, aber Bernie ist nun hinter dem kompletten Skelett des Urviechs her – wenn er nicht gerade karge Outback-Landschaften in ihrer simplen Schönheit auf Leinwände pinselt.

Oder der gebürtige Schwabe Karl Brunnenmayer, 67 Jahre alt und täglich in seiner Mine: Nach anfänglichem Zögern rückt er ein Einweckglas mit Opalen heraus. Alle Farben des Spektrums leuchten aus dem wassergefüllten Behälter, dessen Inhalt laut Ross ohne Zweifel ein paar tausend Dollar wert ist.

Karl kam vor über 43 Jahren nach Australien, blieb in White Cliffs hängen und

Potch Gully.
Schacht an Schacht, Claim an Claim zeugen von der unermüdlichen Wühlarbeit der Glücksitter.

verbringt nun seine Zeit damit, das Labyrinth an Stollen hinter seinem Haus ständig zu vergrößern. Das Graben hält ihn am Leben, lässt ihn die Trauer um seine kürzlich verstorbene Frau ertragen. Und da ist ja immer noch die Möglichkeit, den großen Treffer zu landen.

Zum Greifen nah ist das Objekt der Begierde beim »noodeling«: Das hat nichts mit der Fabrikation von Pasta zu tun, sondern meint das Durchwühlen der Abraumhalden. Nicht immer haben die Schürfer jedes Stückchen bunt schillerndes Material aufgelesen; vor allem die Abraumhalden der alten Minen versprechen noch einige Funde – auch wenn es meist nur »potch« ist, den die Gelegenheitsschürfer auf ihrer Stippvisite finden: milchiger Opal ohne das berühmte Farbenfeuer. Und falls die Suche einmal leer ausgeht, dann zaubert Ross eben einige Opale aus seiner Hosentasche, zum Anfassen, Ansehen und Staunen. Nur zögernd beendet man diese kurze »noodeling«-Einlage, denn das Glücksrittertum scheint ansteckend zu sein.

Eine derjenigen, die die Regenbogensteine aus den Tiefen ihres eigenen Claims in kunstvollen Schmuck verwandeln, ist Barbara Gasch. Sie hat in Deutschland eine erfolgreiche Karriere aufgegeben, ihr abgesichertes Leben eingetauscht für die Herausforderung am Smith Hill. Seit dem Jahr 1990 lebt sie nun mit ihrem Partner, dem Opalschürfer Doug, in White Cliffs. In der Geborgenheit ihrer Höhlenwohnung fühlt sie sich rundum wohl. Aufgewachsen in Blaubeuren, schon immer fasziniert von Höhlen und Höhlenmenschen, verfiel sie dem rauen Charme dieser isolierten Siedlung und erstand einen heruntergekommenen Dugout, der damals zum Verkauf stand. Nun denkt sie nicht einmal daran, hier wieder wegzuziehen: »Das Beste an White Cliffs ist«, sagt sie, »dass der Ort völlig kulturfrei ist.«

Die Kultur mag an White Cliffs bisher vorbeigegangen sein – nicht jedoch die Errungenschaften moderner Technologie. In so manchem Dugout stehen Computer; Internet und E-Mail sind inzwischen so selbstverständlich wie Telefon und Fax – nicht zu vergessen die Flimmerkiste, die die weite Welt in den Untergrund bringt. Und da ist auch noch die White Cliffs Solar Power Station – eine Versuchsstation, die

Mondlandschaft. Erst aus der Luft wird das Ausmaß der Wühlarbeit sichtbar.

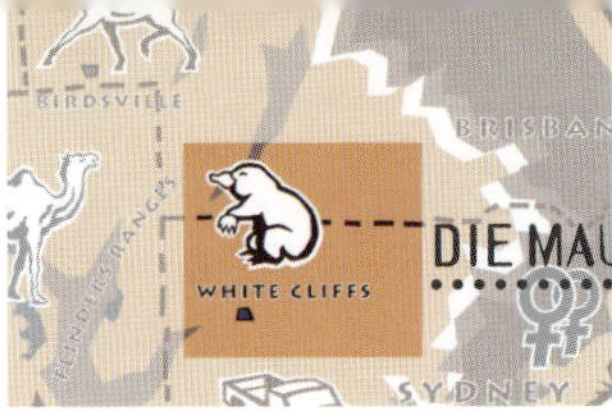

Schmuckstücke. Opalisierte Schnecken können Goldringe zieren.

Künstlerin. Barbara Gasch gestaltet ihren Schmuck unter Tage.

Opalschürfer. Karl Brunnenmayer mit seiner Ausbeute im Einweckglas.

Dugout. Besucher betten ihr Haupt in einer Untergrund-Pension.

Untergrund-Kneipe. Selbst das Trinken findet in White Cliffs unter Tage statt.

so geheim ist, dass man eigentlich nicht einmal die Kamera zücken dürfte. Bewacht und gewartet wird die vom fernen Melbourne aus gesteuerte Hightech-Anlage von Bill Finney.

Er ist ein weiterer »character« von White Cliffs: Wo immer er mit seinem Kombi auftaucht, sind seine beiden Hunde Sandy und Fang dabei – auf dem Dach des Autos, gelegentlich mit Mütze und Brille gegen den Fahrtwind geschützt.

Eine andere Geldquelle haben Peter und Joanne Pedler für sich erschlossen. Von der Wühlwut besessen wie fast alle hier, begann Peter eines Tages, seine Opalmine am Turley's Hill in ein feines Bed & Breakfast zu verwandeln. Und es ist ja auch so simpel: Man erweitert einfach die existierenden Stollen zu Zimmergröße. Bauauflagen oder gar Inspekteure gibt es nicht, und solange man innerhalb seines Claims bleibt, kann man Wühlen bis zum Umfallen. Das Gestein ist stabil; noch nie ist eine Mine oder ein Dugout eingestürzt. Und außerdem kann es ja sein, dass man beim Ausbau der Zimmer über das begehrte Mineral stolpert. Auch wenn es wahrscheinlicher wäre, dass die Untergrundpension selbst in dieser Einöde ständig ausgebucht wäre. Inzwischen ist die Pension längst fertig, aber da Peter das Wühlen einfach nicht lassen kann, hat er sich draußen am Potch Gully zusätzlich noch einen Claim abgesteckt.

Jeden Donnerstagnachmittag dröhnt laute Musik aus einem dämmerigen Dugout: Fats Waller rollt den Boogie Woogie aus seinen enormen Händen, Django Reinhard zaubert fetzige Rhythmen, und zwei Ladies swingen, dass es eine wahre Freude ist: Ivy Kenneady, 83, und ihre Freundin Gwen Rowe, 80, gehören noch lange nicht zum alten Eisen – auch wenn sie auf die Musik der Zwanzigerjahre stehen. Die ehemalige Lehrerin Gwen hat sich wie Ross Jones der Geschichte White Cliffs verschrieben. Mit jugendlichem Elan sucht sie Archive heim, gräbt alte Dokumente aus und trägt Fakten und Daten zusammen. Ergebnis dieser Wühlarbeit der etwas anderen Art ist ein schmales Buch über die Geschichte des Orts; ein zweites ist gerade im Entstehen.

Ivy dagegen frönt neben dem Jazz einer anderen Leidenschaft: Golf. – Pech, denkt man, hier in der Wüste, Meilen weg vom nächsten Green. Doch weit gefehlt: Auch in White Cliffs gibt es einen Golfplatz. Zwar werden passionierte Spieler angesichts der graslosen Anlage die Nase rümpfen, aber Ivy lässt sich davon nicht berühren: »Um auf dem steinigen Kurs spielen zu können«, erzählt sie, »scheuen sich die Mitglieder des White Cliffs Golf Course nicht, die Regeln gelegentlich ein bisschen zu strapazieren.« – Aber hey!

Die Erneuerer von White Cliffs setzen auf Tourismus, der – zaghaft noch – bereits begonnen hat, dem Ort eine andere Zukunft zu bescheren. Laut Jock wird dadurch die Gemeinde in zwei Lager gespalten: Da sind jene, die wollen, dass alles beim Alten bleibt, dass keine verdammten Touristen über die Opalminen stolpern, keine »cityslikers« mit ihren blitzenden Allradfahrzeugen auf den Pisten Staub aufwirbeln. Noch vor nicht allzu langer Zeit zierte ein Schild mit der Aufschrift »Keep out, Tourists will be shot« einen der Dugouts am Turley's Hill. Die Bremser haben Angst, dass mit der Entdeckung White Cliffs als Touristenziel ihre Freiheiten beschnitten werden könnten. Oder dass sogar, um den Alptraum laut auszusprechen, ein Polizist im Ort stationiert würde. Die anderen sehen im Tourismus eine Chance, das Erbe des Ortes zu erhalten, den drohenden Verfall zu verhindern, Lösungen gegen die Arbeitslosigkeit zu finden. Man wird sehen, wer den längeren Atem hat.

Wenn es Nacht wird in White Cliffs, verlagert sich das Geschehen wie in jedem ordentlichen australischen Ort zur lokalen Tränke hin. Dann versammeln sich die »characters« im White Cliffs Hotel und mischen sich mit all jenen, die den Ort nur für diese Nacht zum Stopover gewählt haben: Pig- and Kangarooshooters – Schwein- und Kängurujäger –, Touristen, der Fahrer vom Versorgungs-Roadtrain, der fliegende Händler. Abends kommen auch die Minenschürfer aus ihren Löchern, und es wird laut in der engen, schmucklosen Bar. Das Bier fließt in Strömen, Gelächter erfüllt den Raum, und keiner macht sich die Mühe, auch nur den verschwitzten Hut abzunehmen. Hier im Pub führt Graham Wellings das Regiment, »the flying publican« – »der fliegende Wirt«. Draußen am Airstrip hat er eine einmotorige Maschine stehen, und gern nimmt er Besucher mit in die

Hügellandschaft.
Förderbänder schaffen das taube Gestein aus den Minen an die Erdoberfläche.

Luft: gegen eine Beteiligung an den Spritkosten und einer Spende für den Royal Flying Doctor Service. Wenn er nicht mit Touristen durch die Lüfte kreuzt, hilft er draußen auf den riesigen Cattle Stations, die Rindviecher mit dem Flugzeug zusammenzutreiben. Dementsprechend ist auch sein Flugstil, aber es lohnt sich trotzdem, mit Graham in die Luft zu gehen. Von hier oben bekommt man erst einen richtigen Überblick, erkennt man die Ausmaße der Wühlerei und beginnt zu verstehen: White Cliffs, die Maulwurfskolonie am Ende der Welt, ist weit mehr, als es auf den ersten Blick erscheint. Und weit mehr als nur ein Kinderfriedhof. White Cliffs ist Australien pur. Aber, Fremder: Behalte diese Erkenntnis besser für dich, und untersteh dich in jedem Fall, Jock zu widersprechen.

Hundeleben.
Sandy und Fang auf dem Weg zu Herrchens Arbeitsplatz.

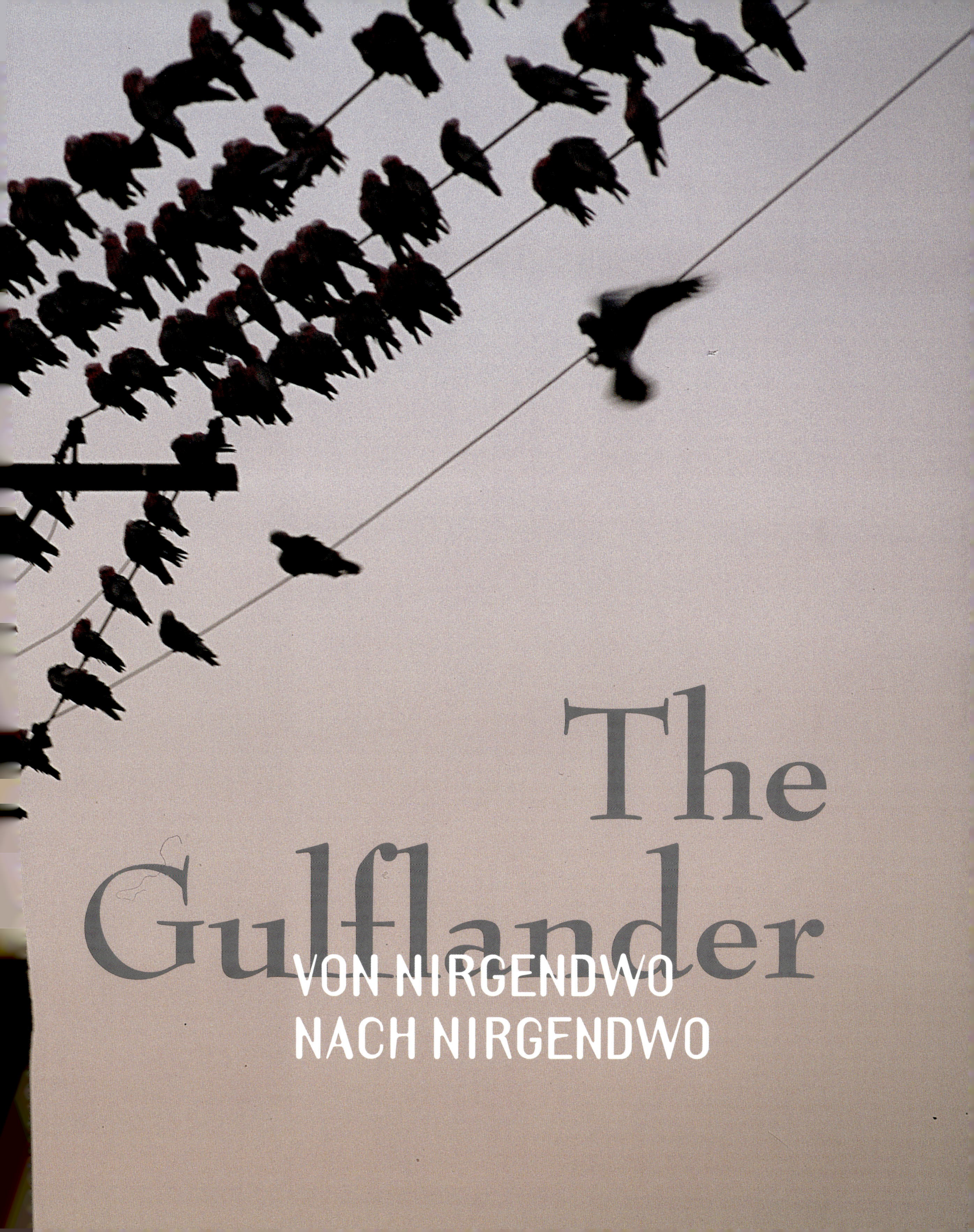

The Gulflander

VON NIRGENDWO NACH NIRGENDWO

Zugführer. Ken Millard am Steuer des Gulflanders.

Mit dem Lokführer Ken Millard geht es auf eine außergewöhnliche Zugreise durch die weiten Savannen von Queensland: Der Gulflander verbindet Normanton mit dem ehemaligen Bergwerksort Croydon.

Auf der knapp 400 Kilometer langen Fahrt vom Lawn Hill National Park über die staubigen Holperpisten nach Normanton fragt man sich, warum man nicht in dieser wasserreichen Naturoase geblieben ist. Hier hat die Landschaft anscheinend jede Tiefe veloren, Grasebenen und tropische Waldsavanne vermitteln vor allem Monotonie. Die australische Savanne ist offen und weit, man fühlt sich exponiert, schutzlos. Die Straße verliert sich in der Ferne in Hitzespiegelungen.

Warum um Himmes Willen will ich nach Normanton? Es ist wegen dem Gulflander, dem Zug von »nowhere to nowhere«, wie unser Lokomotivführer Ken Millard die 150 Kilometer lange Zugreise von Normanton nach Croydon kommentiert.

Der Gulflander ist ein Anachronismus, ein Kuriosum. Stolz brüstet man sich, seit dem Jahr 1907 keinen Profit mehr eingefahren zu haben, und trotzdem fährt der Zug immer noch, rattert auf verbogenen Schienen durch die Savanne, kriecht im Schritttempo Steigungen hoch, die dieses Wort gar nicht verdienen, überquert Flüsse wie den Norman River, von dem man sagt, er hätte die dichteste Population an Leistenkrokodilen in ganz Australien.

Aber der Reihe nach. Die Reise beginnt in Normanton, der »Hauptstadt« des Carpentaria Shire. Das ist eine Region von 68 250 Quadratkilometern – eine flache Endlosigkeit, aufgeteilt in große Rinderstationen und im Norden begrenzt durch den Gulf of Carpentaria; ein trübes Gewässer mit weiten Wattflächen.

Normanton selbst sitzt auf einer kaum wahrnehmbaren Anhöhe am Ufer des Norman Rivers. In der Regenzeit, wenn fast die ganze Region in den Wassermassen ersäuft, kann man in Normanton die Straßen wenigstens im Normalfall noch ohne Boot überqueren. Den Rest des Jahres aber scheint die Sonne – und nichts als die Sonne. Etwa 1500 Menschen halten es in diesem strapaziösen Klima aus. Das ist etwa die Hälfte der Bevölkerung, die Normanton hatte, als im Jahr 1888 in dem 152 Kilometer entfernten Croydon Gold gefunden wurde. Was übrigens auch die Existenz dieser Eisenbahnstrecke erklärt. Dabei war ursprünglich nur geplant, die Trasse von Normanton nach Cloncurry im Süden zu legen, um das Vieh von den Rinderstationen zu den Schlachthöfen zu transportieren. Mit dem Bau hatte man bereits begonnen, als das Edelmetall in Croyden entdeckt wurde. Flugs änderte man die Route, und die Trasse verlief von nun an nach Osten. Der damalige Gesinnungswandel ist auf der Landkarte gut erkennbar: Ein paar Kilometer nach Normanton macht die Trasse plötzlich einen rechtwinkligen Schwenk, der anscheinend keinen Sinn ergibt. Drei Jahre nach Baubeginn, 1891, war das Werk vollendet, und der Gulflander nahm seinen Dienst auf. Flexibilität ist eben eine der herausragenden Charaktereigenschaften im Busch: Man passt sich den Gegebenheiten an.

Nun hat Normanton lange nicht mehr die Bedeutung, die der Ort einmal besaß. Und Croydon ist sogar in die völlige Bedeutungslosigkeit versunken. Doch dazu später.

Ein Überbleibsel der großen Zeit ist der historische Bahnhof – ein grandioses Gebäude, liebevoll restauriert und praktisch im Original erhalten. Hier startet der Gulflander jeden Mittwoch zu einem Übernachttrip nach Croydon, und hier treffen sich die Zugfreunde bereits in aller Herrgottsfrühe. Zum Sonnenaufgang strömen sie in die unverschlossenen Waggons und markieren die besten Sitze mit ihren Hüten. Vor allem der Triebwagen am Anfang des Zuges ist sehr begehrt. Nach dieser »Besetzung« kann der Eisenbahnfreund

Lunch-Stopp.
Eisenbahnfans auf dem Weg zum Mittagessen irgendwo im Busch.

Tante-Emma-Laden. Der General Store in Croydon.

Zierrat. Liebevolle Details schmücken die Waggons.

Normanton.
Leistenkrokodil als Wandschmuck eines Cafes in Normanton.

beruhigt zum Frühstück gehen – bis der Gulflander dann um acht Uhr dreißig seine langsame Reise beginnt: von Nirgendwo nach Nirgendwo.

Die nächsten Stunden gehören Ken Millard, dem Zugführer des Blechhasen – »Tin Hare« –, wie er die seltsame Zugmaschine nennt. Ken ist gleichzeitig Tourguide, Mechaniker, Buchhalter und Manager. In der abgelegenen Golfregion muss man viele Talente haben: Auch die Tätigkeiten eines Postboten gehören zu seinem Aufgabenbereich – der Zug stoppt an den Briefkästen der abgelegenen Rinderstationen.

Flaches Land zieht vorbei, ausgedörrt, leblos. Jetzt am Morgen liegt schon ein bläulicher Hitzeglast über der Savanne. Das Gras ist braun und saftlos, es scheint unverständlich, wie es die schütteren Eukalypten und Akazien überhaupt schaffen, diese Backofenmonate zu überstehen und dabei grün zu bleiben.

»Hier«, erzählt Ken, »steht das Wasser während der Regenzeit über einen Meter hoch.« Die Zugfreunde starren in den staubtrockenen Busch. Sich diesen als einen enormen See vorzustellen, wenn auch nur vorübergehend, fällt den meisten schwer. Aber es muss etwas dran sein, denn Ken erklärt nicht ohne Stolz in der Stimme, dass man die Trasse speziell für die extremen hiesigen Witterungsbedingungen gebaut habe: »Die Schwellen sind hohl, aus Eisen und mit Lehm gefüllt. Weit über 90 Prozent der ursprünglichen Schwellen halten nach wie vor die Gleise zusammen, nach über 100 Regenzeiten, Fluten und Überschwemmungen.«

Aber das ist Statistik, Futter für Zahlenfreunde und Buchhalter. Jene, die mehr die Realität schätzen, kommen bei der Überquerung des Norman Rivers auf ihre Kosten. Dabei fällt der Blick auf das kaum bewegte Krokodilgewässer. Reiher stehen am Ufer der Altwasser unter den Papierrindenbäumen – ein friedliches Bild, wären da nicht die kaum erkennbaren Schnauzen von drei Krokodilen, die regungslos in der trüben Brühe liegen.

Später bremst Ken mitten auf der Strecke plötzlich ab und beordert alle aus dem Zug. Dann verschwindet er im Busch, gefolgt von verdutzten Passagieren. Grund dieser Exkursion ist die kunstvoll gestaltete Behausung eines balzenden Laubenvogels. Mit einer eindrucksvollen

Fanfare.
Stimme und Auge des Gulflanders.

Outback-Tränke.
Der Mittelpunkt des Lebens in Croydon – das Club Hotel.

mellow
XXXX
COWBOYS
TRUE GRIT

Gesichter.
Alt und Jung in Croydon: »Tante Emma« in ihrem Laden und der Nachwuchs.

Sammlung blauer Gegenstände, die er kunstvoll an beiden Eingängen der Laube platziert hat, versucht er die Damen zu beeindrucken. Na, wenn das nicht hilft!

Der nächste Stopp gilt dem Fahrer eines verstaubten Allradfahrzeugs, das an der Trasse steht. Ein wettergegerbter Farmer mit weitkrempigem Hut lehnt an der Ladefläche und wartet mit zusammengekniffenen Augen auf die Post.

Der Gulflander ist eben mehr als nur ein Touristenzug. Er bildet die Nabelschnur zur Zivilisation – in Normanton.

Inzwischen fallen einigen Zugfreunden die Augen zu. Die Hitze – der Zug hat keine modernen Annehmlichkeiten wie etwa eine Klimaanlage –, das ständige Rattern und die flimmernde Monotonie draußen sowie das gemächliche Tempo machen schläfrig. Nach dem Lunch an einem aufgelassenen Bahnhof mitten im Nichts versinkt man in einen wohligen Dämmerzustand. Danach wird der Blechhase noch langsamer. Es geht auf Croydon zu, das Gelände beginnt langsam anzusteigen. Die Überschwemmungsebenen mit den ausgedehnten Sumpflandschaften bleiben zurück. Hier ist es nun Schrott, der für Aufregung sorgt: Eiserne Monumente einer golden Zeit rosten im niedrigen Busch vor sich hin und erzählen Geschichten von Hoffnung und Gier und vom Scheitern. Wieder einmal war es das wertvolle Metall, das Menschen in diese sonnenverbrannte, erbarmungslose Landschaft lockte. Dort, in den ausgebleichten niedrigen Hügeln, haben sie Croydon gegründet. Hier endet die Fahrt des Gulflanders.

Zweifelsohne hat der Ort schon bessere Zeiten gesehen. In seinen »hey days«, als der Goldboom seinen Höhepunkt erreichte, lebten hier weit über 8000 Menschen. Heute sind es nur noch etwas mehr als 200.

Nach dem Goldboom verfiel Croydon in einen Dornröschenschlaf. Ein Pub ist wie so oft in den verschlafenen Outback-Käffern der Mittelpunkt des Lebens, daneben gibt es einen Tante-Emma-Laden und ein so genanntes »Lookout«, von dem man in den abgesoffenen Tagebau-Krater eines Goldbergwerks blickt.

Aber Croydon weigert sich zu sterben. Es ist noch immer genug gelbes Metall im Gestein, um eine Wiederbelebung des Bergbaus zu rechtfertigen – wenn die Goldpreise wieder steigen. Aber momentan buddeln nur ein paar Unverbesserliche nach dem Edelmetall und bieten den Touristen im Pub kleine Nuggets zum Kauf an. Ansonsten lebt man hier unter der Hitzeglocke des Outbacks von Queensland in einem Kaff, über das es nicht viel mehr zu berichten gibt, als dass es irgendwann einmal dem westaustralischen Ort Marble Bar seinen Rang ablaufen könnte, der heißeste Ort Australiens zu sein. Hier übernachten wir also, um am nächsten Morgen schon wieder auf dem Weg zurück zu sein: von Nirgendwo nach Nirgendwo.

VH-SYD
SENECA III

Birdsville

ASCOT IM OUTBACK

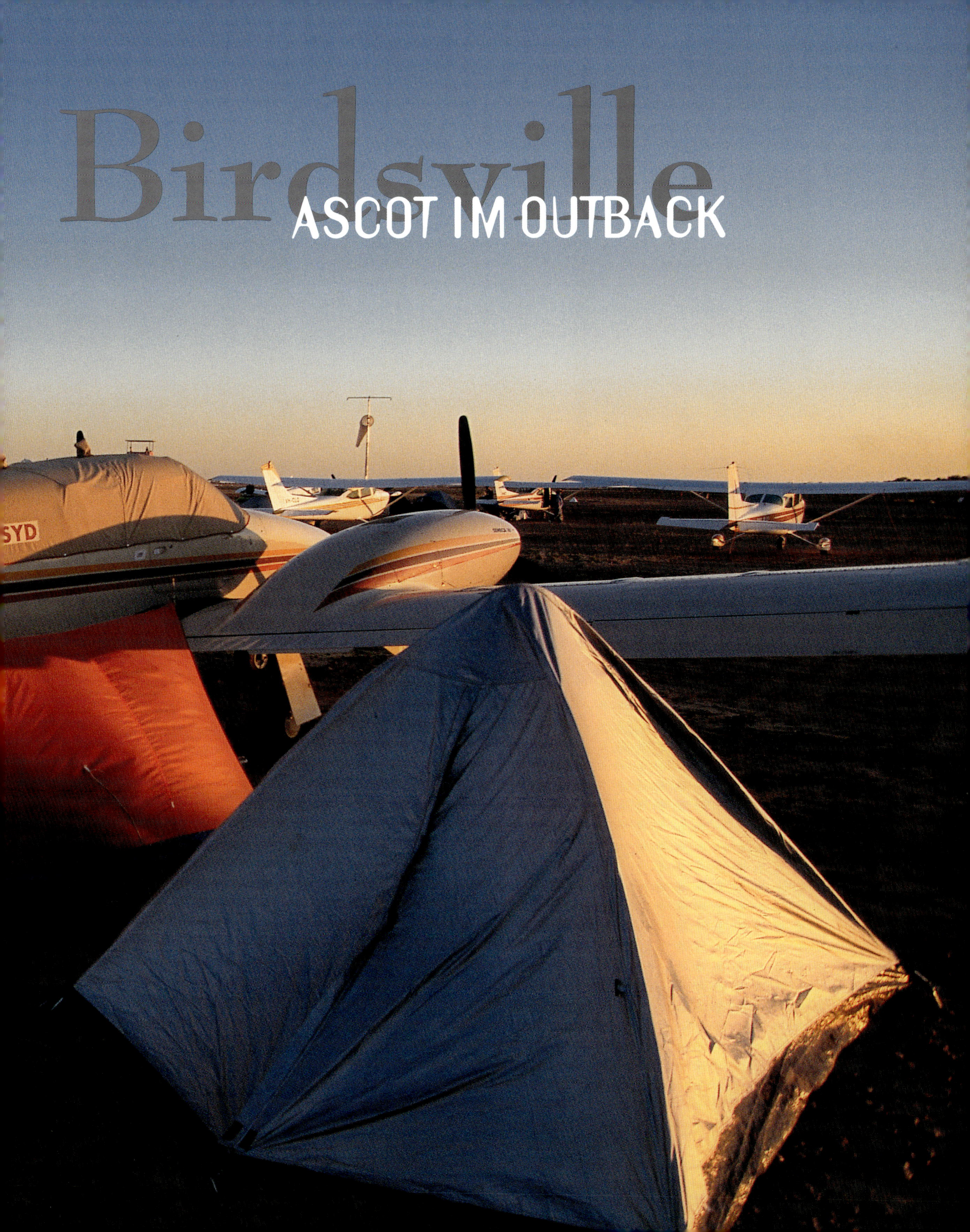

Sponsor. Offizielles Getränk beim Birdsville Cup ist das Bier der Marke XXXX in speziellen Birdsville Cup Dosen.

Einmal im Jahr wird der abgelegene Ort Birdsville im Outback von Queensland von einer Invasion heimgesucht. Dann steht das verrückteste Pferderennen Australiens auf dem Programm – und der Ort Kopf.

Freitag, »the built up«. Die Horden kommen von allen Seiten, in staub- und schlammverkrusteten Allradfahrzeugen, Bussen – und in Flugzeugen. Eins nach dem anderen taucht aus dem schier endlos blauen Himmel auf, wird draußen auf dem Rollfeld von einem der beiden Fluglotsen empfangen und abseits in akuraten Reihen geparkt. Unter den Flügeln beginnen Zelte aus dem Boden zu sprießen, provisorische Unterkünfte werden aus Planen gefertigt. Die Allradparade und die Busse versickern im Caravanpark von Birdsville, und unten am Diamantina River entsteht eine Stadt aus Zelten: »tent city«.

Alle Jahre wieder im September zieht das trostlose 102-Seelen-Kaff Birdsville am Rande der Simpsons Desert die Pferdeliebhaber geradezu magisch an. Und ähnlich wie beim Truck-Festival in Deniliquin wird auch das Pferderennen von Birdsville anscheinend vornehmlich als kollektives Besäufnis zelebriert: Über 95 000 Dosen Bier werden dabei im Durchschnitt verkauft, und der Wirt des historischen Birdsville Pubs baut vorbeugend schon einmal alle Tische und Stühle ab, um noch mehr Platz zu schaffen – aber auch um Beschädigungen von Mensch und Inventar zu vermeiden.

Birdsville selbst rüstet sich bereits Wochen vor dem Ereignis für den gefürchteten Ansturm. Über 6000 Besucher werden erwartet, am Flugplatz von Birdsville müssen an die 300 Flugzeuge versorgt werden. Die lokalen Gesetzeshüter wären an diesem Wochenende hoffnungslos überfordert und bekommen deshalb Verstärkung aus der 677 Straßenkilometer entfernten Bergwerksstadt Mt. Isa. Für jene, die über die Stränge schlagen, wird sogar eigens ein Richter eingeflogen, der Übeltäter kurz und bündig aburteilen soll – im Fließbandverfahren.

Im Pub herrscht bereits am Vormittag Hochbetrieb. Man feiert die Ankunft und die Tatsache, dass es endlich wieder soweit ist. Schon bald häufen sich vor dem Pub die Bierdosen im Staub, und nachts werden die so entstandenen Aluminiumberge mittels eines kleinen Bulldozers »aufgeräumt«.

Am Vorabend vor dem Renntag wird bis in die Puppen gefeiert. Auch deshalb hat man schließlich die hunderte, manchmal tausende Kilometer lange Anreise in die abgelegene, aride Südwestecke Queensland auf sich genommen. Wer nicht im Pub ist und trinkt, wandert ziellos durch den Ort, vorbei an Souvenirbuden, Grillständen – und dem Boxzelt. Hier können sich Abend für Abend mutige und meist alkoholumnebelte Männer mit Mitgliedern einer fahrenden Boxertruppe schlagen. Wer nach drei Runden noch steht, hat gewonnen.

In Birdsville, sagt man, gibt es drei Stufen des Terrors: Das Boxzelt ist die erste. Wer dann noch nicht genug hat, kann als Stufe zwei im Rodeogehege versuchen, einen ausgewachsenen und ziemlich übelgelaunten Bullen zu reiten. Stufe drei und die ultimative Form des Terrors aber ist es, eine Mahlzeit an der fahrenden Fischküche einzunehmen, die mitten in der Wüste die Früchte des Meeres anbietet.

Samstag, »the climax«. Es ist sechs Uhr dreißig. In Birdsville kündigt sich der große Tag mit einem rosa schimmernden Horizont an. Unten am Billabong, einem Alt-

Auftritt.
Vor dem großen Rennen paradieren die Jockeys durch die Menge.

Wettlust.
Am Tag des großen Rennens haben die Buchmacher alle Hände voll zu tun.

Höhepunkt.
Die Teilnehmer des Pferderennes von Birdsville in der Zielgeraden.

Unterhaltung. Blanke Busen und die Tränke, das historische Pub von Birdsville.

wasser des Diamantina Rivers, lärmen Schwärme von Kakadus in den Morgen. Auf den Straßen von Birdsville sind all jene unterwegs, die keine Bleibe mehr fanden und deshalb erst gar nicht mit dem Trinken aufgehört haben – sowie jene, die die Nacht über in Zelten gehaust haben und froh sind, endlich die steifen Glieder recken zu können.

Mit der Sonne kommt der Wind und damit der Staub. Seit dem Morgengrauen besprüht der Fahrer eines Tankers die Straßen mit Wasser, um den feinen Staub zu binden. Sein Name: Sisyphus.

Eine Stunde nach Sonnenaufgang verschwindet Birdsville in einem Staubsturm. Draußen auf dem Fluglatz bricht der Notstand aus. Planen fliegen, Flugzeuge müssen vertäut werden, Zelte werden umgedrückt. Wie Zombies schleichen Menschen durch die staubverschleierten Straßen. Es sieht nicht gut aus für das große Rennen am Nachmittag.

Bereits am frühen Vormittag bildet der Pub von Birdsville erneut den Mittelpunkt des Geschehens. Dicht gedrängt stehen sie unter dem Verandadach: die behüteten »blokes« von den umliegenden Cattle Stations – raue Kerle mit grellen Tätowierungen, denen man ungern in einer dunklen Seitenstraße begegnen möchte –, das adrett gekleidete Stadtvolk aus Sydney und Melbourne; die Millionäre, die mit dem eigenen Flugzeug eingeschwebt sind, die Mitglieder von Sydneys High Society, die eigens für das Ereignis eine DC 3 gechartert haben. Sie alle verbindet an diesem Tag das Warten auf das Rennen – und das Bier. Da sonst nichts passiert, ist man für jede Abwechslung dankbar.

Das Unterhaltungsprogramm à la Birdsville beginnt: Da ist die Dame auf einem Kamel, die vor der Menge ihre Brüste entblößt und bei den Jungs aus dem Busch große Augen verursacht. Da ist der Typ, der sich auf dem Dach eines Allradfahrzeuges durch die Hauptstraße fahren lässt: splitterfasernackt. Solche Darbietungen werden mit einem lauten Jubelchor der angetrunkenen Menge belohnt, während die Ordnungshüter nur mal kurz nach dem Rechten sehen.

Gegen ein Uhr Nachmittag bringen Busse die Zuschauer zum vier Kilometer außerhalb der Stadt gelegenen Rennplatz. Es ist immer noch windig, aber der Staubschleier hat sich gelegt. Die Menge bringt sich mit ein paar Vorrennen auf Touren, die Buchmacher haben alle Hände voll zu tun. Das gilt natürlich ebenso für die Jungs oben im Bierzelt, denn es ist heiß hier draußen – und staubig.

Kurz vor drei Uhr ist es dann endlich soweit: Die Pferde für das große Rennen werden in die Koppel geführt, die Jockeys haben ihren Auftritt. Anschließend geht es in die flimmernde Hitze hinaus zum Startwagen. Es dauert eine Weile, bis die nervösen Rennpferde in den Startboxen verstaut sind, dann geht es los. Die Stimme des Kommentators wird immer schneller und höher. Sie überschlägt sich geradezu, als die Pferde mit ihren bunten Meistern in die Zielgerade kommen. Die Menge tobt – und dann ist auch schon wieder alles vorbei. Nach einer kurzen Siegerehrung pilgert die Menge erneut zum Pub. Wer danach noch immer nicht genug hat, der strömt ins Boxzelt. Andere vergnügen sich vergleichsweise gesittet auf einem Ball in der Gemeindehalle. Die ist aber mit einer Klimaanlage ausgestattet, die auch einem Kühlhaus des Schlachthofs von Sydney zur Ehre gereichen würde. Die Kleidervorschrift verlangt Krawatte für die Herren, Abendkleid für die Damen – in Birdsville!

Sonntagmorgen, Exodus. Um zwanzig nach sechs hebt das erste Flugzeug ab und leitet die Flucht ein. Jeder scheint es eilig zu haben, das abgelegene Kaff zu verlassen. Ganze Kolonnen von Allradfahrzeugen ziehen hinaus in die Unendlichkeit. Auf dem Flugplatz stehen die eigens aus Sydney eingeflogenen Fluglotsen unter enormem Stress: Für einen Morgen im Jahr verwandelt sich Birdsville zum geschäftigsten Flughafen Australiens – mit mehr Starts als vom International Airport in Sydney aus. Doch in wenigen Stunden ist alles vorbei. Zurück bleiben Berge von Müll und eine erschöpfte Einwohnerschaft: bis zum nächsten Jahr.

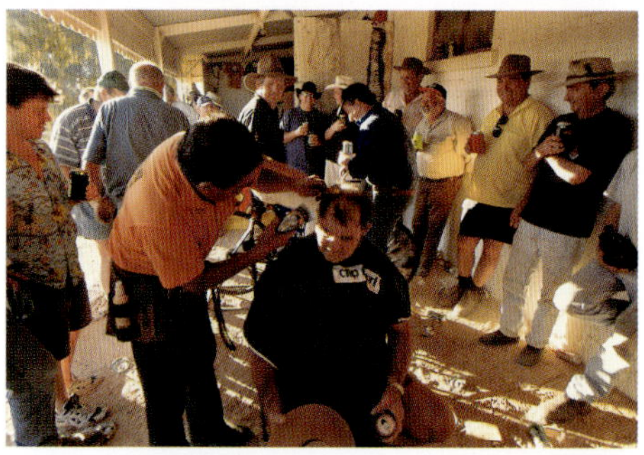

Typen. Gesichter beim Pferderennen in Birdsville: wild, rau aber friedlich.

Kopfschmuck. Zeugnisse eines großen Durstes – der dann auch noch aus Dosen einer rivalisierenden Brauerei gestillt wird!

VICTORIA
VB
BITTER
DIRTY PIERRES LEGENDARY
'99
I LOVE THIS JOB

Kimberley

Coast

REISE IN DIE VERSTEINERTE ZEIT

Bootsausflug. Die Explorer kehrt von Steep Island zum Mutterschiff zurück.

Die Kimberley Coast in Westaustralien ist eine der letzten Wildnisküsten und eine der am seltensten besuchten Regionen der Erde – das Ziel einer außergewöhnlichen Expeditionskreuzfahrt.

An einem schwül-warmen Abend in Broome besteige ich ein Boot namens »Coral Princess« – ein schwimmendes Stück Komfort für die nächsten zehn Tage. Unser Ziel ist die Kimberley Coast, eine der letzten ungezähmten Wildnisse des australischen Kontinents und eine der am sel-tens-ten besuchten Regionen der Erde.

Erste Exkursion: Crocodile Creek. In den frühen Morgenstunden ist unser Boot im Buccaneer Archipel vor Anker gegangen. »Krokodile« und »Piraten«: Mir klingen noch Mike Cusaks Worte vom Vorabend in den Ohren. Mike fungiert als Expeditionsleiter, und zur Begrüßung stellte er uns vor die Wahl: »Kreuzfahrt oder Herausforderung.« Nun sitzen wir in der Explorer – das ist ein überdachtes Aluminiumboot, das pfeilschnell den türkisgrünen Fjord des Crocodile Creek hochzischt. Die ausgedörrten Felsflanken sind spärlich bewachsen, über uns kreist ein Seeadler. Hier gibt es einen Badeteich, den nur eine schmale Felsbarriere vom Meer und von dessen hungrigen Bewohnern trennt.

Hier steht ein »Resort«, das von Arbeitern errichtet wurde, als die Eisenbergwerke auf der nahen Cockatoo and Koolan Island noch in Betrieb waren. Unter dem halbverfallenen provisorischen Sonnenschutz hängt jede Menge Krimskrams: Treibholz, Plastikflaschen, ein Stück Surfbrett – was immer entbehrlich war, wurde von Seglern, die in dem geschützten Fjord vor Anker gingen, hinterlassen. Verziert sind die Andenken mit den Namen der Yachten und derjenigen, die an Bord waren. Auch die Segeljacht »Lady G« hinterließ im Jahr 1983 ein schlichtes Holzstück. Nur der Name des Segelbootes ist darauf noch zu lesen, die Unterschriften sind verwischt – ebenso die des amerikanischen Fotomodells Ginger Meadow: Nur wenige Tage nach dem Besuch am Crocodile Creek wurde Ginger am King Cascade des Prince Regent River von einem Krokodil getötet. Hier leben »Salties« – »Leistenkrokodile«, die (wenn auch selten) bis zu sieben Meter lang werden können. Eine Länge von fünf Metern, so hört man, sei jedenfalls nicht ungewöhnlich. Deshalb bläut uns Mike Cussak auch immer wieder ein, dass das Schwimmen im Meer und in den Flüssen tabu sei. Bereits in den ersten Minuten an Bord bekomme ich diese Lektion eingehämmert: Als ich den Klodeckel in der Toilette hochhebe, starre ich auf ein gelbes Warnschild. »No swimming! Salt water crocodiles inhabit these waters.«

Ich erwäge eine Wanderung am Crocodile Creek als Alternative. Mike sitzt auf ei-

Schilderwald. Vorbeikommende Yachten lassen am Crocodile Creek Erinnerungsstücke zurück.

Camp Creek. Die Pools an den oberen Fällen des Camp Creek versprechen sicheres Schwimmen.

nem hohen Felsen und beobachtet aufmerksam, wie die steigende Flut den Felsdamm langsam verschluckt. Unten im Pool haben fröhliche Plantscher jede Menge Spaß. Und an diesem Tag lässt sich keine der Panzerechsen blicken. Später erzählt Mike, dass der Bach seinen Namen nur wegen einer krokodilähnlichen Felsformation bekommen hat. – »Oh, really?«

Zurück an Bord lässt Jason White, Kapitän der Coral Princess, sofort die Anker lichten. Die Zeit drängt, denn ein Tidenhub von zehn Metern – der höchste in Australien und der dritthöchste auf der ganzen Welt – lässt keinen Aufschub zu. Das tiefe rhythmische Ein- und Ausatmen des Meeres bestimmt, was an der Kimberley-Küste möglich ist und was nicht. Das gilt auch für unseren Reiseverlauf.

Vor unseren Augen ziehen Inseln vorbei. Die Coral Princess gleitet durch türkises Wasser, zwängt sich durch enge Fjorde und Kanäle. An den Engstellen bilden sich bereits Strudel und Kehrwasser. Stellenweise quillt Wasser wie Pilze aus der Tiefe empor, hochgedrückt von jenen Kräften, die die Kimberley Coast zu einer der gefährlichsten Küsten der Welt macht.

Ein graues Etwas ragt wie der schrundige Rücken einer gigantischen Schildkröte aus dem Meer. Wasser rinnt in silbernen Sturzbächen ab, formt Kaskaden mitten im Meer. Der rauchdunstige Himmel und der blasse dünungslose Ozean gehen an diesem Morgen ineinander über, formen ein monochromes Landschaftsbild wie aus der Anfangszeit der Welt: Mit einem Alter von 350 Millionen Jahren macht das vor uns liegende Montgomery Reef das viel bekanntere, »nur« 18 Millionen Jahre alte Great Barrier Reef zum Jüngling.

Auch im Wasser um das mit der Ebbe langsam aufsteigene Riff geht es wie in der Urzeit der Erde geht es zu. Fressen und gefressen werden heißt hier die Devise. Wir besteigen das temporäre Land, eine wasserüberrieselte Korallenmasse, und werden Zeugen dieser archaischen Ordnung: Eine Seeschlange ist wohl von der Ebbe überrascht worden und liegt mit einem Fisch im Maul vor uns – Jäger und Beute, Leben und Tod.

Später setzen wir zum Steep Point über. Das ist ein markanter roter Sandsteinbug an der Küste, und in der Nachmittagshitze steigen wir zu einem versteckten Überhang hinauf. Hier überdauern Zeugnisse von Menschenhand anscheinend die Ewigkeit. »Wandjinas« – spirituelle Figuren – sind dort an den Fels gemalt, mundlose Wesen mit seelenlosen Augen und Heiligenschein. Daneben zieren zahlreiche Fische den Fels: Der Legende nach entkamen sie einst einer Falle im etwa vier Kilometer entfernten Langgi. Aber weit sind die Fische nicht gekommen: Hier am Steep Point wurden sie schließlich von dem Wandjina Numbi mit einem Speer erlegt.

Von dem strategisch günstig gelegenen Überhang geht der Blick aufs Meer hinaus. Dort bleibt das Auge an Steep Island hängen – ein schroff abweisender Ayers Rock im Meer und eine Herausforderung für Mike: Er ruft einen Erkundungstrip aus in das bislang unbestiegene Innere der Insel, und bald darauf stürmen wir über loses Geröll, steile Felsstufen, durch stachliges Spinifex-Gras.

Oben angekommen, überblicken wir das Meer. Der Rauch der Buschfeuer im Inneren der Kimberley-Region bewirkt einen verfrühten Sonnenuntergang, taucht die Urlandschaft in warmes Licht. Wir scheuchen einen Seeadler auf, der seine Beute noch in den Klauen hält. Um uns herum zeigt die Kimberley-Heide einen blassroten Blütenschleier. Außer unserem Keuchen ist es still. Das Durchschnittsalter unserer Exkursion liegt bei etwa 65 Jahren, laut Passagierliste bin ich der Zweitjüngste. Aber als ich die leuchtenden Augen meiner verschwitzten und zerkratzten mitreisenden Oldies sehe, bin *ich* es, der sich auf einmal ziemlich alt fühlt.

Dort, wo die Legende von den Fischen am Steep Point ihren Anfang nahm, gehen wir am nächsten Morgen an Land. Langgi ist eine Sandbucht, umgeben von Felshügeln; ein Bach mündet hier ins Meer. Nicht der Rede wert, denke ich – doch dann gehen uns die Augen über: Eine Armee aus versteinerten Kriegern empfängt uns. Es sind tausende: In dichten Reihen stehen sie bewegungslos, geheimnisvoll, starren uns an. Die Phantasie schlägt Purzelbäume, sieht Figuren und Gesichter, wo nur Felstürme und -nadeln stehen. Salvadore Dalí hätte an dieser surrealen Umgebung seine reale Freude gehabt.

Es ist ein magischer, nur bei Ebbe zu erlebender Ort, der den Aborigines, die einst die Küste bewohnten, heilig war. Hier ha-

The Kimberley. Wildnis aus roten Küsten, Wasserfällen wie den Mitchell Falls und mangrovengesäumten Flüssen.

ben sich die Wanjinas Namarali und Numbi bekriegt. Seitdem steigen die toten Soldaten ihrer Armeen im ewigen Rhythmus der Gezeiten bei Ebbe aus dem Wasser auf. Versteinerte Zeit.

Nordwärts zieht unser Schiff. Slate Island, ein wichtiger Nestplatz für Meeresschildkröten, taucht auf und verschwindet wieder. Ebenso Brecknock Harbour und Augustus Island.

Kuri Bay, gegenüber am Festland gelegen, überrascht uns mit dem Anblick einer Handvoll Häuser. Boote liegen in der Bucht. Kuri Bay ist eine abgelegene Perlensiedlung, die sich unter einen rot-braunen Felshügel duckt – der letzte Vorposten der Zivilisation. Nicht weit von hier liegen Camden Harbor und Cape Villaret – Schauplätze fehlgeschlagener Versuche, sich die wilde Natur der Kimberley Coast untertan zu machen, um hier Landwirtschaft zu etablieren. Im Jahr 1864 segelten 124 Männer, Frauen und Kinder in Erwartung einer satten fruchtbaren Region in den Camden Harbour. Aber die Wirklichkeit dieser scheinbar zeitlosen, überwiegend unfruchtbaren Steinlandschaft ließ das erwartete Paradies zur Hölle werden.

Unter dem dunklen Mantel des kühlen Tropenmorgens bringt uns die Explorer zum »Gutter« – das ist ein steilwandiger, versteckt hinter Mangrovenwäldern liegender Kanal. Auf einem weglosen beschwerlichen Trek geht es zu einer Mission. Hier verbrachten Mike und seine Frau Susan ein Jahr in der Wildnis.

Damals, in den Jahren 1988/89, ließen sich die beiden in einem von der Australian Geographic Society gesponserten Projekt in dieser abgelegenen Region aussetzen, um ohne Unterstützung von außen ein Jahr in der harschen Tropenwildnis zu überleben. Das Experiment war ein Erfolg, sie standen die 365-Tage-Tortur durch, kitteten eine bereits angeschlagene Ehe und fanden ihr Leben anschließend nachhaltig verändert.

Noch ist es kühl. Wir ziehen in den blassen Sonnenaufgang hinein, bewegen uns entlang der Felsen eines Bachbettes, trekken durch die Schlucht der Nightmare Alley, um nach etwa vier Stunden auf die traurigen Reste von Mikes Haus zu starren. Überwuchert von ausgedörrtem, mannshohem Gras sind nur noch das Steinfundament und das rostige Wellblechdach vor-

Höllenritt.
Mit schnellen Zodiaks durch die Wasserwirbel der Horizontal Waterfalls.

Pilotin.
Mit dem Hubschrauber zu den Mitchell Falls.

Strandparty.
Grillfete am Strand von Naturaliste Island.

Urwelt.
Bei Ebbe auf den Rücken des Montgomery Reefs.

handen. Buschfeuer und Termiten haben alle Holzbestandteile der Behausung »aufgeräumt«. Fliegen und ein gnadenloser Sonnenglast plagen uns. Uns ist unklar, wie man es in dieser Tropenhölle ein Jahr lang aushalten kann.

Genauso deprimierend wirken die kümmerlichen Überreste der Mission, in der die hier ansässigen »Wilden« mit dem christlichen Glauben konfrontiert wurden. Die Missionare verpassten den Aborigines Kleidung, die eher im viktorianischen England angebracht gewesen wäre als in der Tropenregion der Kimberleys, trieben ihnen ihre Traditionen aus und degradierten stolze Menschen zu seelischen Wracks.

Zumindest die Brutalität des Klimas bekommen auch wir auf dem Rückweg deutlich zu spüren – und das im Kimberley-Winter, in den kühlsten Monaten des Jahres: Ausgedörrte Kehlen, hitzeglühende Gesichter, schmerzende Beine und ganz allgemein die Erschöpfung plagen uns, aber keiner gibt auf.

Die Coral Princess liegt vor der Careening Bay, der »Kielhol-Bucht«. Wir befinden uns auf den Spuren von Philip Parker King und seinem Schiff Mermaid. King legte hier an, um sein marodes Schiff zu reparieren. Ein paar Meter vom Strand steht ein mächtiger Baob-Baum, in dessen graue Elefantenhaut King in großen Lettern »HMC Mermaid 1820« schnitzen ließ. Wie er segeln wir nach unserem Besuch in der Bucht weiter – einen der längsten Küstenabschnitte der Welt entlang, der immer noch in seinem Urzustand ist.

Wary Bay, eine karge Sandbucht auf der 17 850 Hektar umfassenden Bigge Island, empfängt uns mit blendend hellem Sand, eingerahmt von beige- und orangefarbenen Klippen. Schleifspuren von Krokodilen im Sand sind die einzigen Lebenszeichen. In der Vergangenheit war das anders: In den Sanddünen hoch über dem Strand lag das Camp.

Links davon, in einem von tiefen Rissen durchzogenen Labyrinth, sind die Steinringe der Zeremonienplätze noch erkennbar, und rechts, in dem Halbdunkel tiefer Felsklüfte, starren uns Wanjinas mit toten Augen an. Es sind Kaiara, Meeres-Wanjinas. Sie alle blicken nach Nordwesten – in jene Richtung, aus der sie nach dem Glauben des Wunambal-Volkes gekommen sind.

Versteckt und kaum sichtbar wurden hier rätselhafterweise auch Schiffe und Ruderboote an die Felsen gemalt. Vielleicht illustrieren sie das Auftauchen des Forschers Abel Janszoon Tasman im Jahr 1644.

Nicht weit davon entfernt liegen drei Schädel in einer engen Spalte auf einem Felsvorsprung – die Begräbnisstätte dreier vermutlich wichtiger Stammespersönlichkeiten. Während ich im Halbdunkel vor den magischen Wandjanas kauere, huscht plötzlich ein graues Etwas wie der Geist eines der Verstorbenen vorbei. Es ist ein Monjon oder Warabi, ein kleines Felsen-Wallaby, endemisch im abgelegenen Nordwesten von Westaustralien. Mit Bigge Island ist der nördlichste Punkt unserer Reise entlang der Kimberley-Küste erreicht.

Über Nacht segeln wir in die Bucht des Prince Fredrick Harbour und liegen nun vor Naturaliste Island vor Anker. Während sich der neue Tag in Pastelltönen ankündigt, macht sich die erste Gruppe bereits mit Zodiaks auf den Weg zum Strand von Naturaliste Island. Dann unterbricht der Rotorenlärm zweier Jetranger-Helikopter die morgendliche Stille. Das sind unsere »Taxis« für einen Abstecher zu den Mitchell Falls. Pünktlich heben wir ab, umrunden Naturaliste Island. Unter uns mündet der Hunter River in den Prince Frederick Harbour, mangrovengesäumt, prähistorisch. Dann sehen wir Klippen, zerschlissen und von Schluchten durchzogen.

Der wild zerklüfteten Welt folgt die Monotonie des Mitchell Plateaus: Horizonte aus Stein, spärliche Vegetation. Seichte Nebelseen bilden sich in der kühl-feuchten Morgenluft. Dann bricht das Land auf einmal auseinander, und unter uns liegt eines der Wunder der Kimberley-Region: Dank eines verspäteten Wirbelsturms, der den Monsun in diesem Jahr verlängerte, bieten die Mitchell Falls auch im normalerweise trockenen August noch ein spektakuläres Schauspiel. In vier Stufen donnert das Wasser in die Tiefe, und wären wir nicht in der weltfernen Kimberley-Region, würden wir auf eine touristische Haupt-Attraktion starren – mit der entsprechenden Infrastruktur. Doch alles, was als eine solche zu bezeichnen wäre, sind eine ziemlich ruppige Zufahrtstrasse für Allradfahrzeuge, ein Campingplatz und die Möglichkeit, Helikopter-Rundflüge zu machen.

Aborigines.
Rosanna Angus, ein Aboriginal Guide, demonstriert die Handhabung von Steinwerkzeug.

In der Regenzeit, wenn die Trasse unpassierbar wird, weil die Flüsse über die Ufer treten, kommt auch diese spärliche Infrastruktur zum Erliegen. Dann regieren allein die donnernden Wasserfälle.

Am Abend feiern wir unseren Luftausflug mit einem Strand-BBQ auf Naturaliste Island. Müde schwappt die Dünung an den Strand, der ewig rauchige Himmel filtert das Sonnenlicht, Steak und Fisch brutzeln auf dem Grill – die herausgeforderten Kreuzfahrer sind in Partystimmung. An einer improvisierten Strandbar werden Extraschichten geschoben, und »unsere Oldies« machen einen Lärm wie im Fußballstadion.

Eine Tropennacht später sitzen wir an einem kühlen Morgen bereits wieder in der Explorer und jagen den Prince Regent River flussaufwärts. Der Fluss ist ein Unikum: 100 Kilometer weit folgt er ohne Kurven einer geologischen Störungslinie – einer linealgeraden Spalte, wie mit einer Riesenaxt in das felsige Land geschlagen. Die Wolken spiegeln sich im Fluss, Mangroven und roter Sandstein begrenzen die Bühne, mit Krokodilen als Hauptdarsteller. Über grasbewachsene Felsstufen rauscht die King Cascade in den Fluss; der tiefe Pool ist gesäumt vom satten Grün der Mangroven.

Hat jemand Lust zum Schwimmen? Wir alle haben. Nur nicht hier. Entlang der Kimberley Coast muss man schon einigen Aufwand betreiben, um sicher in die Fluten eintauchen zu können. Zum Beispiel muss man den Camp Creek, einen Seitenfluss des Prince Regent Rivers, kilometerweit hochfahren und von dort, wo sich Salz- und Süßwasser vermischen, eine Wanderung in der sengenden Tageshitze unternehmen, um zum oberen Pool der Wasserfälle zu gelangen. Das Balancieren entlang schmaler Felsvorsprünge, die kurzen Klettereinlagen, die Plage des stachligen Spinifex – all das scheint ein notweniges Vorspiel zum wahren Vergnügen zu sein. Doch bevor die Körpertemperatur den Siedepunkt erreicht, kommt die Erlösung: Endlich tauchen wir in das weiche Wasser ein.

Später sausen wir dann mit Zodiaks durch die Horizontal Waterfalls. Zwei schmale Durchbrüche in den parallelen Bergketten der McLarty Range im Buccaneer Archipel bilden den perfekten Spielplatz für eine wild gewordene Senio-

Bush Tukker. Essbare Feigen bildeten früher eine Nahrungsquelle für Aborigines.

Tropenfrucht. Im Winter verfärben sich die Früchte der Schraubenpalmen.

rentruppe. Dort manifestieren sich die imponierenden Kräfte der Gezeiten in gischtendem Wildwasser, gurgelnden Wirbeln und Strudeln, in einem unwiderstehlichen Sog und in Stromschnellen aus Salzwasser.

Balsam für die aufgeputschten Seelen ist die anschließende Erkundungsfahrt durch das Labyrinth an Inseln, Kanälen und Engstellen des Archipels. Geologisches Chaos säumt die Inlets der Talbot Bay. Gefaltete Gesteine, durchgeknetet und durcheinandergemixt, stellen die Wissenschaftler vor Fragen, an denen sie bis heute zu knabbern haben.

Während die menschenleere Landschaft im Panoramaformat vorbeigleitet, sorgt die Tatsache, dass der Tiefenmesser der Explorer plötzlich von 14 Meter auf 40 Zentimeter springt, für einen neuen Adrenalinrausch: Ein bösartiger Felszacken hätte beinahe den Aluminiumrumpf der Explorer aufgeschlitzt. Dabei fällt mir erneut das Warnschild unter dem Klodeckel in meiner Kabine ein.

Mit der Talbot Bay im Buccaneer Archipelago verlassen wir geologisch gesehen die Kimberley-Region. Über den weiten King Sound peilt die Coral Princess die Dampier Halbinsel an.

Nicht mehr Klippen, Fjorde und steile Felsinseln bestimmen das Bild, sondern rostroter festgebackener Sand, flaches Buschland, Dünen: Wir sind in der Pender Bay, auf einer Sanddüne hoch über dem Weedong Lake. Vogelfreunde jubilieren hier – und jene, die ein Auge haben für die Spuren früher Besiedlung: Überall finden sich so genannte »midden« – Abfallhaufen aus Muschelschalen, die von Aborigines hinterlassen wurden. Auch alte Feuerstellen und Lehmherde sind noch zu erkennen. Wie überall in dieser abgelegenen Region ist hier die Vergangenheit allgegenwärtig.

Plötzlich hören wir Motorenlärm. Ein Allradfahrzeug taucht auf und jagt den Strand entlang. Auf der Ladefläche stehen Aborigines, bewaffnet mit Fischspeeren. Sie winken, dann sind sie vorbei. Doch, die Zeiten haben sich geändert – die Zivilisation ist nah.

Auf der Fahrt von Pender Bay bis nach Broome erwischt es uns dann: Bei Windstärken von etwa 30 Knoten und einem unangenehmen Wellengang zeigen einige Mitglieder der Seniorentruppe der Coral Princes endlich Schwäche. Jedenfalls wird mir das später erzählt. Ich selbst tauge als Augenzeuge wenig, denn ich entschließe mich noch vor dem Abendessen, den Sturm in der Stille meiner klimatisierten Kabine und in der Horizontalen zu einem guten Ende zu reiten.

Inschrift.
Der berühmte Flaschenbaum in der Careening Bay.

Gibb

River Road

SEITENSPRÜNGE

Hinweis. Tankstellen sind rar entlang der Gibb River Road.

Auf der als »beef road« konzipierten Staubpiste quer durch die Kimberley-Region zu den versteckten Schönheiten einer einzigartigen wilden Natur: Allradabenteuer auf der Gibb River Road.

Dreiundsechzig Kilometer hinter dem trostlosen 3000-Seelen-Kaff Derby endet – ja, was? Der Spaß? Oder beginnt er hier? Lassen wir erst einmal die verschiedenen Meinungen aus dem Spiel und halten uns an die Tatsachen. Ein Warnschild kündigt die »gravel road« an. Was hier endet, ist die Teerdecke, was beginnt, sind Wellblech, Staub, seelen- und fahrzeugzermürbendes Gerüttel.

Die Gibb River Road zeigt ihr wahres Gesicht. Doch noch bin ich enthusiastisch in meinem weißen Toyota Landcruiser. Kimberley und Teerstraße, das passt nicht zusammen. Die Outbackwildnis und die Staubstraße – das ist die einzig wahre Kombination. Ich kneife die Augen hinter meiner Sonnenbrille zusammen, atme tief durch in meinem klimatisierten Vehikel und lasse die Vibrationen entlang des Rückgrats durch meinen Körper huschen. Freiheit, Abenteuer …

Eine Landschaft ohne offensichtliche Höhepunkte, verziert mit vereinzelten, seltsam dickbäuchigen Baumgestalten, wischt vorbei. Die Sonne hat jenen Stand erreicht, in dem sie alle Farben und Kontraste schluckt. In der Ferne kündigt eine Staubwolke ein Fahrzeug an. Gegenverkehr! Ich greife das vibrierende Lenkrad fester und bereite mich vor auf die unwirkliche Begegnung zweier Staubwolken vor. Bei Kilometer 127 – hier zweigt die Piste zur Windjana Gorge ab – ist mein Selbstvertrauen so gewachsen, dass eine Hand zum lässigen Lenken genügt. Einen Kilometer weiter hätte ich das Fahrzeug beinahe abschreiben können. Und mich dazu. Ein ausgetrocknetes Bachbett, versteckt hinter einer unübersichtlichen Kurve, erfordert eine moderate Geschwindigkeit von 20 Stundenkilometern. Mein Tachometer zeigt aber 70 an, und schnelles Reagieren ist gefragt! Ich beschließe, das arrogante Sebstvertrauen ad acta zu legen und mich wieder zu konzentrieren. Die letzten Kilometer zu meinem ersten Ziel lege ich in adrenalinunterstützter Klarheit zurück.

Mein Ziel ist dort, wo der Lennard River die abrupt aus der Savanne aufragende Felsmauer der Napier Range durchbrochen hat, die Windjana Gorge. Schwärme weißer Corellas in den mächtigen Papierrindenbäumen veranstalten zur Begrüßung ein eigenartiges Konzert. Die mächtigen Kalkmauern, ein uraltes Korallenriff schimmern rötlich. Die drückende Hitze der konturlosen Savanne bleibt jenseits der Felsbarriere. In den tiefen, von üppigem Grün gesäumten Pools des Flusses tummeln sich Schwärme schwarzgestreifter Schützenfische. Und drüben auf der Sandbank, neben dem mächtigen Felsblock, rasten Urzeitreptilien. Mehrere. Bewegungslos und mit aufgesperrtem Maul. Zeig her deine Zähne – die spitze Schnauze entlarvt die Panzerechsen: Das sind Freshies, Süßwasserkrokodile. Keine Gefahr also – solange man nicht versucht, sie zu streicheln.

Am Morgen bin ich wieder auf der Piste. »On the road again …« Oder doch besser: »Shake, rattle and roll«. Ich versuche jene Geschwindigkeit zu finden, die ein einigermaßen rüttelfreies Fahren ermöglicht. Dort, wo die Gibb River Road die verkarstete Mauer der Napier Ranges durchbricht, halte ich an. Hier ändert sich die Landschaft. In der Ferne ragen Berge in den Rauchdunst von Buschfeuern, der an diesem Tag über der zeitlosen Landschaft der Kimberley hängt. Granitdome und Türme, eine mystische Stadt, verloren im Nichts, unerreichbar, geheimnisvoll, lockend. Die Gibb River Road hat die Prince Leopold Range erreicht und wird auf den nächsten knapp 90 Kilometern den uralten Gebirgszug durchqueren. Ich beschließe der Lennard Gorge einen Besuch abzustatten.

Furt.
Bachquerungen bilden nur eine der Herausforderungen in der Kimberley-Region.

Reflektionen.
Im Wasser der Bachs spiegeln sich die Felswände der Emma Gorge wieder.

»4WD only« sagt meine Karte, und bald darauf kriecht das Fahrzeug auf allen Vieren über Felsen, durch Bäche und steile Flanken hinauf. Ich habe jetzt keine Zeit, die Umgebung zu betrachten, absolute Konzentration ist erforderlich. »Nur mit der Ruhe«, und: »Jetzt nur keinen Fehler machen«. wiederhole ich im Geiste wie ein Mantra. Nervöses Lippenkauen, Zungenspiel. Als Lohn erwarten mich eine tief in den Fels eingeschnittene Schlucht, Wasserfälle, Rauschen, ein kühles Bad – eben die wilde, ungezähmte Kimberley-Schönheit der Region.

Zurück auf der Gibb River Road empfinde ich die Vibrationen der Bodenrillen inzwischen schon als ganz angenehm. Bei Kilometer 223 biege ich links ab und mache mich auf den Weg zum Silent Grove – hier werde ich am Abend mein Zelt aufschlagen – und weiter zur Bell Gorge. Unterwegs sehe ich zwei Kraniche im hohen Gras tanzen. Am Ende der Straße geht es auch auf vier Rädern nicht mehr weiter. Ein Fußmarsch steht an. Die hohe Luftfeuchtigkeit treibt mir das Wasser aus dem Körper, als ich ins Tal eindringe. Trinken und wieder trinken heißt die erste Regel. Und schauen: Der von markanten Schraubenpalmen und Papierrinden-Bäumen gesäumte Bell Creek stürzt hier über eine Felsstufe in einen schwarzen Pool. Unten in der Schlucht sind dann die Mühen vergessen. Während ich ins Wasser gleite, werde ich aufmerksam von einer Echse beäugt. Sie ist nervös, als wäre ich ein Rivale, der da in ihr Territorium eindringt.

Am nächsten Tag sehe ich im milden Morgenlicht einen Schwarzkopf-Python die sandige Zufahrtspiste zur Bell Gorge überqueren. Er stoppt den dünnen Morgenverkehr und zeichnet eine Spur in den Staub. Ich hatte diese seltsamen Schleifspuren schon gesehen, konnte mir aber bisher keinen Reim darauf machen. Jetzt ist das Rätsel gelöst. Das seltene Reptil – ich schätze es auf mindestens zwei Meter Länge – sucht Schutz vor der Sonnenglut. Drei Ausbuchtungen am Körper zeugen von guten Jagdergebnissen . Über die Identität der Opfer kann ich nur spekulieren, denn an diesem Tag sehe ich keine weiteren Tiere mehr auf meiner Fahrt. Sie verstecken sich in schattigen Überhängen und feuchten Schluchten, wenn die Sonne regiert: »Only mad dogs and Englishmen

Wasserfall. Nur im Allradgang zu erreichen, aber lohnend: Ein Bad in dem stürzenden Wasser der Lennard Gorge.

go out in the midday sun« – und Touristen in japanischen Allradfahrzeugen!

Die Gibb River Road wurde als Transportstraße für Rinder zu den Schlachthöfen in Wyndam und Derby konstruiert und ist ein reiner Zweckbau. Landschaftliche Schönheit war nicht das Kriterium. Die interessanteren Plätze liegen abseits des Staubbandes, müssen auf Abstechern erreicht werden. Und meist reicht auch das noch nicht aus: Nur per pedes sind die Highlights zu erleben. Deshalb stolpere ich nun nach mehreren Stunden im Auto wieder einmal auf eigene Kraft zu meinem nächsten Ziel. Der Pfad, markiert durch Steinmännchen sowie ausgeblichene Cola- und Bierdosen, führt über eine von Buschfeuer ausgebrannte und steinige Landschaft. Obwohl die Sonne längst den Zenith überschritten hat, liegt die Hitze wie eine Daunendecke über dem Land. Thermische Böen tanzen wie Derwische und wirbeln Asche auf. Ein heißer Atem. Wasser ist Leben – eine banale Erkenntnis, die sich zur Sehnsucht verdichtet, während der Wanderer schwitzt. Eintauchen in die weiche Flüssigkeit, den Mund öffnen und mit gierigen Zügen trinken: In der Schlucht des Manning Rivers fällt mir die Definition des Paradieses leicht.

Die Nacht verbringe ich in meinem Zelt, im Schutz eines Boab-Baumes. Der uralte Monarch mit seinem fassförmigen Stamm und der grauen Elefantenrinde ist ein Überlebenskünstler. Er war schon da, als es hier noch keine Rinderstationen und Allradpisten gab, speichert seit Jahrmillionen Wasser in seinem fasrigen Stamm, wirft in der Trockenzeit regelmäßig seine Blätter ab, ignoriert die Buschfeuer.

Am nächsten Tag glaube ich zu träumen, aber die Spuren sind eindeutig: Vor mir müssen sich Radfahrer über Bodenwellen und durch tiefen Sand quälen. Ich habe einmal mehr die Gibb River Road verlassen und bin nun auf der Kalumberu Road unterwegs zur Drysdale River Station. Nach ein paar Minuten habe ich sie eingeholt. Da sie dasselbe Ziel haben, beschließe ich, die Radler abends an der Bar zu einem Bier einzuladen. Doch aus dem Umtrunk wird nichts, denn als die Radfahrer endlich die Drysdale River Station erreichen, bin ich längst wieder draußen im Busch und habe meine Schlafmatte auf einer warmen Felsplatte an einem Neben-

Staubstraße. Der Zubringer zur Barnett River Gorge.

Durchbruch. Die Gibb River Road führt durch die Napier Range.

Vogelperspektive. Der Prince Regent River – zu erleben auf einem Rundflug von der Drysdale River Station.

Buschfeuer.
Wie hier nahe Kununurra bilden Feuer einen wichtigen Bestandteil der Natur der Kimberley-Region.

Galvans Gorge. Felsenfeigen gedeihen bevorzugt in den feuchten Schluchten der Kimberley.

fluss des Drysdale River ausgerollt. Zusammen mit meinem Guide John bin ich jetzt – per Allrad natürlich – auf einer »Station Tour« unterwegs. Dabei fahren wir bis an das hinterste Ende der riesigen Rinderstation: Flüsse und Sümpfe, tiefer Sand und scharfkantige Felsen formen dort draußen ein echtes Allrad-Terrain und lassen sogar die Gibb River Road noch zahm erscheinen. Selbst die Rinder haben es nicht in diese abgelegene Ecke geschafft.

Das öffentliche Telefon ist in einem ausrangierten Kühlschrank untergebracht und die Post kommt mit dem Flugzeug. Aber die Drysdale River Station gehört zu den großen Cattle Stations, die Allradtouristen entlang der Gibb River Road ein Bett, eine Mahlzeit und Einblicke in die raue Kimberley-Realität bieten.

Nur etwa drei Fahrstunden von Drysdale entfernt liegt eine andere Station, Ellenbrae ... Ich wollte schon immer mal dorthin, seit ich in einer alten Ausgabe des National Geographic Magazins ein Foto gesehen habe, das eine Badewanne im Freien zeigt, die aus einem riesigen Bobab-Baum herauszuwachsen scheint.

Die Badewanne ist immer noch da und nun von einer Froschfamilie besetzt. Das Outback-idyll, das der Fotograf abgelichtet hat, wurde inzwischen durch eine Dusche ersetzt. Nur noch selten erfrischt sich jemand in der Wanne.

Diese Nacht verbringe ich in einem »Zimmer«, dessen Wände aus Vorhängen bestehen. Über mir höre ich das regelmäßige »Wusch« des Miefquirls, eine sanfte Nachtbrise bewegt die Vorhänge. Als ich mir im Dunkeln ein Glas Wasser hole, leuchte ich erst einmal den Steinboden ab, ob sich auch nicht eine Schlange in das Haus ohne Wände verirrt hat ...

Wieder unterwegs. Ich wurde gewarnt: vor dem grauen Pistenbelag, der aus Schieferschotter besteht und mit seiner glatten Oberfläche unbedarfte Fahrer in falscher Sicherheit wiegen kann. Statt Wellblech drohen hier scharfkantige Steine, die sich im groben Profil verfangen und die Reifen durchstechen können.

Die meisten Plattfüße, so lerne ich mit Schaudern erst jetzt, bekommt man dort, wo die Gibb River Road grau ist. Dabei habe ich die 15 Kilometer grauen Belags vor der Abzweigung zur Ellenbrae Station gestern noch freudig mit frechen 90 Stundenkilometern hinter mich gebracht. Das Glück war mir hold, aber wird es mir auch auf dem Weg zur El Questro Station treu bleiben? Meine Sehnsucht nach der roten Rüttelpiste wächst mit jedem Kilometer grauen Belags: Da weiß man wenigstens, was man hat. Und dann wartet da auch noch jenes letzte Hindernis auf mich, das vom traumhaft glatten Asphaltbelag des Highway Nr. 1 trennt: die lange Furt über den Pentecost River. Doch dessen Überquerung entpuppt sich als Kinderspiel. Drüben angekommen, habe ich endlich die Muße, die beeindruckenden Felsklippen der Cockburn Range zu betrachten, die am Abend rot glühen. Ende der Wildnis – ein Außenposten der Zivilisation ist erreicht.

Aber was für einer! El Questro, eine Rinderstation mit weit über 4000 Quadratkilometern Fläche, ist auch ein Touristenpark. Hier kann man in recht geräumigen Appartements schlafen, sich einen privaten Zeltplatz am Fluss mieten oder gar die gesamte Homestead belegen, die hoch über dem Chamberlain River auf den Klippen thront. Wegen des happigen Preises bleibt die exklusive Herberge fast ausschließlich Reichen, Berühmtheiten und solchen mit königlichem Blut vorbehalten.

Ich begnüge mich mit den Appartements und gebe lieber ein paar Dollar fürs Helifischen aus: Mit den Hubschrauber zu einem abgelegenen Flussabschnitt fliegen und dort die Angel auspacken, um dem berühmten Barramundi nachzustellen, das ist so richtig nach meinem Geschmack.

Der Flug über die weite Kimberley-Landschaft ist fantastisch, das tiefe Wasserloch am Fluss auch. Nur die Barramundi lassen sich nicht blicken. Es ist noch früh in der Saison, erklärt der Guide, das Wasser zu kalt, die Fische unwillig.

Am nächsten Tag besuche ich die heißen Quellen von Zebedee Springs, die am Fuß einer Felswand versteckt in einem Palmenwald liegen, und unternehme eine Bootsfahrt durch die Chamberlain Gorge. Abends sitze ich draußen an der Bar, wo sich Touristen und Arbeiter treffen und mit eiskaltem Bier den Staub des Tages herunterwaschen. Ein Buschbarde singt »I can see all obsticals in my way. Its gonna be a bright, bright sunshiny day«.

Hindernisse gibt es jetzt keine mehr bis Kununarra: 20 Kilometer Schotter, dann knapp 60 Kilometer Teer, und ich bin am Ziel. Der Barde hatte Recht: Es wird wieder ein sonniger Tag. Kein Wunder: Es ist Trockenzeit. Kurz vor Kununarra stoppt mich dann kurzfristig ein Grasfeuer. Raubvögelschwärme kreisen um die Rauchwolken und schlagen sich die Bäuche mit aufgescheuchten Insekten voll. Der Flughafen von Kunnanura ist nur 200 Meter entfernt, aber die Kimberley-Region bleibt wild: bis vor die Haustür.

Blütenwunder. Grevillias und Sonnentau gehören zur Flora der Kimberley-Region.

Cocos Islands

LEBEN IN ZEITLUPE

Kokosnüsse. Die Palmennüsse und die aus ihnen gewonnenen Produkte bildeten einst die wichtigste Einnahmequelle der Cocos Islands.

Weit draußen im Indischen Ozean, auf halbem Weg nach Sri Lanka, verstecken sich die Cocos oder Keeling Islands. Kenner vergleichen die verwunschenen Inseln mit den Malediven vor der touristischen Entdeckung.

Das Leben im Paradies ist langweilig. Und so muss man sich eben etwas einfallen lassen. Dass sie dann gleich eine Olympiade eingeführt haben, spricht für das Ausmaß der Langeweile. Oder für die Kreativität der Insulaner: Jedenfalls gibt es hier seit vierzig Jahren jedes Jahr zwei Wochen Sport, Spaß und unendliche viele Gründe für Parties.

Zweifellos ist es der olympische Gedanke, der mich zusammen mit Ken, einem Freund aus Sydney, schon um sechs Uhr morgens an einem abgelegenen Palmenstrand auf West Island herumstolpern lässt – auf der Suche nach einer passenden Kokosnuss. Denn Zuschauen ist nichts, Dabeisein ist alles: Was dazu führte, dass wir uns auf der Teilnehmerliste für das Finale der Cocos Olympiade wiederfanden, die aus einem Triathlon der ganz eigenen Art besteht: 200 Meter Schwimmen im Meer, mit einer Kokosnuss frisch vom Baum; Husking, das Schälen der Nuss am Strand mit Hilfe eines in den Boden gerammten Eisenspießes; fünf Kilometer Radfahren durch Palmenwald, mit der geschälten Kokosnuss; vier Kilometer laufen, ebenfalls mit geschälter Kokosnuss. Eigentlich sind das, wenn man das Schälen der Nuss dazunimmt, vier Disziplinen, was etwas ungewöhnlich für einen Dreikampf sein mag. Aber so genau nimmt das hier niemand. Am Abend nach dem Ereignis schmeißen die Insulaner eine wilde Party und krönen in einem Pub einen der Insellehrer zum diesjährigen »King Coconut«: Partykönig für ein Jahr.

Und wo, bitte, ist sein Königreich? Zerreiße eine Briefmarke in vier Teile und werfe ein Viertel davon in einen Swimmingpool, dann bekommst du eine ungefähre Idee davon, wie »bedeutend« sein Reich von 27 Eilanden inmitten der Wasserwüste des Indischen Ozeans ist, über was für ein vergleichsweise bescheidenes Stück Landmasse von gerade einmal 14 Quadratkilometern »King Coconut« residiert.

Auf halbem Weg zwischen Australien und Sri Lanka, mitten im Nichts, versteckt sich ein Atoll wie aus dem Bilderbuch. Flache Tropeninseln, eine Wirklichkeit gewordene Phantasie vom schönen Inselleben – das sind die Cocos Islands, die auch Keeling Islands genannt werden. Der nächste Nachbar ist Christmas Island, 900 Kilometer nordöstlich gelegen. Perth in Westaustralien ist 2768 und Darwin 3685 Kilometer entfernt.

Auf West Island, der Hauptinsel des zum australischen Territorium gehörenden Atolls, leben 150 Australier. Meistens genießen sie ihre »splendid isolation« – manchmal verfluchen sie sie aber auch. Die meisten sind für zwei oder drei Jahre hier stationiert, in der Verwaltung beschäftigt oder als Lehrer, Arzt, Meteorologe; beim Militär oder bei der Polizei.

Tropenfrüchte.
Das tropische Klima der Inseln lässt auch Bananen bestens gedeihen.

Direction Island.
Weltumsegler lassen Andenken am Unterstand auf der Insel zurück.

Inselparadies.
West Island mit dem Anlegesteg, Camping auf Pulu Kecil, Fußballmatch auf Home Island.

Letztere besteht aus Steve und seinem Debuty Rosy. Gemeinsam residieren sie in einem nagelneuen Millionen-Dollar-Gebäude inklusive Gefängnis mit allen Schikanen und haben ziemlich wenig zu tun. Kriminalität kommt hier kaum vor. Deshalb besteht die Hauptaufgabe der Polizei im Inspizieren von Yachten und Versorgungsschiffen, die die Inseln gelegentlich anlaufen.

Als vor ein paar Jahren der Knast doch einmal voll besetzt war mit ceylonesischen Fischern, die in den Gewässern um die Inselgruppe gewildert hatten, nutzten die beschäftigungsfreudigen Insulaner diese unwiderstehliche Gelegenheit gleich für ein Cricket-Match zwischen »Sri Lanka« und Cocos Island. Austragungsort war das nahe Flugfeld, das auch als Golfkurs fungiert. Denn Grasflächen sind rar auf den Cocos Islands. Da kann man nicht wählerisch sein.

Ausgerüstet mit einem rostzerfressenen Toyota-Pick-up (»Ute«), dessen Motorhaube und Türen ein bunt-naives Kunstwerk mit Hühnern ziert, erkunden wir die Insel. Ein Straßenschild mahnt uns zum Langsamfahren: 50 Stundenkilometer beträgt die Höchstgeschwindigkeit auf der Teerstraße, die die Insel von Nord nach Süd durchzieht. Wir trödeln mit 20 Stundenkilometer dahin, denn die Straße ist überlastet – nicht wegen des Verkehrs, sondern wegen der zahllosen großen Landkrabben, die ihre gepanzerten Körper mitten auf der Straße parken und uns zu einem Slalomkurs zwingen.

Am Südende der Westinsel finde ich mein persönliches Paradies. Hier stimmen meine romantischen Vorstellungen mit der Wirklichkeit überein: Strand, so blendend weiß, dass es einem die Augen zu schmalen Schlitzen zusammenzieht; Kokosplamen, die ihre Wedel in badewannenwarmes Wasser tauchen, und gegenüber ein Inselchen, das als Filmkulisse für einen Robinson-Crusoe-Film dienen könnte. Und das alles gehört mir! Keine Strandbar, kein Resort, keine Marina, kein Mensch! Der Massentourismus hat die Inseln noch nicht entdeckt. Und auch der Individualtourismus ist hier noch wirklich individuell.

Am Nordende der Insel endet die Straße am Landungssteg für das Boot nach Home Island. Die Fähre kostet nichts, tuckert in einer halben Stunde über die aquamarinfarbene Lagune und verbindet den Westen mit dem Osten – in kultureller Hinsicht. Denn auf Home Island leben 450 Malaien – Cocos-Malay, wie sie sich stolz nennen.

Inselspringen, Kulturenspringen: Dreißig Minuten und sechs Kilometer mit dem Boot trennen Welten, Religionen, Traditionen. Alkohol ist tabu auf Home Island, drei Imams regeln die spirituellen und praktischen Geschicke der Inselbewohner. Ab dem siebten Lebensjahr müssen Mädchen ein Kopftuch tragen, das Freitagmittagsgebet in der Moschee ist immer gut besucht.

Die Malaien kamen schon in den Zwanzigerjahren des 19. Jahrhunderts auf die Inseln – als billige Arbeitskräfte für die Kokosplantagen von Alexander Hare und John Clunies-Ross, beide von der British East India Company. Hundertfünfzig Jahre lang kultivierten und ernteten sie die Cobra, bis dann der Markt zusammenbrach und Australien die Nase voll hatte vom feudalistischen Regierungsstil der Clunies-Ross Familie. Im Jahr 1978 kaufte Australien die Inseln für 6,25 Millionen Dollar von den Clunies-Ross ab. Die Malaien blieben und wurden australische Staatsbürger.

Wir sind zu Gast bei Adim Hajits Familie auf Home Island. Adim arbeitet für die Verwaltung der Insel und hat ein Campingwochenende mit ein paar Freunden organisiert. So tuckern wir mit zwei Booten über die Lagune: Adim, Omar, Ibrahim, Sharil, Ken und ich. Weiße Wattebauschwolken spiegeln sich im türkisgrünen Wasser. Fische springen. Die feuchtwarme Tropenluft fühlt sich wie Samt an. Pulu Kecil (wörtlich übersetzt: Kleine Insel) – ein winziges Eiland am Südende des Atolls – ist das Ziel: eine Top-Immobilie für Zivilisationsmüde und Inselsammler. Bilderbuchschön, bestückt mit den unvermeidlichen Kokospalmen und wie für Fotografen geschaffen. Etwa dreihundert Meter weiter draußen bricht sich das Meer am äußeren Riff, dahinter sinkt der Meeresboden rapide auf 5000 Meter ab. Dann ist da nur noch Wasser …

Wir lernen: Camping auf Cocos-Malay heißt essen. Unsere beiden Boote sind vollgestopft mit Proviant. Enorme Rationen gekochter Reis, Federvieh als Curry und als gegrillte Variante, würzige Lammkoteletts, Kuchen, Chips … – solche Essensberge halten die vier Jungs aber nicht davon

Tauchparadies. Das Wrack eines Lastkahns ist nur eine der zahlreichen Unterwasserattraktionen.

Handwerk. Nur noch wenige beherrschen die Kunst des Korbflechtens aus Palmblättern.

Traditionen. Der Koran bestimmt das Leben der Cocos-Malaien.

ab, das zu tun, was sie auf den Campingtrips am liebsten machen: alles was im und am Wasser kreucht und fleucht zu fangen und zu jagen – Fische, Oktopusse, Muscheln, Meeresschnecken ... Und die müssen dann natürlich ebenfalls alle gegessen werden.

Mit der Dunkelheit rückt eine Armee Einsiedlerkrebse an und macht sich über die Reste unserer Fressorgie her. Wir verziehen uns in die Zelte. Später beginnt es zu schütten. Im Dunkeln versuchen wir die Überzelte festzumachen, die dank der optimistischen Wettervorhersage unserer malaiischen Freunde in den Packsäcken geblieben sind. Am Morgen blasen die Jungs das Morgengebet wegen schlechten Wetters ab und schlafen weiter: Der Imam ist weit.

Später treibt uns der Regen zurück zum Kampong, dem Dorf auf Home Island. Gebaut von der australischen Regierung und finanziert von Steuergeldern, leben die Cocos-Malay dort recht komfortabel. Das Dorf wurde auf dem Reißbrett geplant, die Straßen treffen sich in rechten Winkeln. Vor den modernen Häusern wachsen Frangipani-Bäume.

Australien lässt sich den entlegenen Außenposten viel Geld kosten – in finanzieller Hinsicht gleicht das Atoll laut dem Administrator der Insel, Bob Holland, einem schwarzen Loch. Bezahlt wird aber auch für die strategische Bedeutung der Inseln im Indischen Ozean; hier einen Flugzeugträger zu stationieren und zu unterhalten wäre noch teurer.

Das Bild westlicher Ordnung korrigiert sich in den schattigen Hinterhöfen des Kampongs. Hier stoßen wir auf die asiatische Seite von Home Island. Frauen kochen auf holzgefeuerten Öfen, Kinder spielen, die Herren der Schöpfung ruhen sich derweil auf ihren Betten aus. Papaya-Bäume, Bananenstauden, Chillipflanzen wachsen in liebevoll gepflegten Gärten, Hühner laufen herum. Asien ist nicht nur visuell präsent, sondern auch in der Luft – exotische Düfte umschmeicheln die Nasen der Besucher.

In einem der Hinterhöfe treffen wir auf Haji Medous, den größten Rivalen unseres Freundes Omar beim jährlich stattfindenden Bootsrennen mit den Jukongs, den traditionellen Segelbooten. Für das nächste Rennen hat er sich kunstvoll ein neues Boot gebaut, um die Schmach vom letzten Jahr auszumerzen: Damals hatte Omar ihn im Eifer des Gefechts gerammt und um den Sieg gebracht.

Während wir durch den Kampong streifen, bereitet Adims Frau Manisah das Abendessen zu. Das fällt dann ganz traditionell aus: Die linke Hand – weil unrein – unterm Tisch, isst man mit der Hand; nur die Männer sitzen an einem Tisch, der sich unter der Last aufgetürmter Gerichte biegt. Frauen haben dort nichts zu suchen: Sie machen den Abwasch in der Küche.

Am nächsten Tag ziehen wir los auf eine Wanderung von Insel zu Insel. Von Home Island aus waten wir während der Ebbe durch knietiefes Wasser über Korallengärten hinüber zu Pulu Ampang (»Pulu« bedeutet Insel) und dann weiter entlang einer Kette von unbewohnten Inseln, die nur durch schmale Kanäle voneinander getrennt sind. Pulu Waidas, Pulu Blekok, Pulu Kembang, Pulu Cepelok: Theoretisch könnten wir immer weiter ziehen, bis West Island. Geisterkrabben eilen über den Sand; in dem seichten Wasser der Lagune sehen wir Kofferfische. Riffhaie flitzen durch die Korallen, die Rückenflosse mit der schwarzen Spitze über dem Wasser. Das Auge sieht sich satt an der Tropenidylle, an den Palmeninseln, dem glitzernden Wasser, den Traumstränden. Es sieht so aus, als habe sich der Schöpfer hier richtig verausgabt, und den ganzen Tag über begegnen wir keinem Menschen.

Auch unter Wasser setzt sich das Tropen-idyll fort. So ziehen wir am nächsten Tag los: Schnorcheln ist angesagt, Eintauchen in die bunte Unterwasserwelt, Haien beim Schlafen zusehen, mit der Strömung durch die Korallengärten von The Rip treiben. Das Wrack eines Lastkahns vor Horsburgh Island erkunden, im kristallklaren Wasser vor Prison Island plantschen, und überall, wo wir den Kopf ins Wasser stecken, sind Unmengen von Fischen!

Dieter, einer der langjährigen Bewohner von West Island, führt ein Tauchunternehmen – mit zweifelhaftem Erfolg: mangels Publikum. Was er seinen gelegentlichen Gästen zu bieten hat, kann sich aber sehen lassen, für Taucher und Schnorchler auch im internationalen Vergleich.

Am Ende des Tages lassen wir uns von Dieter auf Direction Island aussetzen. Das ist eine wie ein Bumerang geformte Bil-

Fischer.
Tintenfische werden traditionell mit dem Speer gejagt.

Ernte.
Bananen werden das ganze Jahr über geerntet.

Fischen.
Ein Cocos-Malai bereitet die Köder zum Fischen vor.

derbuchinsel am Nordende des Atolls. Steve hat uns angeboten, im Polizeizelt auf der Insel zu schlafen. Schlafsäcke benötigen wir keine, es kühlt hier nachts nicht ab. Am Strand hat ein Romantiker eine Hängematte zwischen zwei Palmen aufgehängt. Vor der Insel ankern sieben Segelyachten aus den Niederlanden. Sie befinden sich auf einer drei Jahre währenden Weltumsegelung. Für diese Nomaden der Meere hat man auf der Insel einen Unterstand gebaut, der nun über und über mit Andenken an die verschiedenen Boote, die die Inseln schon angelaufen haben, verziert ist. Dahinter steht seltsam deplatziert ein Münztelefon unter den Palmen – ein Zugeständnis an moderne Zeiten und eine Verbindung in die weite Welt. Am Anlegesteg weist ein Schild auf die Gefahr plötzlich herunterfallender Kokosnüsse hin. Ansonsten nur Palmen, die sich in der Brise wiegen, das schlappe Rauschen einer müden Dünung, ein zum Seufzen schöner Strand. Das Leben scheint in Zeitlupe zu verrinnen.

Auf North Keeling Island dagegen spielt sich das Leben auf der Überholspur ab. Die »Bevölkerung« der 24 Kilometer vom Hauptatoll entfernten Insel geht nach einem Census von Robert »Greenie« Thorn in die Millionen: North Keeling Island ist eine Vogelinsel, ein Minigalapagos, ein als National Park geschützter Garten Eden, in dem das Gleichgewicht der Natur noch nicht gestört ist, und »Greenie«, der Ranger mit dem roten Bart, wacht über das Eiland wie ein eifersüchtiger Liebhaber.

Schon von weitem kann man eine dunkle Wolke über der Insel sehen: Vogelschwärme. Wir bummeln entlang der Küste und finden im Dickicht dahinter Nest an Nest. Die Jungen sind geschlüpft und sitzen wie flauschige Bälle auf den Zweigkonstruktionen, schauen uns an. Fregattvögel und Dreizehentölpel teilen sich dieses Territorium. Angst haben sie nicht.

Die spärlichen Gras- und Marschflächen am Südostende der Insel gehören dem Braunen Tölpel, der seine Eier einfach auf den Boden legt und sich dann darauf setzt. Warum auch nicht? Die Insel ist frei von Schädlingen und Raubtieren.

Ganz in der Nähe der Braunen-Tölpel-Kolonie erinnert ein schlichtes Holzmonument im Korallengeröll an das deutsche Schlachtschiff Emden, das hier bei einem Gefecht mit dem australischen Kriegsschiff HMAS Sydney im Jahr 1915 den Kürzeren zog und vor North Keeling Island ein nasses Grab fand. Denn die Inseln, so versteckt sie auch liegen, haben ihre Unschuld längst verloren: In beiden Weltkriegen wurden sie zum Kriegsschauplatz. Auf Horsburgh Island rosten mächtige Kanonen am Ufer, auf Direction Island erzählen die palmenüberwachsenen Ruinen einer Telegrafenstation von Bombardement und Beschuss.

Später, im dichten Wald des Inselinneren von North Keeling Island, inspizieren uns schneeweiße elegante Seeschwalben. Von Neugier getrieben flattern sie in Armlänge vor uns. Am Strand an der geschützten Westseite der Insel finden wir Schildkrötenspuren.

Auf der Westinsel ist der Partyzirkus im vollen Gang. Für den Nachmittag wurde ein so genannter Hash-Lauf angesagt: Ein paar Kilometer durch den Palmendschungel rennen, am Ziel dann ausgedehntes Durstlöschen und seltsame Rituale. Unter den Palmen stapeln sich die Kühlboxen mit den Getränken.

Aber auch das schönste Paradies würde auf die Dauer langweilig werden. Diese Gefahr bestand bei uns nicht: Nach zwei kurzweiligen Wochen müssen wir die Inseln wieder verlassen und bekommen zum Abschied am Flughafen ein blaues Band zum Anheften verpasst. »Erster Preis« steht drauf: der Lohn für unsere Anstregungen beim Triathlon der 40. Cocos Olympiade.

Krustentiere. Geisterkrabben und Einsiedlerkrebse sind auf allen Inseln der Cocos Islands zuhause.

Vogelinsel.
Auf der Nationalparkinsel North Keeling Island leben und brüten Tölpel und Fregattvögel.

New Norcia
DIE ZEITMASCHINE

Mönch. Vater Maur Enjuanes während des Nachmittagsgebets.

Die alte Welt in der neuen findet man in New Norcia, einem Klosterdorf, das seit dem Jahr 1846 von Benediktiner-Mönchen geführt wird. Reisende haben hier die Möglichkeit, in eine sakrale, friedvolle Enklave zu blicken, die einzigartig in Australien ist.

Honigfarbenes Licht sickert durch die Ritzen der Vorhänge und verleiht der Handvoll Mönche in ihren weißen Roben eine fast himmlischen Aura. Sie sitzen in einer kleinen Kapelle, auf kargen Kirchenbänken links und rechts eines einfachen Altars. Nach Minuten der Stille gibt ein sanftes Klopfen des Abtes das Signal zum Aufstehen. Es ist Zeit, die Psalmen zu rezitieren. Die Mönche auf der linken Seite beginnen einen monotonen Singsang, den die Mönche auf der rechten Seite erwidern. Genau eine Viertelstunde dauert das Nachmittagsgebet, das mit dem Vaterunser beendet wird. Dann verschwinden die Mönche so leise, wie sie aufgetaucht sind.

Knapp 130 Kilometer nördlich der westaustralischen Hauptstadt Perth, auf dem viel befahrenen Great Northern Highway, bin ich in eine Zeitfalle geraten. Ohne Vorwarnung werde ich vom australischen Busch in die alte Welt geschleudert, reise zurück ins neunzehnten Jahrhundert und lande in einer friedvollen sakralen Welt, die irgendwo im ländlichen Spanien ihren Platz haben könnte. Die moderne Hochhauswelt von Perth mit all ihren Banken und Bergwerksgesellschaften, mit der täglichen Rushhour und dem Verkehrslärm ist plötzlich nicht zwei Autostunden, sondern Welten entfernt. New Norcia, das ist die Welt von sechzehn Benediktinern: Ziegelarchitektur prägt den ländlichen Weiler inmitten der Victoria Plains – ein Ort, in dem der Tagesablauf vor allem vom Läuten der Kirchenglocken strukturiert wird.

New Norcia wurde im Jahr 1846 von den spanischen Mönchen Dom Rosendo Salvado und Dom Joseph Serra als einfaches Missionscamp im Busch gegründet. Der marmorne Sarkophag des Gründers Salvado befindet sich im schmalen Hauptschiff der Abteikirche, deren einzige Bestuhlung aus zwei langen Holzbänken besteht. Vom primitiven Camp der Anfangstage entwickelte sich New Norcia unter der Führung der Mönche zu einer beeindruckenden Gemeinde mit imposanten Gebäudekomplexen wie St. Gertrud's und St. Ildephonsus, einer schlichten Abteikirche und einem weiß getünchten Kloster als »inner sanctum« der Mönche, das durch ein schmiedeeisernes Tor von der Außenwelt abgetrennt ist.

Angesichts des wahrlich »unaustralischen« Gebäudensembles fällt es mir leicht zu vergessen, wo ich mich befinde. Selbst die Kanarenpalmen, die die Zufahrt zu St. Gertrud's säumen, und die blauen Blütenstände der Kap-Lilien, die zwischen den Gebäuden aufleuchten, passen in das Gesamtbild. Nur die mächtigen Eukalyptusbäume, die ihre Schatten auf gepflegten Rasen werfen, wirken hier anders als im übrigen Australien – auf einmal »exotisch«: verkehrte Welt!

New Norcia steht in seiner Gesamtheit unter Denkmalschutz. Die Erhaltung der 65 Gebäude ist eine große Herausforderung, auch finanziell: 15 Millionen Dollar, schätzt man, werden nötig sein, um den Ort in seinem jetzigen Zustand zu erhalten. Und der Nachwuchs bleibt aus: War das Kloster in den besten Zeiten von 80 Mönchen belebt, reduzierte sich die Zahl derjenigen, die sich dem Mönchsleben verschreiben wollen, immer mehr.

Heiligtum.
Der Altar der Haus-
Kappelle von St.
Gertrud's.

Prachtbau. Nur der knorrige Eukalyptus vor St. Gertrud's verrät, dass New Norcia in Australien liegt.

Klosterleben. Vater Maur Enjuanes mit zwei Nonnen vor der Abteikirche.

Leckereien.
Berühmt ist neben anderen Leckereien vor allem New Norcias Nusskuchen.

Die Überalterung ist ein weiteres Problem. Vater Maur Enjuanes etwa feierte vor kurzem seinen neunzigsten Geburtstag und freut sich über die Stehlampe, die sie ihm in der Kapelle aufgestellt haben, damit er durch sein mächtiges Vergrößerungsglas in der Bibel lesen kann. Aber zum alten Eisen gehören die Mönche deshalb noch lange nicht. In gewisser Weise sind sie ihrer Zeit sogar weit voraus: Während traditionelle Einkommensquellen wie die Bäckerei, das Museum und die Kunstgalerie weiterhin ihren Teil zur Finanzierung der Gemeinde beitragen, arbeiten die Mönche nun fleißig an weiteren Geschäftsideen: Ein Hotel, ein Kulturpfad oder die Erweiterung der Abtei-Druckerei sind nur einige der verschiedenen Projekte, die diskutiert werden. Sogar eine eigene Webside im Internet haben sich die Mönche eingerichtet – die Zeit der himmlischen Isolation ist also endgültig vorbei.

»Wir wollen nicht als Fossilien angesehen werden, denn Fossilien überleben nicht«, sagt Dom Chris Power, der Prior und Geschäftsleiter. Er sprüht nur so vor Energie und Ideen: »Damit New Norcia überlebt und sich weiter entwickelt, müssen wir darüber nachdenken, was wir wollen und es dann auch realisieren. Wir haben uns von einem Gutsherrn, der nicht auf seinem Gut lebt, zu aktiven Managern entwickelt. Wir arbeiten nun daran, diese begrenzte Welt hier zu erhalten und neu zu erschaffen.« – Dazu gehört auch die Öffnung nach außen, sogar für den Tourismus. Für die Mönche bedeutet dies, dass sie ihre geschützte Enklave jetzt mit all jenen teilen müssen, die New Norcia besuchen wollen, um wie ich das Leben der Mönche kennen zu lernen und mitzuerleben.

Um fünf Uhr morgens wird aufgestanden, siebenmal am Tag treffen sich die Mönche zu genau festgelegten Zeiten zum Gebet. Dazwischen gehen sie ihrer Arbeit nach.

Der 88-jährige Dom Paulino Gutierrez pflegt zum Beispiel seine geliebten Olivenbäume. Etwa 400 sind es insgesamt. Im Winter, nach der Ernte, presst er die Früchte in einer alten Steinmühle und produziert Olivenöl für das Kloster sowie neuerdings auch für den Verkauf. Der Bedarf ist so groß, dass er mit den Lieferungen kaum noch nachkommt. Paulino war gerade zwölf Jahre alt, als er in ein spanisches Kloster ging und nach New Norcia im fernen Australien geschickt wurde. Hier arbeitete er bereits als Bäcker, Friseur, Schuhmacher, Koch, Müller und Nudelmacher. Er züchtete Pilze und läutete so lange die Kirchenglocken von Hand, bis New Norcia im Jahr 1973 ans Stromnetz angeschlossen wurde.

Paulino nimmt mich mit hinaus zum Olivenhain. Ich sitze auf dem Rücksitz seines vierrädigen Gefährts, seine Krücken huckepack, und erkenne schnell was es heißt, ein gläubiger Mensch sein: Der alte Mönch donnert die Staubstraße in einem solchen Tempo entlang, dass einem weniger gottesfürchtigen Menschen angst und bang zumute werden müsste. Uralte knorrige Olivenbäume mit mächtigen Wurzelstöcken formen einen lichten Hain von archaischer Schönheit. Bald ist Erntezeit, die Äste mit dem Gewicht der Früchte hängenschwer nach unten. Mit seinen schruntigen Händen packt der weißhaarige Mönch einen Olivenzweig und präsentiert mir stolz die Früchte seiner Leidenschaft.

Die Zeiten, als New Norcia noch autark war, sind längst vorbei, aber noch immer werden unter dem Farmmanager Keith Hunt die Äcker bestellt. Einst waren es 364 500 Hektar, heute ist das Reich der Mönche auf 8350 Hektar zusammengeschrumpft. Darauf werden überwiegend Weizen, Gerste, Raps und Lupinen angebaut; 70 Hektar verwandelten die Mönche in einen Kiefernwald. Etwa 11 000 Schafe weiden auf den mageren Wiesen, und weit über 3500 Hektar blieben auf Wunsch der Mönche als natürliches Buschland erhalten.

Nigel Cooper, der Bäcker, ist erst seit sechs Monaten in der Gemeinde: »Als ich das erste Mal hierher kam, wusste ich sofort: Hier bin ich zu Hause. Es war ein unheimlich starkes Gefühl. New Norcia ist wunderschön, die Menschen sind freundlich, und selbst Menschen, die sich als nicht religiös bezeichnen, sagen oft, dass dieser Ort etwas Besonderes ist.«

Kein Wunder: Der Benediktinerorden existiert seit etwa 1500 Jahren, und sein Überlebenskonzept ist ebenso einfach wie unwiderstehlich: »Wir glauben an das, was wir tun.«

Museal.
Allerlei Ingredienzen aus der alten Klosterapotheke.

Aborigines
ECHOS AUS EINER FERNEN ZEIT

Ubirr Rock. Felsmalereien im Röntgenstil unter einem Überhang im Kakadu National Park.

Das seltsame Wesen versteckt sich in einer gewaltigen Grotte hoch in der verkarsteten Felsmauer der Napier Range. Ganz hinten, wo das Licht nur noch schwach hinkommt, liegt es mit ausgebreiteten Armen und weit größer als ein Mensch. Zwei seelenlose schwarze Augen starren mich an, ein Strahlenkranz umgibt das nasenlose Gesicht eines Außerirdischen. Neben der fremdartigen Figur steht eine weitere, kleinere. Und nicht weit davon lauert im Halbdunkel ein drittes Wessen. Dessen Körper ist rot, das Gesicht geisterhaft weiß. Tief liegende Augen und ein mächtiger weißer Penis sind seine Hauptmerkmale. In der linken Hand hält es ein schildähnliches Objekt. – Diese drei Figuren sind Wandjinas – spirituelle Geisterwesen, die hier vor tausenden von Jahren an die Wand gemalt wurden. Sie repräsentieren heldenhafte Vorfahren und wurden nach dem Glauben der Aborigines nicht von Menschen, sondern von den Geschöpfen selbst geschaffen. Sie sind mächtig, kontrollieren den Regen, die Gewitter und Wirbelstürme, die während der Regenzeit für Zerstörung aber auch für die Erneuerung des Lebens sorgen. Sie sind also verantwortlich für das Leben und den Tod aller Dinge.

Nicht weit von den Felsmalereien finde ich Felsfragmente mit seltsamen Ritzzeichnungen, davor Felsblöcke mit tiefen Gruben. Glatt polierte Steinkugeln liegen daneben: Mahlsteine. Hier saßen einst Menschen und haben Grassamen zu Mehl verarbeitet oder farbige Gesteinsbrocken pulverisiert, um Farben für zeremonielle Zwecke herzustellen. Die Menschen sind längst verschwunden, der tiefe Überhang in der Felswand liegt heute verwaist. Nur die Felsbilder und andere Hinterlassenschaften erzählen Geschichten. Mein Blick geht von dem hochgelegenen Aussichtspunkt hinaus in die Weite. Das mannshohe Gras schimmert golden, dazwischen stehen ein paar dickbäuchige Boab-Bäume, kahl und blätterlos. Die Trockenzeit hat ihren Höhepunkt erreicht, und die Bäume haben ihr Laub abgeworfen, um die Verdunstung auf ein Minimum zu beschränken. Über den Ebenen flimmert die Hitze, in der Ferne erkenne ich braune Hügel.

Ich bin in der Kimberley-Region, im Windjana Gorge National Park, ganz oben im Norden des Bundesstaates Westaustralien. Die Kimbereley-Region ist eine Hochburg der Felsenkunst, ein mysteriöses Land, unwegsam, unerforscht – zum größten Teil noch ungezähmte Wildnis. Nur hier findet man die Wandjinas, die nach wie vor eine wichtige Bedeutung für die hier ansässigen Aborigines haben. Zahlreiche Kunststätten mit den entsprechenden Darstellungen sind für die Öffentlichkeit gesperrt und dürfen nicht fotografiert werden. Hier starte ich eine spirituelle Reise zum einzigartigen Kulturerbe der australischen Ureinwohner.

Ureinwohner. Der Aborigine Cliff Coulthart ist in der traditionellen und modernen Welt gleichermaßen zuhause.

Eine spirituelle Reise zu den Zeugnissen der vermutlich ältesten noch lebenden Kultur der Erde.

Zuerst führt sie mich in den berühmten Kakadu National Park im Norden Australiens. Hier können die Besucher drei weltbekannte Felsenkunst-Galerien besuchen: Ubirr Rock, Nourlangie Rock und, etwas abgelegen, Nanguluwurr.

Die Felsengemälde am Ubirr Rock gehören zu den schönsten Kunstwerken der Aborigines. Vor allem Fische, darunter der beliebte Speisefisch Barramundi, sind im so genannten Röntgenstil an die Felsen gemalt – mit gut erkennbaren, anatomisch recht genau gemalten Innereien und Knochen. Am Gipfel eines der Felsmassive verbringe ich den Abend und beobachte, wie die Sonne den Horizont berührt. Unten in den Schwemmebenen lärmen abertausende von Spaltfuß-Gänsen; vereinzelt stolziert ein Jabaru, ein Schwarzkopfstorch, durch das hohe Gras. Die Szenerie ist zeitlos, archaisch.

In der Wildnis des Nationalparks und des angrenzenden Arnhem Lands verber-

Felsbilder. Eine symbolische Regenbogenschlange, Hand- und Bumerangabdrücke sowie eine mystisch erscheinende Figur.

gen sich unter Überhängen, an geschützten Felswänden, in schwer zugänglichen Grotten, noch viele weitere Kunststätten im Busch, die die wenigsten Besucher zu Gesicht bekommen – ein gigantisches Bilderbuch aus einer vergangener Zeit, ein Vermächtnis, das in der Welt seinesgleichen sucht.

Szenenwechsel. Ich bin im Norden von Queensland, im Lawn Hill National Park. Das ist eine tropische Oase in der harschen sonnendurchglühten Welt des Barkly Tablelands. In der Lawn Hill Gorge säumen Palmen, Feigen und Pandani das türkisgrüne Wasser des Lawn Hill Creek und laden zum Schwimmen und Kanufahren ein. An der »Rainbow dreaming site« blicke ich auf zwei ockerfarbene Halbbögen, die dort an die glatte Sandsteinwand gemalt wurden. Die Bögen symbolisieren die Regenbogenschlange, ein mythisches Geschöpf aus der Traumzeit. Besonders die Erschaffung von Flüssen, Wasserfällen, Teichen und Tümpeln werden mit ihr assoziiert. Deshalb findet man solche Gemälde oft in der Nähe von Wasser.

Vom Lawn Hill National Park wechsle ich in den Osten von Queensland über. Etwa 50 Allradkilometer hinter dem winzigen Außenposten Leura nimmt mich Alan Davis, ein »verwilderter Wissenschaftler«, wie er sich selbst nennt, mit auf eine Reise in die Vergangenheit. Mit 1200 Felsgalerien gilt das Reservat als eine der größten und spektakulärsten Felskunststätten der Welt.

Wir sitzen im Schatten eines mächtigen Überhangs und blicken über das Tal unter uns. Der Schweiß rinnt in Strömen, die Zykaden sirren, Eukalyptusblätter wispern. Magische Wesen umgeben uns, großbrüstige Frauen in Erdfarben, furchteinflößende Wächterfiguren, kunstvolle Tierdarstellungen: »Hier treiben die Quinkans ihr Unwesen«, erzählt Alan – böse Geister, die Nachts aus den Spalten der Sandsteinfelsen herauskriechen und das zerklüftete Land unsicher machen. Ihre schlacksigen Körper erlauben es ihnen, sich im Geäst von Bäumen unsichtbar zu machen oder lautlos in Felsrissen zu verschwinden. Alan zeigt mir Stätten mit weiblichen und männlichen Quinkans. Manche sind in Rot gemalt, andere weiß: Im milden Spätnachmittagslicht scheinen sie zu leuchten.

Am nächsten Morgen brechen wir früh auf. Unser Ziel ist das Yam Dreaming:

Mahlstein. Glattpolierte Gruben und eine dazupassende Steinkugel sind Zeugen einer vergangenen Zeit.

Traumzeitfiguren. Windjinas in der Kimberley-Region, eine Figur in der Quinkan Reserve und Bradshaw-Figuren.

Oase.
Zwei Kanuten erkunden eine tiefe Schlucht im Lawn Hill National Park.

Buschfrüchte. Der australische Busch bietet jenen, die damit umzugehen wissen, ausreichend Nahrung.

Allrad. Unterwegs zu den Bradshaw Gemälden auf der Drysdale River Station.

»Yam« steht für die Knollenpflanzen, die hier in schattigen feuchten Stellen zwischen den erodierten Sandsteinmassiven wachsen. Die verdickten Wurzeln sind eine wichtige Nahrungsquelle für die Aborigines. Viele Gemälde in der Quinkan Reserve sieht man in der Nähe von Fundstellen essbarer Pflanzen. Yam Dreaming zeigt die Metamorphose einer Yam-Wurzel in ein mystisches Wesen. Das Gemälde versteckt sich hoch oben an einer Felswand und ist nur zugänglich, wenn man durch einen schmalen Durchschlupf in den darunter liegenden Felsen kriecht. Nur initiierten Menschen war früher der Zugang zu dieser heiligen Stätte erlaubt.

Die Interpretation der Bilder ist ein Problem. Das Wissen um die uralten Traditionen verschwand mit den Ältesten der so genannten »song-men«. Manchmal leben Aborigines in Regionen, die früher von völlig anderen Gruppen aufgesucht wurden. Für sie stellen die Bilder dann genauso Rätsel dar wie uns.

Auch die verblüffenden Ritzzeichnungen werden unterschiedlich interpretiert. Hunderte von Vulvas schmücken die weichen Sandsteinwände. Naheliegend scheint die Assoziation mit Fruchtbarkeitskulten zu sein. Kamen die Frauen hierher, um zu gebären? Obwohl das Alter der Bilder relativ jung sein dürfte – sie werden auf etwa 3600 Jahre zurück datiert – weiß man kaum etwas über die Hintergründe. Wie schwierig muss es dann sein, Felsmalereien und Ritzzeichen zu interpretieren, die 20 000 Jahre und älter sind? Da ist es ein besonderes Glück, Informationen aus erster Hand zu bekommen. Diesmal bin ich mit Cliff Coulthart in den nördlichen Flinders Ranges unterwegs. Cliff ist initiiert, ein respektierter »law man« der kleinen Aboriginesgemeinde von Nepubanna. Er ist ein »Adnyamathanha yura miru«. »Adnyamathana« bedeutet »Volk von den felsigen Hügeln«, »yura mira« bedeutet Mann. Cliff zeigt mir Felsmalereien, bringt mich zu einer Stelle, wo früher Steinwerkzeuge hergestellt wurden. Nach wie vor liegen hier tausende von scharfkantigen Gesteinssplittern am Boden. Und er zeigt mir das so genannte »scared land«. Hier fanden Initiationsrituale statt: Fünf Männer wurden in den Kreis der Wissenden eingeführt, und die fünf Vertiefungen, wo die fünf Frauen der Männer vierundzwan-

zig Stunden auf und ab tanzten, sind immer noch zu sehen.

Dann machen wir uns auf den Weg zu der abgelegenen Chambers Gorge. Als wir dort in eine Seitenschlucht eindringen, bittet mich Cliff, die Schuhe auszuziehen, ihm barfuß und schweigsam zu folgen – genau wie damals, als die Ältesten ihn als kleinen Jungen zum ersten Mal in die Schlucht mitnahmen. Nach einer Weile stoppt er und setzt sich auf einen Felsen am Rand des sandigen Bachbettes. Wir schweigen. Nur das Summen der Fliegen und das Rascheln des Windes in dem dürren Gras ist zu hören. Dann deutet Cliff plötzlich auf die Felsen gegenüber, und ich beginne Kreise zu sehen, viele mit einem Strich durch die Mitte, manche mit einer Art Schwanz. Halbkreise und Darstellungen von Tierspuren bedecken die glatten Felsen. Cliff erklärt mir, dass sie eine logische Serie von verschlüsselten Symbolen darstellen, die mit verschiedenen Aspekten von Zeremonien, Initiationsriten und der Zubereitung von Nahrung zusammenhängen. Kreise in verschiedenen Kombinationen zusammen mit menschlichen Fußabdrücken symbolisieren ebenfalls Zeremonien und Räucheröfen, die bei der Initiation benutzt wurden. Tierspuren innerhalb eines Kreises stellen Tiere dar, die in Erdöfen gekocht wurden. Aber Cliff gibt auch zu, dass er mir einige der Symbole nicht erklären darf, da ich nicht durch die Initiationsriten gegangen bin. Aber auch so ermöglicht mir Cliff einen beeindruckenden Blick in eine Welt, die aus der dunklen Vergangenheit bis in unsere Gegenwart und vielleicht sogar darüber hinaus reicht.

Ein letzter Szenenwechsel, zurück in der Kimberley-Region. In der Nähe des Tafelberges Mt. Hann, wo zahlreiche Bäche zusammenfließen und den mächtigen Prince Regent River bilden, liegt die Homestead der Drysdale River Station. Hier geht die flache Savannenlandschaft in Steinland über. Erodierte Sandsteinhügel lockern die bisher so monotone Savanne aus Gras und lichten Eukalypusständen auf. Das stachlige Spinifex-Gras dominiert, Eukalyptusbäume sind nur noch vereinzelt zu sehen.

Abends sitze ich mit meinem Guide John Hayward auf warmen Felsplatten an einer von Schraubenpalmen gesäumten Gumpe eines Zuflusses des Drysdale Ri-

Guide.
John Hayward schürt ein Lagerfeuer.

Bradshaw-Gelände.
Im Gebiet des Mt. Hann finden sich viele Bradshaw-Gemälde.

Kontraste. Bradshaw-Figur und der Miners Pool auf der Drysdale River Station.

vers. Ich denke an unsere gestrige Tour, bei der mir zierliche Figuren mit einer seltsamen Haartracht aufgefallen waren, die mit unglaublicher Kunstfertigkeit an Felswände und Überhänge gemalt wurden. Sie sahen ganz anders aus als alles, was ich bisher auf meinen ausgedehnten Reisen in Australien gesehen hatte.

Die ersten Sonnenstrahlen berühren gerade die Sandsteinhügel und lassen sie aufglühen, als wir unsere Exkursion starten. John hat an einigen Expeditionen von Graham Walsh teilgenommen, einem der profiliertesten Felsenkunst-Experten Australiens. Das erklärt seine Passion für diese mysteriöse Malerei, sein Wissen. Die Felsbilder sind erstaunlich ausgeklügelt, subtil. Es gibt Experten, die glauben, dass sie schon vor mindestens 50 000 Jahren entstanden.

Von der Existenz dieser speziellen Form der Felsenkunst hörte man zuerst durch den Forscher Joseph Bradshaw, der im Jahr 1891 sprichwörtlich über einige dieser Felsenbilder stolperte, als er sich auf einer Expedition verirrt hatte.

Man weiß heute, dass diese Bilder schon da waren, bevor die Aborigines in der Region auftauchten. Als die ersten Siedler hier ankamen und das Land für ihre riesigen Rinderstationen beanspruchten, erzählten die lokalen Aborigines eine Legende, nach der diese Bilder von Vögeln erschaffen wurden, die in die Felsen pickten, bis ihre Schnäbel bluteten. Mit diesem Blut und ihrem Schnabel oder ihren Schwanzfedern als Pinsel erschufen sie dann die Felsenkunst: »Es scheint«, meint John in diesem Zusammenhang, »dass eine einzigartige Kombination von Umweltbedingungen dazu geführt hat, dass die Farbe wie bei einer Ätzung in den Fels eingedrungen ist und von den Elementen geschützt werden.« An einer Fundstelle ist der Fels stellenweise millimeterdick abgeblättert, und trotzdem sind noch Farbspuren im Fels.

Während wir den felsigen Hang hinaufklettern, muss ich daran denken, dass der Rockart-Guru Graham Walsh über die Bradshaw-Bilder sagte, sie gehörten zu den »größten Mysterien der Kunstwelt«. Entsprechend groß sind meine Erwartungen. Aber dieser Morgen beginnt erst einmal mit einer Enttäuschung: Alle Überhänge, die aus der Ferne so viel versprechend aussahen, haben keine Felsbilder. Wir beschließen deshalb, einer Felswand zu folgen, die sich etwa auf halbem Weg zum Kamm des Höhenzugs hinzieht. Die einzige bekannte Felsmalerei hier ist eine kleine Wandjana-Figur hinter einem Vorhang aus Wasser, der aus dem Sandstein sickert. Meine Augen tasten das Terrain ab: nichts zu sehen. Ich bin schon ein gutes Stück weitergegangen, als ich auf einmal Johns triumphierenden Schrei höre. Hastig stolpere ich zurück und folge mit den Augen Johns ausgestrecktem Arm. Dort, hoch oben an der Felswand, nur durch einen schmalen Absatz erreichbar, sehe ich verwaschene rote Figuren. Es sind ohne Zweifel Bradshaw-Bilder, aber der Stil, indem sie gefertigt sind, ist etwas anders als bei

Felsenwelt. Seitencanyon in der Carnarvon Gorge und ein Felsüberhang im Kakadu National Park.

den Felsmalereien, die wir gestern gesehen haben. Nur ein paar Figuren sind zu erkennen. Immerhin: Unsere erste Entdeckung. Später finden wir zwar noch eine andere Stätte, aber wieder nur mit eher unbedeutenden, kaum erkennbaren Figuren.

John schlägt eine, wie er hofft, viel versprechendere Gegend vor. Grahame Walsh und Ann Koeyers, die Besitzer der Drysdale River Station, waren vor ein paar Jahren dort und suchten vom Hubschrauber aus nach Bradshaw-Kunst. Dabei konzentrierten sie sich auf herausragende Sandsteinformationen und fanden einige bedeutende Stätten.

Die Sonne steht hoch am Himmel, als wir einen ausgetrockneten Bach überqueren, in dem vom Überfluss der Regenzeit nur noch Tümpel abgestandenen Wassers übriggeblieben sind. Ein Dickicht aus Akazien säumt den Bach, dann betreten wir eine scheinbar unbegrenzte Stein- und Spinifexwelt.

Wieder einmal gehen wir bei unserer Suche nach den mysteriösen Malereien zunächst leer aus; erneut eile ich zu Felsblöcken und Überhängen, die aus der Ferne viel versprechend scheinen, und stehe dann doch nur vor bilderlosen Felsen.

Die Temperaturen erreichen jetzt knapp vierzig Grad, aber wir spüren die Hitze kaum. Ebenso wenig bemerken wir, wie die nadelspitzen Halme des Stachelkopfgrases unsere Beine zerstechen. Alles, was wir wahrnehmen, sind tausende und abertausende von Felsblöcken und Sandsteinhügeln.

Aber dann findet zuerst John eine Stätte, danach bin ich dran und dann wieder John: Ein gewaltiger Felsbrocken mit geneigtem Überhang ist über und über mit Felsmalereien bedeckt – wie eine mit Graffiti besprühte Betonwand in der Stadt. Überall erkennen wir Bradshaw-Figuren, verschiedener Stile und Epochen. Aber was die Stätte dominiert, das sind zwei mächtige Wandjinas, die von Aborigines über die Bradshaw-Bilder gemalt wurden.

Fast eine Stunde lang liegen wir im Schatten des Überhangs und starren an die Decke: Je länger wir schauen, desto mehr Details erkennen wir. Der faszinierende Anblick macht uns stumm.

Von dem schattigen Platz aus blicken wir in die grelle Sonne über ferne Hügelketten und Felsrücken, die sich scheinbar im Unendlichen verlieren: »Horizonte aus Stein« nannte der australische Autor Quintin Chester die archaische Landschaft der Kimberley-Region einmal. Uns wird klar, dass Graham Walsh und andere auch nach über zwanzig Jahren Forschungstätigkeit vielleicht erst an der Oberfläche des Mysteriums gekratzt haben.

»Da draußen«, sagt John, »sind vielleicht Stätten, die uns das Geheimnis erklären können. Eines Tages wird jemand über die Lösung des Rätsels stolpern.«

»Da draußen«, das heißt: in diesen Millionen Quadratkilometern aus Felsen, Schluchten und Flüssen, aus uralten Bergen und Tälern.

Hier liegt eine Antwort verborgen. Vielleicht. Oder neue Fragen.

Die Whitsunday

Islands
OUT OF THE BLUE

Sehnsucht.
Visionen vom Paradies in einer versteckten Bucht auf Brampton Island.

Ein ausgedehnter Streifzug durch eine der schönsten Ferienregionen Australiens: die grandiose Inselwelt der Whitsunday Islands.

Es ist zum Abheben. Whooop, Whooop, Whooop. Da unten schimmert türkis die schmale Bucht des Coral Cove, links dominiert der Granitgipfel des Passage Peak das Bild. Und dann tiefblaues Wasser. Weiter draußen im Süden ragt die Pentecost Island steil aus dem Wasser. Vor uns liegt die namengebende Whitsunday Island im schimmernden Meer, die größte Insel des Archipels.

»Das musst du aus der Luft sehen«, war Garys Rat gewesen. Er muss es wissen, macht er doch einen Beruf daraus, zahlende Gäste in die Wunderwelt der Whitsunday Inseln zu entführen: von Hamilton Island aus, mit dem Hubschrauber. Er ist selbstbewusst, der fesche Pilot, denn er weiß, was er seinen Gästen zu bieten hat: eine große Inszenierung der Inselschönheit.

Akt 1: Die Bucht der Buchten, der Strand der Strände. Whitehaven Beach. Das Vorzeigestück und der Höhepunkt gleich am Anfang. Erneut klingt ein gedämpftes Whoop, Whoop, Whoop durch den Kopfhörer. Die Augen können sich kaum sattsehen an dem sanftgeschwungenen Band aus schneeweißem Sand, begrenzt von der dunkelgrünen Üppigkeit des Busches und einer türkisfarbenen Wassersinfonie. Die Yachten, die dort unten ankern, schwimmen nicht, sie schweben. Höre ich die Engel singen? Gary hat Musik aufgelegt, die Nackenhaare stehen mir ab. Er schiebt seinen Steuerknüppel nach vorne, und die Glaskuppel mit Schwanz und Rotor neigt sich nach vorne, beschleunigt. Samtene Tropenluft strömt herein, wir haben die Türen vor dem Start entfernt. Gary lässt mir keine Chance zum Verdauen. Der Traumstrand zieht unter uns weg.

Es folgt Akt 2: Hills Inlet, tausendmal fotografiert, taucht auf. Sandkunst, geschaffen von den Gezeiten und Strömungen, präsentiert sich mir von meiner hohen Warte aus. Wirbel. Muster, Formen, Farbenrausch. Der Sand ist so weiß, dass er blendet. Der Belichtungsmesser meiner Kamera ist verwirrt. Das Wasser hat Farbschattierungen, die kaum zu beschreiben sind. Es ist alles Wildnis da unter uns, Nationalpark, Berge, Regenwald, Busch, Strände, Buchten, Fjorde.

Akt 3: Hook Island, die nächste Insel, ist nur durch einen engen Meeresarm von Whitsunday Island getrennt. Mächtige Berge, schroff und steil. Der Hook Peak ist 459 Meter hoch. Die beiden Fjorde Nara und Macona Inlet ragen tief in die Insel hinein. Hier treffen sich die Segler mit ihren Yachten, wird über Nacht geankert, treibt an den milden Abenden der Geruch von BBQs übers stille Wasser.

Erinnerungen werden wach. Vor ein paar Jahren war ich auch dort, auf der Segelyacht »Pegasus«. Eine Woche sind wir durch die Inselwelt der Whitsundays geschippert, haben versteckte Riffe zum Schnorcheln aufgesucht, Inseln erkundet, sind vor einer drohenden Gewitterfront durch die Whitsunday Passage gesegelt, haben in einsamen Buchten und geschützten Fjorden geankert und vergaßen für ein paar Tage, dass das Leben auch weniger schöne Dinge bereit halten kann.

Garys fröhliches »Ich zeige dir etwas« holt mich zurück in die Gegenwart. Er lässt den Hubschrauber links wegtauchen und legt Pink Floyd auf. David Gilmours gefühlvolle Gitarrensoli passen. Ich schwebe, im wahrsten Sinne des Wortes. Hook Island bleibt zurück, dunkelblaues Wasser füllt nun das Bild aus. Dann passiert etwas.

Akt 4: Die Farben ändern sich. Muster, Netzwerke aus Korallen tauchen auf. Lagunen in mehr Schattierungen von Blau und

Long Island.
Palm Hideaway, eines der romantischsten Resorts auf den Whitsunday Islands.

Barrier Reef.
Mit dem Wasserflugzeug zum Schnorcheln. Von den Whitsunday Islands ist es nur ein Katzensprung.

Segeln.
Die Gegend hier gilt als eines der besten Segelreviere der Welt.

Türkis, als ich für möglich halte. Wir sind draußen am Riff, am Great Barrier Reef. Hardy und Hook Reef sind die beiden Schaustücke, getrennt durch einen tiefen tintenfarbenen Kanal. Taucher und Schnorchler dringen dort in die artenreiche Wunderwelt ein. Ich bin sprachlos. Mantas, Seeschildkröten, Haie kann ich vom Hubschrauber aus durchs glasklare Wasser ziehen sehen. Dann geht es zurück zu den Inseln. Hayman Island taucht auf. Out of the blue. Hier ist der Luxus zu Hause. Unter uns erkenne ich das Resort. Der Rest der Insel ist unberührt.

Das feine Resort wird mein nächstes Ziel sein. Wir drehen eine Runde um Hayman Island. Dann geht es zurück. Über Langford Reef und Black Island, an der Westküste von Hook Island entlang, dann Cid Island. Bald darauf setzt Gary das Fluggerät sanft vor dem Hangar am Flughafen von Hamilton Island auf.

Ein schnittiges Boot nimmt mich auf. Weißes Leder überall, tropische Drinks zur Begrüßung, die Crew in makellosen Uniformen. Ums Gepäck kümmern sich andere: »Lehn dich zurück und genieße die Überfahrt von Hamilton Island nach Hayman Island«, der Trauminsel für betuchte Robinsone.

Am Nachmittag sitze ich am berühmten Pool des Resorts. Nichtstun hat einen großen Stellenwert auf der Insel. Da sehe ich eine Baumschlange, die an einer der Palmen heruntergleitet. Symbol für Versuchung? Eher nicht. Gästeaugen weiten sich erschreckt, das Personal ist nicht beeindruckt. Unkontrollierte Natur im künstlichen Paradies, das darf nicht sein! Doch sie vergessen, dass das Resort eben von solcher umgeben ist. Wie die meisten Inseln der Whitsundays ist auch Hayman Island mit Ausnahme des Resortkomplexes als Nationalpark ausgewiesen.

Am nächsten Morgen verlasse ich die Luxusenklave und erwandere mir die wilde Seite der Insel. Cooks Lookout, der höchste Punkt der Insel, ist das erste Ziel. Von dort schaue ich über das Resort zur gebirgigen Hook Island. Aborigines haben dort drüben in einer Felsgrotte Felsmalereien hinterlassen – ein Beleg, dass die Inseln schon in der dunklen Vergangenheit eine große Anziehungskraft auf Menschen hatten. Am Dolphin Point blicke ich hinaus in die schimmernde Unendlichkeit. Mächtige Felsabstürze, die vereinzelten Hoop Pines dazwischen, das glitzernde Meer – hier fühlt man sich Lichtjahre vom Resort entfernt. Ich bin allein, von einem Seeadler-Pärchen einmal abgesehen. Mühelos dreht es seine Runden in der Thermik. Der Abstecher zur einsamen Blue Pearl Bay rundet den Wandertag ab.

Wohin als Nächstes? 74 Inseln und Inselchen ragen wie von großzügiger Hand ausgestreut aus dem blau schimmernden tropischen Meer. Subtropische Üppigkeit, glitzerndes Meer, einsame Traumbuchten und verschwiegene Fjorde, zerklüftete Berge und unberührte Tropenwälder formen eine zum Weinen schöne Inselwelt . Von den Riffen ganz zu schweigen.

Die Inselgruppe, von Marketingmanagern ganz ohne falsche Bescheidenheit als »Gottes Geschenk an Australien«, als »Australiens Geschenk an die Welt« bezeichnet, gilt nach der Karibik als das beste Segelrevier der Welt. Und es beschert dem Bundesstaat Queensland eine Urlaubsregion ohne Konkurrenz. Hier hat man die Qual der Wahl.

Ganz im Süden des Archipels, etwa auf Höhe der Zuckerrohrstadt Mackay, liegt Brampton Island. Das Schema wiederholt sich: Ein Resort, der Rest der Insel ist Nationalpark. Flitterwöchler in Scharen, wenige Familien. Segeln, Wasserski, Jetboat, Schnorcheln. Auch Fischen ist beliebt, weil es praktisch immer etwas zu fangen gibt.

Gelegentlich verirren sich sogar Gäste auf die Wanderwege im Nationalpark. Abends ist dann die Bar der Treffpunkt. Eine Band spielt, die Luft ist mild und wie Samt. Händchenhaltende Pärchen am Strand. Das Leben ist doch herrlich, oder? Zumindest für ein paar Tage.

Aber ich muss gestehen, das Leben in den Resorts sagt mir weniger zu. Lieber will ich durch die Inselwelt vagabundieren. Wie damals auf der Pegasus. Und so heure ich für drei Tage auf dem Rahsegler »Coral Trekker« an, tausche den Vier- oder Fünf-Sterne-Komfort der Resorts gegen enge Kojen und kurze Kaltwasser-Duschen an Deck. Aber auch gegen Stunden im Krähennest und milde Tropenabende in irgendeiner geschützten Bucht.

Wir machen einen Ausflug auf die winzige Black Island. Wilde Orchideen begrüßen uns mit Blütengirlanden. Der Weiße Kakadu des Kapitäns krächzt bei unserer

Farben. Blick von Black Island zum Langford Reef.

Traumbucht. Blue Pearl Bay auf Hayman Island

Meeresschimmer. Blick vom Dolphin Point auf Hayman Island.

Marina. Hamilton Harbour auf Hamilton Island.

Tropenabend. Die nahe Nacht taucht den Hamilton Harbour in weiche Farben.

Inselbilder. Anlegesteg auf Brampton Island, Dorfatmosphäre auf Hamilton Island, Transportmittel Elektrobuggy.

Rückkehr »raise the red sail!«, und das tun wir dann auch. Der Wind fährt ins rote Tuch, und die »Coral Trekker« nimmt Fahrt auf. So ähnlich muss es damals gewesen sein, als Captain Cook im Jahr 1770 durch die Inseln segelte. Er war es auch, der den Inseln ihren Namen gab.

Long Island liegt dem Festland direkt gegenüber und brüstet sich gleich mit drei Resorts. Das klingt nicht nach Inselidylle, nach Robinsonfeeling. Aber weit gefehlt! Das Zubringerboot von Shute Harbour hält weit draußen vor der Insel. Vom Ufer kommt ein uraltes Holzboot angetuckert. Der Steward reicht mein Gepäck zum Skipper herunter, dann klettere ich in das schwankende Boot. Ein Resort ohne Anlegesteg? Kokospalmen am Sandstrand sind ein Klischee – aber eines, das seine Wirkung nicht verfehlt. Dahinter stehen polynesische Hütten. Schlicht, unaufdringlich, heimelig. In der Bucht ankern Segelyachten. Palm Bay Hidaway nennt sich das Resort. Ein gewaltiges offenes Holzgebäude dient als Speisesaal, Rezeption, Treffpunkt, Bar ... Überall liegt verstaubter Schnickschnack. Nichts ist neu oder gestylt. Ich lasse mich in einem der schweren Stühle nieder und hätte mich in diesem Moment nicht gewundert, wenn Ernest Hemingway persönlich aufgetaucht wäre.

In Palm Bay Hideaway treffen Weltumsegler, Millionäre und Künstler auf so genannte Normalbürger. Da ist die Familie, die ihre Kinder scheinbar mit Pommes ernährt, da ist der Jüngling, der von seinem Papi zum einundzwanzigsten Geburtstag fünf Millionen Dollar bekommen hat, da sind die Möchtegernkapitäne, die sich für ein paar Tage ein Segelboot mieten und die Inseln erkunden.

Und da sind die Echten, die Vagabunten der Meere, die in ihren schwimmenden Immobilien um den Erdball treiben. Nur Orte mit dem speziellen »feeling« locken so ein buntes Besuchergemisch an. Es muss nicht Luxus sein. Plam Bay Hide-away ist eine echte Entdeckung! Und eine weitere Facette der Whitsunday Islands.

Am Thema Segeln kommt man hier nicht vorbei. So beschließe ich, mich wieder einmal dem Wind auszusetzen, und nehme an einem Tagesausflug auf der Maxiyacht Raggamaffin zum Whitehaven Beach teil. Der Kreis beginnt sich zu schließen. Akt 1 von Garys Inszenierung noch vor Augen, kann ich es nicht erwarten, barfuß den blendend weißen Strand entlang zu laufen. Doch erst bläst einmal ein strenger Wind – streng genug, die schnittige Hightech-Hochseeyacht zu fordern.

Das Deck ist vollgepfercht mit Touristen, die sich krampfhaft festhalten, als sich der Wind in der Takelage festbeißt und das Boot in einer prekären Schräglage durchs Wasser pflügt. Mit jeder Welle bekommen wir eine Salzwasserdusche ab, aber zum Teufel, was für ein tolles Gefühl!

Im schmalen Kanal zwischen Whitsunday und Haslewood Island beruhigen sich die Elemente dann, und nach einer felsigen Landzunge liegt er vor mir, einer der schönsten Strände der Erde.

Zurück auf Hamilton Island. Hier ist der Kommerz zu Hause, setzt man auf Massen, hat der berüchtigte »developer« Keith Williams ohne Einfühlungsvermögen Hochhaus-Hotelburgen an den Strand setzen lassen und die Umwelt visuell verschmutzt.

Zugegeben, von der Suite im neunzehnten Stockwerk hat man einen phantastischen Blick über die Bucht hinüber zur Whitsunday Island. Es ist ein relativ junges Publikum hier. Jeder scheint mit einem Elektrobuggy unterwegs zu sein.

Die Resortinsel bietet aber auch alles: Restaurants, Shops und Boutiquen, Nachtleben. Und alles, was man in den Whitsundays machen kann, startet hier: Garys Helikopterflüge, Segeltrips auf Mietyachten, Ausflüge zum Riff, Hochseeangeln ... Die Liste ist endlos. Und: Hamilton Island mit seinem Flughafen ist das Einfallstor zu dieser Inselwunderwelt.

Nur das, was die Inselgruppe wirklich ausmacht, findet man hier nicht. Da muss man dann schon den Trubel verlassen.

Wäre es nicht, denke ich, als mein Jet von Hamilton Island abhebt, um mich endgültig aus dem Paradies zu entführen, das ultimative Inselerlebnis, wenn man sich mit Zelt, Wasser und Proviant auf einer der kleinen abgelegenen Nationalpark-Inselchen für ein paar Tage aussetzen lassen würde, um Robinson zu spielen? Um so richtig die Seele baumeln, Gedankenbäume wachsen zu lassen, zu träumen?

Nun, auch das ist auf den Whitsunday Islands möglich.

Das nächste Mal!

Eden.
Wunderbare Natur: Whitsunday Islands.
Klischee.
Palmen und Hängematte auf Brampton Island.

Die Flinders Ranges

TIERISCHES ABENTEUER

Die Flinders Ranges

Cameleer. Auf mehrtägigen Kamel-Treks werden die Touristen durch die Flinders Ranges geführ.

Acht Tage lang zieht der Autor unter der Führung des Cameleers Luke mit Kamelen durch das Wüstengebirge der nördlichen Flinders Ranges in Südaustralien und lebt das Leben der »camel men« nach, die einst entscheidend zur Erforschung des Fünften Kontinents beigetragen haben.

Blinman ist ein desolates Kaff in einer desolaten Landschaft. Seine alte Existenzberechtigung ist längst abgelaufen, das Kupfer in der nahen Mine erschöpft. Tourismus – die saisonale Allrad-Karawane aus Nissans und Toyotas auf dem Weg nach Norden – ist heute der ökonomische Strohhalm dieser windigen Dreißig-Seelen-Siedlung. Außerhalb von Blinman steht ein windzerzauster Schuppen in der Landschaft, daneben parkt ein uralter Armeelaster mit der Aufschrift »Outback Camel Co«: unser Treffpunkt. Hier findet die Begrüßung statt. Wenn man das so nennen kann: Gelangweilt und wiederkäuend liegen sie da und rülpsen mir ihren stinkenden Atem ins Gesicht, sieben Kamele an der Zahl.

»Welcome«, sagt Luke, unser Cameleer, und fügt hinzu: »Kannst du bitte mitanfassen?«

Das ist vermutlich weniger als Frage denn als eine erste Lektion gedacht: Er wirft er mir eine kratzige, ominös riechende Satteldecke mit zu und deutet auf ein Kamel. Grüner, halbverdauter Pflanzensaft rinnt zwischen den gelben Zähnen des Tieres heraus: So sieht sie also aus, meine tierische Begleitung für die nächsten acht Tage. Seltsam höckrige Kreaturen mit einem ständigen Grinsen im Gesicht, streng riechende Biester jenseits der Schönheitsgrenze, grunzende und rülpsende Unikums. Zum Glück präsentieren sich meine menschlichen Begleiter, Luke, Greg, Claudine, Dave, Shane und Peter, in einem besseren Licht.

Und was haben wir vor? Wie früher, zu Zeiten der »camel men«, als das Wort Allrad noch nicht erfunden war, werden wir durch das Wüstengebirge der nördlichen Flinders Ranges in Südaustralien ziehen. Und unsere »Transportmaschinen« werden nicht Patrol oder Landcruiser heißen, sondern Sahib, Jacky-Jack, Mischner, Possum, Scheluk, Vicky und Crow – drei Reit- und vier Packkamele. Das heißt: Vier von uns gehen, drei reiten, abwechselnd – Kamel-Trekking im wahrsten Sinne des Wortes. Ich wähle die Füße für die ersten Stunden des Trecks, rechtfertige mich damit, dass es besser zum Fotografieren ist.

»Du wirst dich an sie gewöhnen«, kommentiert Luke meine Vorbehalte mit einem breiten Grinsen.

Der erste Abend, das erste Camp. Outbackidylle. Ein Feuer, im Kreis darum die Rollen der Swags – Schaummatten mit Kissen und Schlafsack, umhüllt mit schwerem Canvas. Zelte gibt es nicht. Mit dem langsamen Ausblenden des Tageslichts entsteht ein begrenzter Lichtraum voll Geborgenheit und Wärme.

Dies ist die Zeit der Geschichten, während im gusseisernen »camp oven« das Abendessen blubbert. Und es ist Zeit für Uncle Daves »Medizin«.

Später hängt ein satter Vollmond wie schwanger über der Landschaft. Es ist so hell, dass die Bäume Schatten werfen. Wir liegen in unseren Swags, saugen die Outbacknacht ein, als etwas Unwirkliches geschieht: Ein dunkler Schatten beginnt sich langsam vor die Scheibe des Mondes zu schieben. Wolken? Nein, der Himmel ist klar, die Milchstraße glitzert wie ein Filmstar zur Oskarnacht. Zum Teufel mit Uncle Daves Medizin! Langsam verliert der Mond sein Gesicht, bis nur noch eine vage, rötliche Scheibe am Nachthimmel hängt. Mondfinsternis! Total! Und wir haben einen Sitz in der ersten Reihe: Magie des Outback!

Am nächsten Tag folgt erst einmal die Routine. Luke konfrontiert uns nun allen

Ruinen.
Artimore mit seinen verfallenen Gebäuden zeugt von menschlichem Scheitern.

Camp.
Ein Lagerfeuer gibt Wärme und Geborgenheit in den Outback-Nächten.

Aussichtspunkt. Von den Felsen oberhalb des Nildottie Gaps hat man einen weiten Blick.

Ernstes mit der Realität: Kamel-Trekking heißt arbeiten – mit den Kamelen, die eigentlich (weil einhöckrig) Dromedare sind. Über Nacht haben sich die Tiere vom Camp entfernt, um sich an Akazienbäumen satt zu fressen. Fußfesseln verhindern, dass sie sich ganz davonmachen.

Unsere erste Aufgabe: Kamele finden, einfangen, von den Fußfesseln befreien und zum Lager bringen. Es ist kalt an diesem Morgen, der Wind beißt ins Gesicht. Wir sind nervös, die Tiere auch. Ich traue ihnen nicht. Vor allem Possum, das Kleinste und Jüngste, reagiert aggressiv auf Annäherung. Es ist völlig unmöglich, seine Fußfesseln zu entfernen. Luke muss eingreifen. Hat man sie aber erst einmal an der Leine, folgen sie friedlich zum Lager. Das Beladen kann beginnen. Die ganze Prozedur dauert weit über eine Stunde – eine Prozedur, die sich von nun an jeden Morgen wiederholen wird.

Dann ist unsere Karawane reisefertig. Die Reiter sitzen auf, Luke gibt das Signal zum Start.

Sahib, das Leitkamel, steht auf. Zuerst strecken sich seine Hinterbeine. Dann hebt sich das Vorderteil des Biestes ruckartig. Die anderen folgen wie Dominosteine, nur umgekehrt. Possum brüllt und versucht, aus der Reihe auszubrechen. Luke hat wieder alle Hände voll zu tun.

Sahib, auf dem linken Auge blind, fällt in einen wiegenden Schritt. Ein ausgetrocknetes Bachbett gibt die Route vor. Uralte Eukalyptusbäume, Red River Gums, säumen das Schotter- und Sandband. Dann beginnt der Aufstieg über den Höhenzug der »Bunkers«. Die Landschaft entwickelt sich wie im Kino: im Panoramaformat. Ein langsamer, vertikaler Kameraschwenk enthüllt Schritt für Schritt die Landschaft: Ganz hinten die Zackenlinie des Wilpena Pound und der Heysen Range, dunstblau und ohne Details; davor baumlose Hügel, braun, sonnenverbrannt, als Kontrast weite Ebenen dazwischen. Lichte Stände der Northern Cypress Pine suggerieren Üppigkeit, jedenfalls aus der Distanz betrachtet. Die Tiere tasten sich langsam den felsigen Höhenzug hinauf, setzen ihre dicken gepolsterten Füße vorsichtig zwischen die losen, scharfkantigen Felsen. Oben angekommen, schwenkt die Kamera nach vorne, fixiert eine neue dominante Landmarke – Patawarta Hill: ein Felsdreieck im Hitzedunst. Dort wohnt nach dem Glauben der lokalen Aborigines, dem Adnyamathananha-Volk, der Keilschwanzadler, Wildu genannt. Wildu schnappt sich yakkity, kleine Kinder, auf die nicht richtig aufgepasst wird, und bringt sie auf den Berg – eine Warnung für Eltern, ihre Pflichten nicht zu vergessen.

Das Nest eines Keilschwanzadlers auf einem alten Eukalyptus wird für uns zu einem wichtigen Fixpunkt. Denn Luke hat ihm unbekanntes Territorium erreicht. Nun hilft nur noch die handgezeichnete Karte seines Bosses weiter.

Wir müssen die richtige Schlucht für den Abstieg finden. Wildus Nest soll uns laut Skizze den Weg zeigen.

Luke ist nervös. Er hat die Wahl zwischen drei Schluchten, und kein Nestbaum hilft ihm. Raten und Hoffen, spannende Minuten, als wir den Abstieg auf gut Glück beginnen. Alle Reiter müssen absteigen, das Terrain wird schwierig für die Kamele. Und dann, hoch oben in den Felsen, steht er, der alte Baum mit dem Nest! Die enge, verwinkelte Schlucht ist passierbar und entlässt uns schließlich in einen lichten Zypressen-Hain draußen in der Ebene.

Die Schönheit des Waldes vertuscht, dass wir uns dem traurigen Zeugnis eines menschlichen Scheiterns nähern – den Ruinen von Artimore. Dürre, Isolation, Fehlentscheidungen waren die Bausteine der Tragödie. Jetzt mahnen verfallene Häuser vor menschlicher Arroganz und Ignoranz. Die Natur der Flinders Ranges verführt mit ihrer Schönheit, maskiert ihre dunkle Seite sorgfältig. Besucher werden toleriert, aber wer bleiben will, der muss sich auf heftigen Widerstand einstellen.

Der Behälter der Artimore Well ist am Überlaufen. Das mineralreiche Wasser schmeckt salzig und hinterlässt weiß-gelbe Krusten, wo es am Wellblech des Tanks herunterläuft. Die Kamele saufen sich trotzdem voll. Wir sitzen im Schatten.

Die Geschichte der Ruinen drückt auf das Gemüt. Gott sei Dank ist unser Camp nur einen Zweistunden-Ritt von hier entfernt. Auf dem Weg dorthin entwickelt Possum Durchfall. Zirren am Himmel künden eine Kaltfront an, als wir das Camp für die nächsten zwei Nächte einrichten. In der Nacht frischt der Wind auf. Es ist kalt geworden, Staub fliegt. Ich ziehe die Regenplane über das Gesicht. Das Gefühl, den

Karawane. Szenen eines Kameltreks durch die nördlichen Flinders Ranges.

Launen der Natur ziemlich schutzlos ausgesetzt zu sein, bleibt.

Am Morgen zeigt sich der Himmel bleiern. Für die Kamele ist heute Sonntag, sie haben frei. Für uns steht der Gipfel des Patawarta Hill auf dem Programm.

Dunkle Wolken kündigen Regen an. Ob Wildu uns nicht haben will in seinem Reich? Oben fauchen Böen um die Felsen, schütteln die Blütenstände der Grasbäume. Draußen in der Ebene entlädt sich ein Schauer. Der zarte Regenschleier scheint den durstigen Boden nicht zu erreichen. Wildu lässt sich nicht blicken.

Am Nachmittag packt Dave seine »magic box« aus: Boule, das französche Ballspiel, schleppt er überall hin mit. Der unebene Wüstenboden ist dabei gerade die richtige Herausforderung.

Possum liegt apathisch in Campnähe und frisst nicht mehr. Die verschmuste Jacky Jack genießt mit geschlossenen Augen Streicheleinheiten von Greg. Sahib hält selbstbewusst Distanz. Er ist der Führer, der Erfahrenste – und lässt es uns wissen. Vicky und Scheluk sind im Akazien-Dickicht verschwunden, um sich an dem mageren Grün vollzufressen. Mischener, die Kameldame mit dem seltsamen Namen, nähert sich Shane, um ihre Schmuseration einzufordern. Crow liegt im Staub und käut wieder. Die Anwesenheit der Tiere ist normal geworden, unsere Vorbehalte schwinden.

Wie wahr ist es doch, was der Forscher Charles Madigan über Kamele zu sagen hatte: »Zuerst sind sie verschroben, unbeholfen, langsam, schwer zu durchschauen, schrecklich laut mit ihrem Geächze während des Packens, und versuchen jeden, der in Eile ist, zu nerven. Aber wenn das Thermometer über hundert Grad Fahrenheit klettert, Tag für Tag, wenn Futter rar und die Möglichkeit, Wasser zu finden, nur noch eine wilde Hoffnung ist, dann laufen die Kamele zu ihrer großen Form auf.«

In der Nacht erwischt es uns dann. Der Wind nimmt Orkanstärke an, fährt in das noch glimmende Feuer und lässt glühende Derwische tanzen. Dann fallen die ersten Tropfen. Wir ziehen unsere Swags in den Windschutz einer eilig festgezurrten Plane und verkriechen uns wieder. Schlaf will nicht kommen in dieser Nacht ,und als zögernd die graue Dämmerung einsetzt, ist die Feuchtigkeit bis in den Schlafsack vorgedrungen.

Am Morgen ist Possums Stuhl blutig. Luke ist verstört, er befürchtet, dass er das Tier töten muss. Ausgerechnet Possum, das kleinste und hübscheste Kamel von allen. Es ist erst vier Jahre alt. Sein Vorbesitzer war ein sadistischer Tierschinder, der das junge Kamel grausam misshandelte. Lukes Boss rettete das traumatisierte Tier aus den Händen des Sadisten. Jetzt versucht Luke per Funk den Besitzer des Tieres zu erreichen, aber die Verbindung kommt nicht zustande. Wir beschließen, Possums Tragelast auf die anderen Kamele zu verteilen und zu beobachten, wie sich sein Zustand tagsüber entwickelt. Auf einmal wird uns klar, wie abhängig wir von den Tieren hier draußen sind.

Öde Ebenen mit spärlichem Bewuchs, weites Land. Die Wolken fliegen über uns dahin, gelegentlich bricht die Sonne durch. Mensch und Kamel schalten auf Autopilot. Zeit, Gedankenbäume wachsen zu lassen, mit sich allein zu sein.

Possum trottet traurig hinterher. Am Fuß des Ann Hill schlagen wir das Lager auf. Jeder kennt seine Routine, weiß, was seine Aufgabe ist.

Dem Wohl der Tiere gilt nun unsere ganze Aufmerksamkeit. Wir beginnen mit ihnen zu sprechen. Das Team wächst zusammen. Nur an die Tischmanieren unserer Kamele kann ich mich nicht gewöhnen.

Dann ist Zeit zu einem Boule-Wettkampf.

Am späten Nachmittag haben sich die Wolken aufgelöst, und wir besteigen den Ann Hill. Die Landschaft, die sich uns zu Füßen ausbreitet, hat anscheinend ihr Endstadium erreicht: Runsen, Falten, von Kräften durchgeknetet, die jenseits unserer Vorstellkraft liegen; freigelegt, poliert, geschliffen über Jahrmillionen.

»The bones of nature laid bare« (»das Skelett der Natur freigelegt«), meinte der australische Landschaftsmaler Hans Heysen über die die Flinders Ranges.

Die Karawane zieht weiter, in einen Vorzeigetag hinein. Possum scheint sich zu erholen, sein Stuhl enthält kein Blut mehr. In einem weiten Kreis ziehen wir nun um den Patawarta Hill herum.

Die Flinders Ranges zeigen sich hier von ihrer besten Seite: weite Täler, eingerahmt von wuchtigen Felsabstürzen, Zypressenhaine, jeder Blick ein Landschaftsfoto, die milde Frühlingssonne streichelt die Haut.

Während der Rasteinlagen buhlen wir um die Gunst von Jacky Jack. Shane versucht, Possum zum Fressen zu überreden. Luke verwöhnt jedes Kamel mit einer kräftigen Umarmung und ein paar ins Ohr geflüsterten Worte, während er die Sättel kontrolliert.

Von unserem Zwei-Tages-Camp an der Schlucht des Nildottie Gap machen wir uns auf die Suche nach den scheuen und seltenen Rockwallabies, erforschen die Felsenwelt der tiefen Kluft im roten Sandstein, streifen durch den Busch, um unseren treuen Kamelen etwas Saftiges mitzubringen. Possum nimmt immer noch ab, zeigt aber erstmals wieder Interesse am Fressen. Mischener überrascht mich von hinten und legt ihren mächtigen Kopf auf meine Schulter. Nachts sitzen wir am Feuer, trinken und schlagen uns die Bäuche voll.

Der letzte Tag. Es ist warm, *zu* warm. Der nächste Wetterumschwung kündigt sich an. Inzwischen bringen wir die Morgenroutine problemlos hinter uns – wir sind Cameleers geworden. Die Tiere reagieren auf uns, folgen dem beschwörenden »whoosh«, lauschen unseren geflüsterten Komplimenten, kassieren ungeniert ihre Streicheleinheiten, wissen, dass wir allen Grund zur Dankbarkeit haben.

Nur Possum bleibt ein Problemfall. Seine traumatischen Erlebnisse sitzen zu tief. Er bildet den Schluss unserer Karawane, während wir hinausziehen in die desolaten Weiten um Blinman. Die Berge der Flinders Ranges und der unberührte Busch dort bleiben zurück, machen Raum für überweidete und von der anhaltenden Dürre ausgetrocknete Ebenen. Eine dramatische Wolkenfront schiebt sich von Süden her ins Panorama. Als wir Blinman erreichen, hängen die grauen Wolken tief über dem Kaff. Es beginnt zu regnen. Die ersten schweren Tropfen werfen Krater im Staub auf, ein kalter Windstoß fegt durch den Ort. Abschiedsatmosphäre. Zeit für letzte Streicheleinheiten, bevor wir das Pub stürmen.

Reise-Tipps und Informationen

AUF DEN SPUREN VON DON FUCHS DURCH AUSTRALIEN

Aus dem Notizbuch des Autors: Hotels, Restaurants, Attraktionen und wichtige Adressen und Telefonnummern für Reisen »down under«.

Wer das nötige Kleingeld hat, kann in **Sydney** stilvoll wohnen: Eines der besten Hotels ist das neue **W Sydney – Woolloomooloo Wharf**, Woolloomooloo, NSW 2011, Tel. (02) 93319000, Fax (02) 93319031. Untergebracht in dem denkmalgeschützten Holz-Kai aus dem Jahr 1910, wird das Innere gerne als »cool«, »urban« oder »chic« beschrieben.

Ich persönlich ziehe allerdings das kleine und intime **Kirketon Hotel** vor – 229 Darlinghurst Road, Darlinghurst, NSW 2010, Tel. (02) 93322011, Fax (02) 93322499. Hier steigen bevorzugt Musiker und Filmleute ab, die die zentrale Lage und die hypermodernen aber äußerst stilvollen Zimmer schätzen.

Meine Lieblingsbar in Sydney ist die **Horizon Bar** im 36. Stock des luxuriösen ANA Hotels. Das nächtliche Panorama von Darling Harbour über die Hafenbrücke und das Opernhaus bis zum Hafeneingang ist einfach überwältigend.

Wenn es ums Essen geht, hat man in Sydney wahrlich die Qual der Wahl. Praktisch alle ethnischen Küchen sind vertreten. Meine Lieblingsrestaurants sind das **Salt** – 229 Darlinghurst Street, Darlinghurst, NSW 2010, Tel. (02) 93322566, das durch die gewagten Kombinationen des Starkochs Luke Mangan glänzt, sowie das im Vorort Eastwood versteckte japanische Restaurant **Hukuya – Shop 1**, 25 Railway Parade, Eastwood, NSW 2122, Tel. (02) 9804 8200.

White Cliffs, 219 Einwohner, liegt im Outback von New South Wales, etwa 250 Kilometer nordöstlich von Broken Hill, umgeben von monotonen Salzbuschebenen. Der nächste nennenswerte Ort, Wilcannia, liegt etwa 100 km südlich. Besucher können in White Cliffs unverfälschtes Australien erleben: rau, kantig, kontrovers. Der Ort ist eine Oase persönlicher Freiheit, in der Marotten und Exzentrik problemlos akzeptiert werden. Besucher werden aber bei aller Eigenbrötlerei der hier lebenden Menschen auch eine überwältigende Herzlichkeit erleben. Die schönsten Monate, um White Cliffs zu besuchen, sind September und Oktober (Frühling). Der Winter (Juni bis August) eignet sich ebenfalls. Die Sommermonate (November bis März) sollte man wegen der großen Hitze und den damit zusammenhängenden Gefahren meiden.

Ein großes Übernachtungsangebot gibt es hier nicht. Meine Wahl ist **PJ's Underground B&B** – Dugout 72, Turley's Hill, White Cliffs, NSW 2836, Tel/Fax (08) 80 91 66 26. Das ist White Cliffs feinste Adresse mit fünf individuell und geschmackvoll ausgestatteten Untergrund-Zimmern. Ein Whirlpool – ebenfalls unter Tage – lässt vergessen, dass man sich mitten im Outback befindet. Durch eine Hintertür im Zimmer 5 erreicht man die eigentliche

Sonnenschein. Auf den Whitsunday Islands, den Cocos Islands oder am Manly Beach in Sydney.

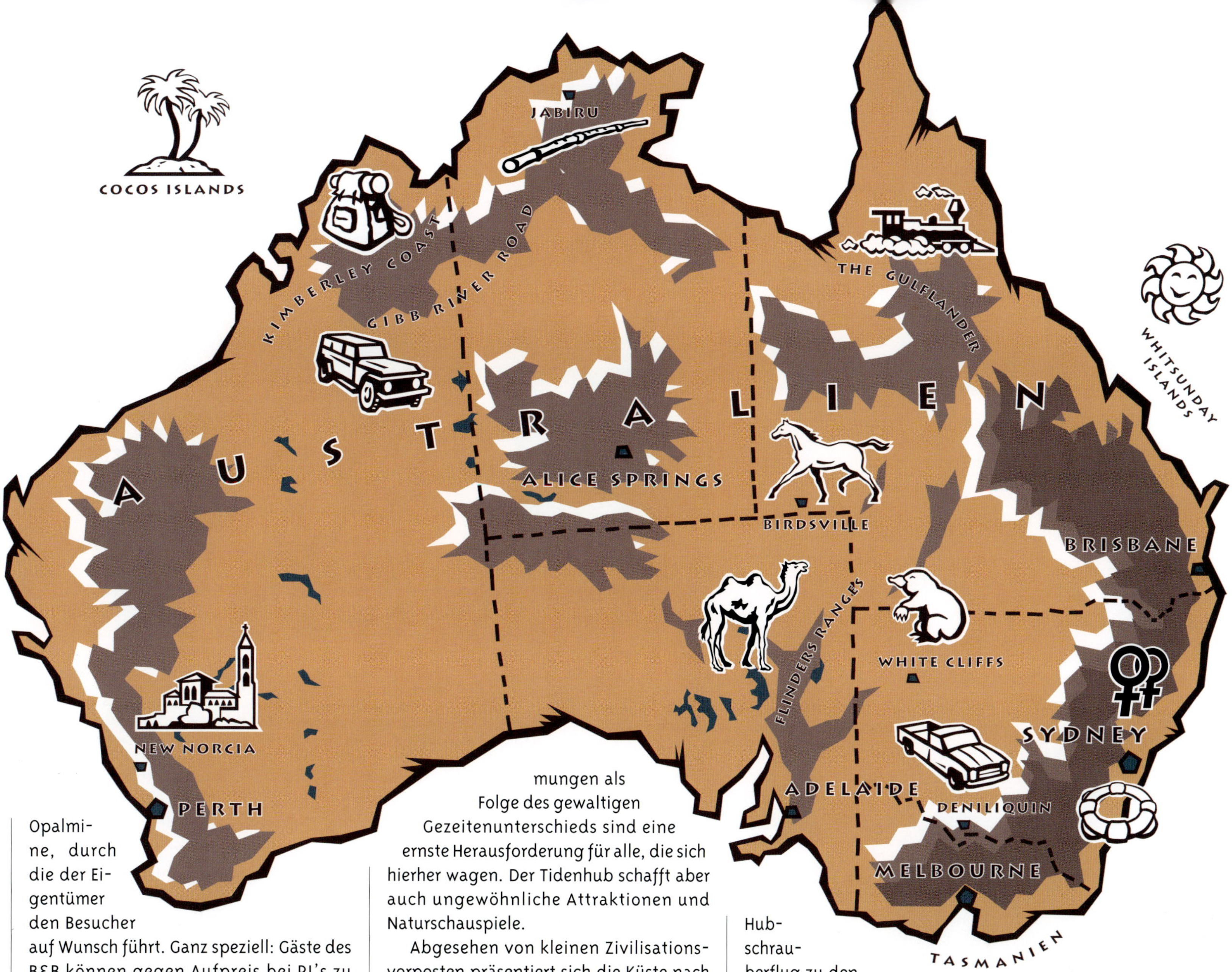

Opalmine, durch die der Eigentümer den Besucher auf Wunsch führt. Ganz speziell: Gäste des B&B können gegen Aufpreis bei PJ's zu Abend essen – und bekommen die feinste Küche im Ort offeriert!

Kulinarisch befindet man sich ansonsten in White Cliffs sprichwörtlich in der Wüste. Das White Cliffs Hotel offeriert einfache, typische australische Outbackküche, dominiert von Steaks und Pommes. Im General Store bekommt man Fastfood Snacks und Sandwiches für den schnellen Hunger zwischendurch.

Kimberley Coast: Der australische Autor Quentin Chester schrieb einmal von der „5-Sterne-Küste«. Seine Kriterien waren Abgelegenheit, Menschenleere und landschaftliche Schönheit. Ein Blick auf die Karte genügt, um zu sehen, dass der Küstenabschnitt zwischen Broome und Derby ein wilder Mix aus Riffen, Inseln, Buchten und Fjorden ist. Bis heute ist die Region nur teilweise oder gar nicht vermessen, die Seekarten sind ungenau. Dazu kommt ein Tidenhub von bis zu 11 Metern der die Küste zu einem gefährlichen Spielplatz für Kapitäne werden lässt. Gigantische Strudel, stehende Wellen, ungewöhnliche Strömungen als Folge des gewaltigen Gezeitenunterschieds sind eine ernste Herausforderung für alle, die sich hierher wagen. Der Tidenhub schafft aber auch ungewöhnliche Attraktionen und Naturschauspiele.

Abgesehen von kleinen Zivilisationsvorposten präsentiert sich die Küste nach wie vor im Urzustand. Auf der ganzen Länge dieses Küstenabschnitts führt nur eine einzige Straße ans Meer. Damit bleibt ein Boot, sei es eine Segeljacht oder ein Kreuzfahrtschiff, die einzige Möglichkeit, diese wilde Region zu besuchen.

Die australische Firma **Aurora Expeditions** bietet jährlich drei Expeditionen an, die die Kimberley-Küste und ihre einzigartige Natur zum Ziel haben – 182A Cumberland Street, The Rocks, Sydney, NSW 2000, Tel. (02) 92 52 10 33, Fax. 02 92 52 13 73. Bis jetzt sind diese Reisen eine rein australische Angelegenheit, das internationale Publikum hat dieses Schmankerl noch nicht entdeckt. Neben einem erfahrenen Expeditionsleiter kommen auch ein Biologe und ein Experte für die Kultur der Aborigines mit an Bord. Neben zahlreichen Vorträgen über die Natur der Kimberley Coast werden Videos und Diavorträge angeboten. Zahlreiche Exkursionen, die manchmal auch noch unerkundetes Terrain zum Ziel haben, finden während der Reise statt. Alle Exkursionen außer dem Hubschrauberflug zu den Mitchell Falls sind im Preis inbegriffen. Wegen des tropischen Klimas und des unwegsamen Terrains der Kimberley-Region ist eine robuste Konstitution von Vorteil. Aurora Expeditions kann seinen Kunden kein festes Tourenprogramm anbieten, da alles von den Gezeiten abhängt. Der genaue Reiseablauf mit den Exkursionen wird täglich vor Ort festgelegt. Die meiste Zeit bewegt sich das Schiff in geschützten, ruhigen Gewässern. Da die Kreuzfahrten in der Trockenzeit stattfinden, können stabile Wetterverhältnisse und ruhiges Meer garantiert werden. Ausnahmen bilden der Abschnitt von Darwin über den Joseph Bonaparte Gulf und das Stück zwischen Broome und Cape Leveque. Auf diesen Strecken sorgt Seegang gelegentlich für »Nebenwirkungen«.

Eine schwimmende Unterkunft auf der Reise ist die **Coral Princess**, ein 35 Meter langer, luxuriöser Katamaran mit vier Decks. Das Schiff ist mit den neuesten Navigationsgeräten ausgerüstet und wurde speziell für die abgelegenen Gewässer

Überfluss. Reife Feigen im Lawn Hill National Park bilden Nahrung für die Tiere des Parks.

Nordaustraliens konzipiert. Sein Tiefgang beträgt 2,5 Meter, die Höchstgeschwindigkeit 13 Knoten. Neben Zodiaks führt die Coral Princess auch ein speziell konzipiertes Aluminium-Boot mit sich, die Explorer. Sie wurde speziell für die Anforderungen in den Gewässern entlang der Kimberley Coast gebaut. Das voll klimatisierte Schiff bietet Unterkunft für maximal 50 Personen, die Explorer kann 40 Personen transportieren. Alle Kabinen sind mit WC und Dusche ausgerüstet, es besteht die Wahl zwischen Einzel- und Doppelbetten.

Die **Gibb River Road** wurde angelegt, um das Vieh von den abgelegenen Cattle Stations nach Wyndkam und Derby zu transportieren. So liegen alle Sehenswürdigkeiten abseits der Trasse. Inzwischen ist die »beef road« zu einer nur in der Trockenzeit, am besten zwischen Mai und Oktober befahrbaren Touristenpiste mutiert. Während die »Road Trains« genannten Monster auf Rädern eher selten geworden sind, regieren nun die Nissans und Toyotas. Die Gibb River Road ist eine Allradpiste, obwohl man gelegentlich auch normale Fahrzeuge sieht. Damit unterwegs zu sein, ist auf keinen Fall zu empfehlen!

Verkehrshindernis. Eine Schwarzkopfpython stoppt den dünnen Morgenverkehr auf dem Weg zur Bell Gorge.

Bildansprache. Blinde Bildunterschrift blinde Bildansprache Blinde Bildunterschrift blinde Bildansprach

Zwar verbindet die Gibb River Road offiziell die Orte Derby und Whyndham, aber aus praktischen Gründen beginnt oder endet das Allradabenteuer in Broome. Als touristischer Hauptort der **Kimberley-Region** hat das Perlenstädtchen eine ausgefeilte Infrastruktur, die für alle touristischen Notwendigkeiten sorgt. In **Broome** übernachtete ich in dem neuen **Seashell Resort**, das unter deutschem Management steht – 10 Challenor Drive, Cable Beach, WA 6726, Tel. (08) 91 92 61 11, Fax. (08) 91 92 61 66.

Camping entlang der Gibb River Road ist die bevorzugte Art und Weise, die Nächte zu verbringen. Die Campingplätze im **Windjana Gorge National Park**, am **Silent Grove**, am **Manning River**, bei **Jack's Waterhole** und an der **El Questro Station** sind besonders schön. Ich persönlich bevorzuge eine Mischung aus Campingnächten und Übernachtungen auf einigen der Rinderstationen abseits der Piste. Meine Lieblingsstation ist **Ellenbrae Station** – PO Box 132, Kununurra, WA 6728, Tel. (08) 91 61 43 25. Hier hat man nicht das Gefühl, auf einer Cattle Station zu übernachten. Das Gebäude ist offen, Vorhänge ersetzen die Wände, man meint, mitten im Busch zu sein – mit all den Annehmlichkeiten eines bequemen Bettes, eines Dachs über dem Kopf und der kühlen Nachtbrise.

Das Atoll der **Cocos (Keeling) Islands** mit insgesamt 27 Inseln gilt als eine der abgelegensten Inselgruppen der Welt. Die Inseln sitzen auf dem Gipfel eines alten Vulkans, der sich 5000 Meter vom Meeresboden des Indischen Ozeans erhebt. Zwei Inseln der Gruppe sind bewohnt: West Island mit ca. 150 Australiern, Home Island mit ca. 450 Cocos-Malay. Die Inseln gehören zum australischen Territorium. Die touristische Infrastruktur steckt praktisch noch in den Kinderschuhen, was den Charme der Inseln noch erhöht – ein Traumziel für Individualisten, Inselsammler und Entdecker, die wenig Wert auf raffinierte Unterkünfte und Restaurants legen, aber touristische Unverdorbenheit schätzen.

Besucher von Home Island, der Wohninsel der Cocos-Malay, werden gebeten, die Privatsphäre der Bewohner zu respektieren und sich konservativ zu kleiden. Frauen müssen Schultern und Knie bedecken, für Männer sind lange Hosen und langärmelige Hemden angebracht.

National Jet fliegt die Cocos (Keeling) Islands einmal pro Woche (Samstag) von

Gaumenkitzel. Auch kulinarische Leckereien machen einen Reise nach Australien zum Erfolg.

Perth an. Während der Hauptreisezeit werden weitere Flüge eingesetzt. Der Flug kostet ca. AUS $ 1400. Wegen des Sonderstatus der Inseln werden die Flüge in Perth über den internationalen Terminal abgewickelt. Ein gültiger Reisepass ist notwendig. **National Jet Airline**, Tel. (08) 91 62 66 95.

Die Inseln liegen in den Tropen, im Einfluss der beständig von Südosten wehenden Passatwinde. Die Temperaturen schwanken zwischen 23 und 30 Grad Celsius, begleitet von hoher Luftfeuchtigkeit. Zwischen Dezember und April können sich Cyclone – tropische Wirbelstürme – bilden. Juni bis September gelten als die stabilsten und kühlsten Monate. Oktober und November markieren den Übergang zum Sommer und zur Wirbelsturm-Saison. Diese Monate sind geprägt von windstillen Tagen mit hoher Luftfeuchtigkeit.

Auf den beiden bewohnten Inseln gibt es kein öffentliches Verkehrssystem, von dem kostenlosen Zubringer zur ebenfalls kostenlosen Fähre abgesehen. Auf Home Island kann alles zu Fuß erreicht werden. Um auf West Island mobil zu sein, bieten sich drei Möglichkeiten an: **Mietauto**, Tel. (08) 91 62 65 79, **Scooter Hire**, Tel. (08) 91 62 65 59 oder Tel. (08) 91 62 67 03 und ein Fahrad-Verleih.

Ich habe in der **West Island Lodge** gewohnt – West Island, Tel. (08) 91 62 67 03.

Neu, attraktiv und oft Monate im Voraus ausgebucht sind die **Cocos Cottages**, deren größter Nachteil die Lage direkt am Flugfeld ist – Tel. (08) 91 62 67 90. Aber bei nur einem Flug pro Woche und der gelegentlichen Militärmaschine ist dies vernachlässigbar. Die im balinesischen Stil gebauten Cottages bieten zwei Schlafzimmer, Kochgelegenheit, Waschmaschine und natürlich ein Bad.

Das **Tropika Restaurant** (West Island Lodge) bietet sättigende Mahlzeiten. Kulinarische Höhepunkte dürfen allerdings nicht erwartet werden. Dafür tauchen die »locals« hier auf, wenn sie keine Lust zum Kochen haben. Der Cappucino dort gilt als der Beste der Insel. Mittwochabend sind Fish & Chips der Renner, am Donnertag Pizza und Pasta.

Wer etwas Abstand zur überwiegend westlichen Küche sucht, findet im **House 26** – Tel. (08) 91 62 75 26 – und im **Bunga Melati Restaurant** – Tel. (08) 91 62 76 33 – auf **Home Island** Abwechslung. Die beiden Restaurants bieten traditionelle malaiische Küche. Die Spezialität beider Restaurants sind ausführliche Mittagsessen. Abendessen können einmal die Woche telefonisch arrangiert werden.

Was tun im Paradies? Die Firma **Cocos Dive** hat sich auf Schnorchel- und Tauchtouren spezialisiert – Tel. (08) 91 62 65 15. Als lokaler Experte kennt sie alle interesanten Stellen und weiß individuelle Tauchexpeditionen etwa für Unterwasserfotografen arrangieren. Ausrüstung kann gemietet werden. Ein Tauchladen führt alle notwendigen Ausrüstungsgegenstände zum Tauchen, Schnorcheln und Fischen.

Tagesausflüge zur Nationalparkinsel North Keeling Island können durch Colin und Jenny Freshwater, organisiert werden. Die beiden organisieren außerdem die so genannten **Big Game Fishing Trips** (Tel. (08) 91626518).

Das Kamel-Trekking in den **Flinders Ranges** wird von der Firma **Bush Safari Co.** angeboten und findet in den Wintermonaten (Juni bis September) statt, da dann die Temperaturen in dem Wüstengebirge erträglich sind – Tel. (08) 85 43 22 80, Fax (08) 85 43 22 90. Die Tour eignet sich nur für jene, die bereit sind, mit Kamelen zu arbeiten, keine Scheu vor Schmutz haben und acht Tage ohne Dusche und feste Unterkunft auskommen können. Das persönliche Gepäck ist auf ein Minimum zu beschränken. Es empfiehlt sich, alte strapazierfähige Kleidung mitzubringen. Lange Hosen und feste Schuhe sowie Regenschutz und warme Kleidung (Fleecejacke) sind ebenfalls wichtig. Ein besonderer Tipp: Feuchttücher zur persönlichen Hygiene und für den Fall, dass der Allerwerteste nach Stunden im Sattel etwas empfindlich geworden ist. Die komplette Ausrüstung außer Schlafsäcken für die Swags wird von der Bush Safari Co. gestellt. Mitzubringen sind eine Trinkflasche und Sonnenschutz (Hut, Sonnenbrille, Sonnencreme.

Es empfiehlt sich, die Nacht vor und nach dem Kameltrekking in **Blinman** zu verbringen. Das **Blinman Hotel** bietet dort saubere, einfache Zimmer und eine erstaunlich gute Küche – Main Street Blinman, Tel/Fax. (08) 86 48 48 67. Exzellent ist das Kängurufilet, und wie überall im australischen Outback gibt es auch hier eine ganze Menge Bier.

Farbklecks. Ein bunter Zug bringt auf Brampton Island Besucher vom Anlegesteg zum Resort.

Neuseeland

Über Stock

und Stein

NOSTALGIE-FLUG MIT EINER DC-3

Handarbeit. Pilot Giles von der Pionair-Crew legt Hand an den Propeller der DC-3.

„Dulcie" heißt die restaurierte DC-3 von „Pionair" – einer Gesellschaft, die sich auf nostalgische Flugreisen durch Neuseeland und Australien spezialisiert hat. Während Flugkapitän Alistair die beiden Motoren warmlaufen lässt, machen es sich die Passagiere in der Kabine bequem.

Ehrfürchtig umkreisen die Mitglieder der amerikanischen Reisegruppe den silberglänzenden Rumpf, betasten die Propeller der beiden wuchtigen Pratt&Whitney-Motoren. Vor ihnen steht, im geheimnisvollen Halbdunkel des Flugzeugmuseums von Christchurch, eine Legende der Luftfahrtgeschichte. Die DC-3, Mitte der 1930er-Jahre vom US-amerikanischen Flugzeughersteller Douglas entwickelt, beherrschte über zwei Jahrzehnte den zivilen Luftverkehr. Sie galt als zuverlässiges Arbeitspferd, so wie heute der Jumbo von Boeing, mit dem die Reisegruppe nach Neuseeland gekommen ist.

Mehr als 11 000 Exemplare der DC-3 wurden im Lauf der Jahrzehnte gebaut. In Deutschland wurde sie als „Rosinenbomber" bekannt. Während der Berlin-Blockade Anfang der 50er-Jahre des 20. Jahrhunderts versorgten die brummenden Rettungsengel die eingeschlossene Stadt mit allem Lebensnotwendigen.

Die amerikanischen Touristen sind aber nicht zu einem Museumsbesuch nach Christchurch gekommen. Gleich nebenan, auf dem Rollfeld des Airports, wartet auf sie ein startbereites Original. Während Flugkapitän Alistair die beiden Motoren warmlaufen lässt, machen es sich die Passagiere in der Kabine bequem. „Dulcie", die restaurierte DC-3 von „Pionair", hat als komfortable Reiseversion 28 Sitzplätze. Als sie im Zweiten Weltkrieg für die US Air Force flog, drückten sich doppelt so viele GIs längsseits auf spartane Pritschen.

Auf Champagner mussten sie wohl auch verzichten. Flight Director Tim Scott lässt ihn auf einem damastgedeckten Beistelltisch in die Gläser perlen, während Dulcie zur Runway rollt. Dann schiebt Alistair die beiden Gashebel nach vorn, ein leichtes Rütteln geht durch die Maschine. Beinahe mühelos, nach wenigen hundert Metern Anlauf, hebt Dulcie ab. Mit 55 Jahren ist sie eine Dame im besten Alter: abgeklärt, zuverlässig und ohne Zicken. Sie muss sich und ihren Fluggästen nichts mehr beweisen, sondern einfach nur: fliegen, wie seit 50 Jahren.

Nachdem wir Christchurch, die größte Stadt der Südinsel, verlassen haben, zieht unter uns das flache Weideland der Canterbury Plains wie ein grüner Fleckenteppich vorbei. Bei nur 1000 Metern Reiseflughöhe und dem vergleichsweise gemächlichen Tempo von 250 Stundenkilometern wird das Fliegen zur hautnahen Begegnung mit der Landschaft. Wenn wir wollten, könnten wir die Schafe, Kühe und Pferde auf der Weide zählen, die gelangweilt kauend zu uns heraufschauen.

Bei Pionair wird die Nostalgie bis ins Detail gepflegt. Die Lesetaschen der Sitze sind mit Magazinen der 1940er Jahre bestückt, aus den Bordlautsprechern klimpert unaufdringlich Duke Ellington. So werden wir langsam auf eine längstvergangene Ära eingestimmt, in der Fliegen noch ein Luxus war und der Flug selbst wichtiger Bestandteil der Reise.

Die Landschaft hat inzwischen gewechselt, wir fliegen das weite graue Kiesbett des Rangitata Rivers hinauf ins Hochland

Zeremoniell.
Maori begrüßen die Gäste des Pionair-Nostalgieflugs auf traditionelle Weise.

Abgehoben. Die Mitte der 1930er-Jahre von dem US-amerikanischen Flugzeughersteller Douglas entwickelte DC-3 ist eine immer noch flugtaugliche Legende der Luftfahrtgeschichte.

am Fuße der Südalpen. Zwischen braungebrannten Grashügeln – die Dürrezeit des Hochsommers hat bereits eingesetzt – setzen wir in weitem Bogen zur Landung an.

Unser erstes Ziel, erfahren wir von Tim, ist Mesopotamia, eine High Country Sheep Station, wie man die abgelegenen Schaffarmen im Hochland nennt. Eine Piste ist kaum zu erkennen, der Farmer hat lediglich ein Stück Weide zur Landebahn planiert, um einmal wöchentlich mit seiner Cessna zum Einkaufen in die Stadt fliegen zu können. So machen das die Grossbauern im „Mainland", sagt Tim mit unverhohlenem Stolz auf seine Heimat. Mit „Mainland" meint er die dünnbesiedelte Südinsel, deren Einwohner schon immer etwas abschätzig auf die neureichen Emporkömmlinge der Nordinsel herabgeschaut haben.

Nachdem Dulcie ausgerollt ist, werden wir an der Gangway von Farmer Laurie persönlich begrüsst: „Gidday, how are yah!", ruft er uns gutgelaunt im Countryslang der Südinsel entgegen. Laurie trägt ein grobkariertes Wollhemd, Shorts und Gummistiefel, die gängige Tracht neuseeländischer Farmer. Sein Handschlag umschließt wie ein Schraubstock die Hände der zusammenzuckenden Passagiere.

Wir klettern auf die Ladefläche von Lauries Heulaster und rumpeln in Richtung Farmhaus. Unterwegs weist Tim auf die braunen Hügelketten, die sich bis zu den schneebedeckten Gipfeln der Südalpen erstrecken, und gibt uns ein paar Zahlen zu den Dimensionen einer High Country Station: 30 000 Hektar Land, 18 000 Schafe und 500 Rinder gehören zur Farm – von nun an sehen wir das unscheinbare Bäuerlein in einem etwas anderen Licht.

„Welcome to Mesopotamia", begrüßt uns Lauries Frau an der Tür ihres „Homesteads", einem großzügigen Farmhaus im Kolonialstil. Mesopotamia ist fast 150 Jahre alt, die Gründer benannten ihr Land nach der legendären Wiege der Zivilisation zwischen Euphrat und Tigris, weil sie in der fruchtbaren Hochebene ein ähnliches Potenzial sahen.

Der Besuch der DC-3-Passagiere bringt willkommene Abwechslung ins abgeschiedene Hochlandleben von Laurie und seiner Familie. Abgesehen von der Schafschur-Saison, wenn Dutzende von durchreisenden Schafscherern im Homestead wohnen, bewirtschaften sie ihre 30 000 Hektar Land mit nur einer Handvoll Landarbeitern. „Diese Art Weidewirtschaft", sagt Laurie, „ist typisch für Neuseeland. Unsere Tiere sind das ganze Jahr über draußen, nicht im Stall, wie bei euch im Winter. Wir müssen uns also kaum um sie kümmern."

Im Garten des Farmhauses brutzelt der Grill. Captain Alistair wendet Steaks, Lammkoteletts und Bratwürste, während seine Frau Trish, die unseren Flug als Stewardess begleitet, neuseeländischen Weißwein ausschenkt. Ein Buffet mit frischen Salaten und Früchten aus dem Garten der Farm rundet das Menu ab.

Mit einem Glas Sauvignon Blanc in der Hand erzählt Laurie launige Geschichten aus dem Landleben, und so mancher in der Reisegruppe denkt darüber nach, dass ein Leben als Farmer in Neuseeland gar nicht so entbehrungsreich sein muss.

Nach dem Mittagessen ruft uns Captain Alistair zur Maschine zurück. Jeder Passagier wird noch einmal persönlich von Laurie per Schraubstock-Handschlag verabschiedet. Dann heben uns die beiden 450 PS starken Pratt&Whitney-Motoren sanft wie ein Paternoster in den blauen Himmel der Südalpen.

Für Alistair, der früher mit klapprigen Düngeflugzeugen neuseeländische Weiden besprühte, ist das Fliegen der DC-3 ein reines Vergnügen. „Das ist ein absolut klassisches Flugzeug", sagt er, „es reagiert so feinfühlig, fast wie ein Sportwagen, und ist doch so sicher wie ein Panzer. Die DC-3 war das erste Flugzeug, das so ausgelegt wurde, dass es auch mit einem Motor fliegen kann, wenn der andere ausfällt. Die Kabine steht nicht unter Druck, was der Grund dafür ist, dass die Maschine solange hält. Die hier hat 50 000 Flugstunden auf dem Buckel und es gibt keinen Grund, warum sie nicht noch einmal 50 000 machen sollte."

Es ist Zeit für Afternoon Tea, serviert von Trish in silbernen Kännchen auf Spitzendeckchen. Die vierköpfige Crew kümmert sich wie eine Familie um die Passagiere. Unter uns wird es wieder grüner, wir nähern uns Queenstown am Lake Wakatipu. Rund um den tiefblauen Bergsee lockt der größte Abenteuerspielplatz der südlichen Hemisphäre mit Bungee-Plattformen auf alten Goldgräberbrücken, River Rafting und Jetbootfahrten durch wilde Felscanyons und

Zwischenstopp. Mesopotamia heißt eine fast 150 Jahre alte High Country Sheep Station. Die Gründer benannten ihr Land nach der legendären Wiege der Zivilisation zwischen Euphrat und Tigris, weil sie in der fruchtbaren Hochebene ein ähnliches Potenzial erkannten.

Schattenspiele. Blick über den Kawarau-River vor der Landung in Queenstown.

Aussicht. Blick über den Lake Tekapo (oben) und die imponierende Bergwelt nahe dem Tasman Gletscher.

anderen sogenannten „Adrenalinsportarten". Über eine halbe Million Jugendliche aus aller Welt pilgern jedes Jahr in die selbsternannte "Adventure Capital of the World".

Zum Sprung am Gummiseil lassen sich die Pionair-Passagiere zwar nicht überreden, aber in Glenorchy, am südlichen Ende des Sees, holt sie dann doch das Abenteuer ein. Hier heißt es Schwimmwesten anlegen für die Jetboot-Fahrt auf dem Dart River, einem der vielen urzeitlichen Wildflüsse der Südinsel. Jetboote sind eine neuseeländische Erfindung. Mit den von Wasserturbinen angetriebenen Booten kann man über das flache Kiesbett der Flüsse bis weit in die Berge hineinflitzen. Neben dem Spaß bietet so eine Jetbootfahrt auch viel Landschaft, und die Wasserturbinen sind umweltfreundlicher als herkömmliche Propellerboote - beteuern zumindest die Neuseeländer.

War das Jetboot ein kleiner Ausrutscher in die hektische Welt des Abenteuertourismus, kehren wir in Queenstown zurück zur nostalgischen Art des Reisens. Die TSS Earnslaw, wie Dulcie eine Lady im gesetzten Alter, dampft seit 1912 über den Lake Wakatipu, und wie in alten Zeiten unterhält ein Pianospieler die Passagiere auf der Überfahrt zum anderen Ufer.

Die Earnslaw wurde im selben Jahr gebaut wie die Titanic. Die Telegrafen und Bordinstrumente aus blankpolierter Bronze stammen wie die Maschinen vom selben englischen Hersteller. Frappierend ist auch die Ähnlichkeit in der fast vertikalen Linie des Buges, die weibliche Passagiere dazu animiert, sich in der filmbekannten Geste mit weit über die Bugreeling hinausgestreckten Armen fotografieren zu lassen.

Vor noch nicht allzu langer Zeit drängten sich auf der Earnslaw neben Passagieren auch Schafe auf dem Deck. Sie wurden von den Farmen rund um den See zum Schlachthof nach Queenstown verschifft.

Die Walter Peak Station, unser Ziel am anderen Seeufer, war eine der größten Schafsfarmen der Region. Heute ist sie ein Ausflugslokal; die angrenzende Scheune dient als Arena einer „Sheep Show", wie sie an vielen Orten Neuseelands aufgeführt wird: Die Schafe lassen sich vor internationalem Touristenpublikum und laufenden Videokameras geduldig die Wolle abscheren. Der Farmer, der mit der elektrischen

Nostalgie …
… an Bord und beim Halt in Queenstown. Mitte und unten: die TSS Earnslaw auf dem Lake Wakatipu.

Schafschere auf der Bühne hantiert, hat ein Mikrofon um den Hals und unterhält das Publikum mit trockenem Humor. Wie so viele seiner Kollegen in Neuseeland, die einst die halbe Welt mit Schafsfleisch und Wolle versorgte, hat er auf Animateur umgesattelt.

Von Queenstown fliegen wir mit der Dulcie zurück nach Norden, vorbei an dem eindrucksvoll gefalteten Bergmassiv der Remarkables, deren Felsrinnen und Schneekuppen zum Greifen nahe vorüberziehen. Wieder wird uns bewusst, welchen Luxus uns die niedrige Flughöhe einer Reise mit der DC-3 bietet, einen permanenten Sightseeing-Flug sozusagen.

Trish kündigt die nächste Landung an. Wir nähern uns Lake Wanaka, ein weiterer malerischer Bergsee am Fuße der Südalpen. Der Provinzflughafen von Wanaka ist bekannt für seine Sammlung von Jagdflugzeugen aus beiden Weltkriegen, die hier in einem alten Hangar ausgestellt sind. Ein neuseeländischer Kriegsveteran führt uns durch das Museum und erzählt vor einer Corsair, wie er dieses englische Jagdflugzeug im Pazifikkrieg geflogen ist: „Zu unserem Überlebenspaket, das wir immer umgeschnallt hatten, gehörte ein Haifischmesser. Weiß der Himmel, was wir damit sollten; vielleicht für den Fall, das wir ins Meer fielen. Außerdem Dosenfleisch und natürlich amerikanische Zigaretten. Fleetwoods hießen die. Obenrum hatten wir eine Schwimmweste und am Hintern den Fallschirm. So bepackt sind wir dann zu unserem Flieger gewackelt."

Der Veteran watschelt im Entengang zum Flugzeug und klettert über ein Treppe zum Cockpit hinauf. „Schwierig wurde es dann beim Einsteigen", fährt er oben fort, „das Bodenpersonal musste uns jedesmal helfen, uns mit dem ganzen Kram im Cockpit zu verstauen."

Zur alljährlichen Luftfahrtschau in Wanaka liefern sich die hier ausgestellten Oldtimer Schaukämpfe. Einmal war sogar eine Messerschmidt 109 zu Gast: „Niemand, der es sah, wird es vergessen", erzählt unser Führer. „Sie zog Rauchfahnen hinter sich her, damit es so aussah, als wäre sie angeschossen. Eine englische Spitfire flog feuernd hinterher. In Deutschland hätten sie das wahrscheinlich andersrum aufgeführt", fügt er dann noch mit einem schelmischen Augenzwinkern hinzu.

Donnervogel. Sanft wie ein Paternoster heben uns die beiden 450 PS starken Pratt&Whitney-Motoren in den blauen Himmel der Südalpen.

Eine Serie von Fotos an einer Wand des Museums erzählt von einem deutschen und einem neuseeländischen Piloten, die sich im Luftkrieg über Deutschland bekämpften, zusammen abstürzten und überlebten. Nach dem Krieg trafen und versöhnten sie sich hier in Wanaka wieder.

Nach einem Kaffee in der Kantine des Wanaka Airfields heben wir ab; das mittlerweile wohlvertraute sanfte Brummen von Dulcies Motoren hüllt uns wieder ein. Alistair hat das Steuer an Kopilot Giles übergeben und zeigt uns auf der Karte die Route zum nächsten Ziel: Mount Cook, der höchste Berg Neuseelands. Wir überfliegen Lake Tekapo und Lake Pukaki, zwei weitere Schmuckstücke in der Seenplatte am Fuße der Südalpen. Die milchig-hellblaue Farbe dieser beiden langgestreckten Seen kommt von den Sedimenten, die das Schmelzwasser der Gletscher aus den Bergen heruntergespült hat.

Und dann bekommen wir zum ersten Mal Aorangi zu sehen, den „Wolkendurchbohrer", wie ihn die Maoris genannt haben. Tatsächlich ragt die 3754 Meter hohe Felsspitze des Mt. Cook auch heute aus einem Kranz von Wolken heraus. Wir landen in dem kleinen Ferienort am Fuße des Mt. Cook und steigen um in drei kleinere Flugzeuge mit Schneekufen, die uns auf den Tasman-Gletscher bringen sollen. Beim Steigflug überqueren wir einen grauen Gletschersee, dessen Sedimente sich noch nicht abgesetzt haben. Dann fliegen wir die langgestreckte weiße Zunge des Tasmangletschers hinauf. Von den insgesamt 360 Gletschern der Südalpen ist der Tasman mit 29 Kilometern Länge der größte. Zu beiden Seiten klaffen tiefe Eisspalten.

In gut dreitausend Meter Höhe haben wir das obere Ende des Gletschers erreicht, unser Flugzeug setzt weich auf einem weiten Schneefeld auf. Als wir aussteigen, kommt die Sonne durch die Wolken. Mittags liegt selbst hier oben die Temperatur noch um die 15 Grad Celsius. Nach den ersten zaghaften Schritten auf dem Gletscher stellen wir fest, daß wir nicht allein sind. Eine Gruppe Bergsteiger sitzt im Schnee und heißt uns Willkommen. „Wir haben hier eine Viertagestour gemacht", sagt einer der Alpinisten, „und jetzt würden wir ganz gern mit euch wieder runterfliegen. Oder ihr bleibt da und wir fliegen runter, fügt er noch scherzhaft hinzu."

Unser Pilot hat ein Einsehen und nimmt die vier hochalpinen Anhalter mit.

Zurück in unserer DC-3 können wir beim Weiterflug noch einmal die grandiose Bergkulisse der Südalpen bewundern. Wir haben Kurs auf die Ostküste genommen; aus dem Wolkenmeer ragen die Kuppen der Kaikoura Ranges, einer Bergkette an der Nordostspitze der Südinsel. Dann haben wir die Kaikoura Coast erreicht. Über das Meer fliegen wir an zur Landung auf einer Schafsweide. Die DC-3 landet überall, wo auf mindestens 900 Meter Länge halbwegs ebener Boden ist. Solche Abstecher fern aller Flugplätze gehören zu den Extravaganzen, die man sich mit einer DC-3 leisten kann. Und wenn es mal regnet, wird einfach auf die Wetterkarte geguckt und dorthin geflogen, wo Sonne ist. Denn für die zehntägige Flugsafari stehen Dulcie und ihre Besatzung ausschließlich im Dienst ihrer Passagiere. So müsste Fliegen immer sein.

Ein telefonisch vorbestellter Bus bringt uns zu einer der vielen Robbenkolonien entlang der Kaikoura Coast. Hier, wo der Pazifik an die Felsen kracht und nährstoffreiches Wasser zirkuliert, fühlen sich nicht nur die Robben am wohlsten. Das Meer vor Kaikoura mit seinen bis zu 1000 Meter tiefen Unterwassercanyons ist auch Treffpunkt der Buckelwale auf ihrer alljährlichen Reise in die Antarktis. Der kleine Fischerort Kaikoura mit seinen rund 2200 Einwohnern wurde Mitte des vergangenen Jahrhunderts als eine der ersten Walfangstationen der Südinsel gegründet. Und auch heute noch sind Wale die Haupteinnahmequelle der Einwohner Kaikouras. Jedoch werden sie nicht mehr mit Harpunen erlegt, sondern sind das Ziel von Whale-Watch-Trips: Bootsexkursionen zur Beobachtung von Walen vor der Küste.

Auch wir fahren mit einem Whale-Watch-Boot hinaus und lassen uns von einem Maori erklären, wie er mit seinem an einer langen Stange befestigten Unterwassermikrofon die Wale ortet: „Sie geben sowohl vor dem Auftauchen als auch vor dem Abtauchen ganz bestimmte Signaltöne ab. Dann müssen wir uns beeilen", sagt er. Nach einigen Fehlversuchen hat er schließlich einen Wal geortet, und unser Boot brettert über die Wellen auf die Stelle zu, wo ein langgestreckter dunkler Buckel aus dem Wasser ragt. Vor einigen Jahren

ist bei einer solchen rasanten Verfolgungsjagd ein Boot gekentert; eine Touristin ertrank. Seitdem gelten strengere Sicherheitsvorschriften, denn es war nicht auszuschließen, dass das Boot mit einem aufgetauchten Wal kollidiert war.

Der Erfolgsstory der Whale-Watch-Trips von Kaikoura hat das keinen Abbruch getan. Sie begann mit einem Projekt zur Bekämpfung der hohen Arbeitslosigkeit in dieser Region. Vor allem die Maoris von Kaikoura waren vom Niedergang der Landwirtschaft und des kommerziellen Fischfangs in den 1970er- und 80er-Jahren betroffen. Im Jahr 1987 gründeten einige von ihnen das Whale-Watch-Unternehmen, dem weder Regierung noch Banken rfolgschancen einräumten. Schließlich fi-

Zurück in der Gegenwart. Acker und Staubpisten genügen der Dulcie als Landefläche – hier beim vorletzten Stopp nahe Kaikoura mit der gleichnamigen Bergkette im Hintergrund.

nanzierte eine kleinere Bank, die im Besitz von Maori war, den Bau des ersten Whale-Watch-Bootes. Die Whale-Watch-Trips, die ersten ihrer Art in Neuseeland, wurden sehr schnell bekannt und zogen immer mehr Besucher an. Heute hat sich Kaikoura mit einigen hunderttausend Besuchern jährlich einen festen Platz auf der Liste der Sehenswürdigkeiten Neuseelands gesichert.

Nachdem wir etwa zehn Minuten neben dem blasenden Wal gedümpelt sind, gibt unser Maori am Mikrofon die Vorwarnung zum Abtauchen. Alle verfügbaren Kameras richten sich auf den grauen Buckel, der sich wie in Zeitlupe aus dem Wasser wölbt. Dann kommt in majestätischer Langsamkeit die Schwanzflosse heraus und verschwindet in einem grandiosen Bogen im Meer. Auf den Gesichtern der rund 50 Passagiere an Bord liegt ein seliges Lächeln, manche haben Tränen in den Augen. Die Magie der Wale hat wieder einmal gewirkt.

Der letzte Abschnitt unserer Flugreise führt über Marlborough und die Meerenge der Cook Strait zur Hauptstadt Wellington auf der Nordinsel. In der Nachmittagssonne ziehen die fjord-ähnlichen Landzungen der Marlborough Sounds vorbei. Es ist wieder mal Tea Time und Zeit für ein Resumé.

„Ich glaube, ich werde nie mehr Linie fliegen", sagt eine Passagierin. „Ich fühle mich so sicher, da gibt's kein Wackeln und kein Schütteln, sie hebt leicht ab und landet weich.

Ein älterer Amerikaner pflichtet ihr bei: „Eine wunderbare Art zu fliegen."

Wir sind bereits mitten über der Cook Strait. Unter uns kreuzen zwei Fähren in entgegengesetzter Richtung aneinander vorbei. Kopilot Giles nimmt Funkkontakt mit dem Tower von Wellington Airport auf. Beim Anflug auf die Hauptstadt muss sich die DC-3 wieder den Fluglotsen und den Regeln der Zivilluftfahrt unterordnen. Die große Freiheit des Fliegens im Stil der 1940er-Jahre ist vorbei, wir sind in der Gegenwart angekommen. Dulcie hat nur ein Drittel der Asphaltpiste zur Landung gebraucht und rollt vor dem gläsernen Ankunftsgebäude aus. Das Gepäck kommt vom Förderband, statt wie bisher von Tim aus der Ladeluke gereicht zu werden. Auch holt uns kein Farmer mit seinem Heuwagen ab. Wie langweilig … **Ulrich Weissbach**

Leinen los.
An Bord des ehemaligen America's Cup-Seglers NZL-40 vor der Harbour Bridge in Auckland.

Auckland
CITY OF SAILS

CITY OF SAILS

Auckland

Stadt, Land, Meer. Blick auf die Westhaven Marina von Auckland. Schon im Vorschulalter lernen hier die Kinder mit Pinne und Ruder umzugehen.

Wer mit Penny Whiting segelt, darf nicht zart besaitet sein. „Hart am Wind, habe ich gesagt! Das Segel muss straff sein, nicht flattern wie eine Unterhose auf der Wäscheleine!" Ich bekomme einen roten Kopf und drehe am Ruder, bis sich das Boot wieder in den Wind gedreht hat. Zusammen mit sieben anderen Segelnovizen habe ich einen Anfängerkurs in Pennys Segelschule belegt. Wir kreuzen mit Pennys 16-Meter-Yacht „Endless Summer" in Aucklands Waitemata Harbour, und Penny beherrscht mit ihrer wuchtigen Gestalt und ihrer burschikosen Stimme das Cockpit. Sie ist jetzt Anfang 50 und jetzt schon eine Legende in Aucklands Segelszene. Penny gehört zu dem Typ Neuseeländer, den man hier in die Kategorie „no nonsense" einordnet: pragmatisch, direkt.

Zwanzigtausend Segler haben in den letzten 30 Jahren Pennys schwimmende Schule besucht. Sie gilt als absolute Autorität in Sachen Segeln, kommentiert in Hörfunk und Fernsehen die großen Regatten und findet zwischendurch noch Zeit, ihre zahlreichen Segelfreunde in aller Welt zu besuchen und deren Gewässer zu testen. Trotzdem kehrt sie immer wieder gern in ihr Heimatrevier zurück. Wo wollte sie schon anders leben, als in der „City of Sails", wie sich Auckland nicht ohne Grund nennt. Die Lage der Millionenstadt an einer Landenge zwischen zwei Weltmeeren, mit mehreren natürlichen Häfen, zahllosen Buchten und vorgelagerten Inseln, ist nahezu ideal für den Segelsport. Schätzungsweise 100 000 Boote liegen in den Marinas der Stadt, eines auf zehn Einwohner. Das ist die größte Bootsdichte der Welt, nirgendwo sonst gibt es so viele Bootsfreunde an einem Ort.

„Segeln kann sich hier wirklich jeder leisten", sagt Penny, „es ist ein Freizeitport für Leute jeden Alters." Nach Arbeitsschluss wird noch schnell eine Runde im Hafen gedreht. Jeden Donnerstag Nachmittag startet unter der Hafenbrücke das traditionelle „Rum Race", dessen Sieger seit jeher eine Flasche Rum gewinnt. Und zur alljährlichen Auckland Regatta Ende Januar ist wirklich alles auf dem Wasser, was einen Mast und einen Fetzen Tuch aufbringen kann.

Natürlich bietet Auckland auch seinen Besuchern viele Möglichkeiten zum Segeln oder zu anderen Bootsausflügen. An der Waterfront liegen verschiedene Charteryachten jeder Größe, die Touristen zu einem Törn in die Inselwelt des Hauraki Gulf einladen. Wer es sich zutraut und Segelerfahrung nachweisen kann, bekommt auch ein Boot ohne Skipper. Wer dagegen Segelromantik liebt, fährt mit dem Dreimaster Søren Larsen, der in den 1970er-Jahren eine Hauptrolle in der Fernsehserie „Die Onedin Linie" spielte. Schnelle Motorfähren bringen mehrmals täglich Touristen und Einheimische zu den besiedelten Inseln im Hauraki Gulf, wie zum Beispiel Waiheke oder, weiter draußen, Great Barrier Island. Zum ultimativen Lifestyle eines Auckländers gehört es zum Beispiel, auf Waiheke zu wohnen und in der City zu arbeiten. Nur eine halbe Stunde braucht die Schnellfähre von den gläsernen Türmen der City zu den weißen Südseestränden und grünen Hügeln Waihekes. Ausgestattet mit einer Monatskarte pendeln so täglich hunderte von Waihekeanern zwischen zwei vollkommen verschiedenen Welten: dem grün-alternativen Lebensstil Waihekes und der glitzernden Geschäftswelt des CBD, wie die Aucklander ihren Central Business District kurz nennen.

Hart am Wind. Segeln ist in der City of Sails ein Freizeitsport für Leute jeden Alters.

Die Lage der Millionenstadt an einer Landenge zwischen zwei Weltmeeren ist nahezu ideal für den Segelsport. Schätzungsweise 100 000 Boote liegen in den Marinas der Stadt, eines auf zehn Einwohner. Das ist die größte Bootsdichte der Welt.

Vulkankrater. Vom 196 Meter hohen Mount Eden hat man einen sehr schönen Ausblick über die Stadt.

In der Freizeit wird aber immer noch das Segelboot als Fortbewegungsmittel bevorzugt. Die Kinder von Auckland lernen schon im Vorschulalter in einem der vielen familiären Segelklubs entlang der Küste mit Ruder und Pinne umzugehen. Jedes Wochenende tanzen die kleinen weißen Dreiecke der Optimisten-Boote wie Vogelfedern auf dem Wasser, kritisch durch Ferngläser beäugt von den Eltern an Land. Wer gut segeln kann, bringt es auch sonst weit in der Gesellschaft dieser Stadt, die ihren Segelhelden huldigt wie Superstars. Als Neuseeland den Amerikanern im Jahr 1995 erstmals den America's Cup wegschnappte, stand Auckland Kopf. Eine solche Siegesparade hatte die Stadt nicht mehr gesehen, seit Edmund Hillary im Jahr 1953 den Mount Everest bezwang. Im Konfettiregen zogen Peter Blake, Russel Coutts und ihr Segelteam durch die Queens Street. „The America's Cup is now New Zealand's Cup", krächzte der Segelreporter Peter Montgomery mit immer heiserer werdender Stimme ins Mikrofon. Die älteste und prestigeträchtigste Segeltrophäe der Welt war nach 100 Jahren dort angelangt, wo sie nach Meinung der Neuseeländer schon immer hingehört: nach Auckland, dem Zentrum des Segeluniversums.

Der Triumph der kleinen Segelnation über den großen Rivalen Amerika kam nicht von ungefähr. Schon vor dem Gewinn des America's Cup hatten neuseeländische Segler und Ruderer bei Olympischen Spielen und Weltmeisterschaften Goldmedaillen gewonnen. Zum sportlichen Erfolg trug auch das technische Know-how im Bootsbau bei. Vor allem in Auckland entwickelte sich eine Gilde von Hightech-Bootsbauern, die millionenschwere Luxusjachten für die Reichen der Welt entwirft und auf Kiel legt. Boots-Designer wie Bruce Farr, Ron Holland oder Laurie Davidson sind international gefragte Experten für den Bau und die Ausstattung von Rennjachten. Aus ehemaligen Hinterhofwerften wurden Produktionsstätten für raumschiffartige Hightech-Boote. Das Exportvolumen der neuseeländischen Bootsindustrie nähert sich allmählich dem der Landwirtschaft, dem zur Zeit noch wichtigsten Wirtschaftssektor des Landes. Sie beschäftigt rund 3000 Segelmacher, Mastspezialisten, Innenaustatter, Werftarbeiter und Designer. Über 40 Werften sind allein in Auckland tätig, die Auftragsbücher sind voll, auch bei Marten Marine, einer alteingesessenen Jachtbaufirma.

Für Firmenchef Steve Marten ist das Erfolgsrezept einfach: „Da Neuseeland so dünn besiedelt ist, haben die Bootsbauer hier immer nur maßgeschneiderte Einzelstücke gebaut. Und das hat wiederum zu dieser fabelhaften Beziehung zu den Megajachten geführt – das sind ja auch alles maßgeschneiderte Einzelstücke."

Megajachten nennt man hier die Klasse der Privatjachten für zehn Millionen US-Dollar aufwärts. Auftraggeber sind die neuen Superreichen dieser Welt, vor allem amerikanische Computer- und Softwareunternehmer, die im Internetboom vor und nach der Jahrtausendwende Milliarden verdient haben. Zum America's Cup in der Saison 1999/2000 schipperten sie ihre Luxusschiffe nach Auckland, um sich die Emporkömmlinge der internationalen Segelszene aus der Nähe anzusehen. Sie fanden in Auckland nicht nur ein exzellentes Segelrevier und ein segelbegeistertes Publikum vor, sondern auch eine Bootsindustrie, die auf dem neuesten Stand der Technik ist. Und die zudem bis zu 30 Prozent billiger baut, als die Nobelwerften Amerikas oder Europas. Ein solcher Kostenfaktor überzeugt auch – und gerade – Milliardäre. Seitdem lassen sie ihre Millionenspielzeuge in Auckland bauen und warten.

„Unser Vorteil ist, dass alle unsere Mitarbeiter in irgendeiner Weise mit Booten vertraut sind", sagt Steve Marten. „Auckland ist einfach eine große Gemeinschaft von Bootsnarren. Das heißt, jeder der hier etwas bearbeitet, weiß, wie es in der Praxis funktionieren sollte."

Max Cumming ist so ein typischer neuseeländischer Bootsnarr. Jede Minute seiner Freizeit hat er im Schuppen seines Elternhauses an seinem eigenen Rennkatamaran gebastelt. Jeden Dollar seines Einkommens als Berufssegler und Skipper auf Hochseejachten hat er in das Projekt gesteckt. Fünf Jahre und rund 70 000 Dollar später war sein Traumboot fertig; die Eltern konnten endlich wieder den Schuppen benutzen, und Max hatte plötzlich viele Freunde und Freundinnen, die mit ihm segeln wollten. Sein Flitzer machte bei gutem Wind 27 Knoten und das ist bei Aucklands Mädchen so sexy wie anderswo ein Porsche. Nachdem er einige Regatten gewonnen hatte, verkaufte Max das Boot wieder. Irgendwann

Atemberaubend. Die Plattform des Sky Towers ist nichts für Leute mit Höhenangst.

Polyglott.
Auckland ist die Hauptstadt von Polynesien. Mitte und unten: Segelregatten begeistern das Publikum.

wird er sich ein neues bauen. Der Weg ist das Ziel, oder besser gesagt: das Boot.

So wie Max denken viele Neuseeländer. Mag das Auto noch so alt und verrostet sein, mögen Haus und Garten vor sich hingammeln - am eigenen Boot wird nicht gespart. Ein Motor- oder Segelboot gehören fast zur Grundausstattung jedes Haushaltes. Es wird gepflegt und poliert, verschlingt einen großen Teil des privaten Budgets und ist so gut wie das zweite Dach über dem Kopf. Nicht selten wird es zum einzigen Wohnsitz, wenn Scheidung, finanzielle Desaster oder einfach nur die Sehnsucht nach der Freiheit des Meeres den Neuseeländer beuteln.

Max lud mich zu einem Törn mit der NZL-40 ein, einem ausgedienten America's Cup Boot, das täglich im Hafen von Auckland kreuzt. Angeleitet von einer professionellen Crew können Touristen erleben, wie es auf so einer Hightech-Segelmaschine unter Regattabedingungen zugeht.

Der erste Eindruck: Rennsegeln ist laut. Das 24 Meter lange, in extremer Leichtbauweise aus Kunststoff und Kohlefaser konstruierte Boot ächzt und stöhnt unter jeder Windbö, die in seine 350 Quadratmeter Segelfläche greift. Dazu kommen das Kreischen der Winden und das Jammern der Taue unter tonnenschwerer Belastung sowie die herausgebrüllten Kommandos der Crew, die all diese Bootsgeräusche noch übertönen müssen.

Max steht in stoischer Ruhe am Steuer. Er hat schon viele Rennen gesegelt und weiß, worauf es auf so einem Boot ankommt. „Diese America's-Cup-Boote", sagt er, „haben zwei Abteilungen. Die Hirne des Teams sind hinten: der Skipper, der Taktiker, die Segeltrimmer; die machen ihre Arbeit hier oben im Kopf. Und dann gibt es die Muskelmänner, die an den Winden kurbeln und an den Tauen ziehen. Die Leute am Bug haben den gefährlichsten Job, sie können leicht herunterfallen oder was auf den Kopf bekommen."

So wie beim America's Cup 2000, als es mehrere Verletzte gab. Ein japanischer Segler bekam einen Mastbaum auf den Kopf und musste bewusstlos aus dem Meer geborgen werden. Ein Italiener schlug sich beim Versuch, ein am Kiel verhaktes Segel freizubekommen, das Gesicht an der Bootswand blutig. Maste knickten reihenweise um, und ein Boot brach unter der ex-

PARTY

Feucht-fröhlich. Im Loaded Hog-Pub am Viaduct Basin trifft man sich zum abendlichen Stelldichein.

tremen Belastung von Wind und Wellen sogar in der Mitte auseinander.

Der America's Cup ist die Formel-1 des Segelns, eine Hightech-Schlacht mit hohem finanziellen Einsatz. Die teilnehmenden „Syndikate" werden aus Sponsorgeldern finanziert, oft von einem einzigen segelverrückten Milliardär, und sie wenden jeweils bis zu 100 Millionen Dollar für Boote, Ausrüstung und Personal auf. Die bis zu hundert Mann starken Teams beziehen schon ein Jahr vor dem nächsten Wettbewerb ihre Quartiere in Auckland und trainieren täglich im Hauraki Gulf, wo der Regattakurs abgesteckt wird.

Überschaubar. Blick über den Central Business District, der von den meisten Bewohnern der Millionen-Metropole kurz CBD genannt wird.

Die Kosten für jeden Mastbruch oder für gerissene Segel können durchaus in die hunderttausende gehen. So verschliss zum Beispiel ein Team während eines Rennens gleich zwei aus Spezialfasern gewobene Spinnaker im Wert von je 60 000 Dollar.

Um die Regelauslegung tobt ein zäher Psychokrieg: Beinahe täglich werden nach den Rennen Proteste rivalisierender Bootsbesatzungen vor einem Expertentribunal verhandelt, das Strafpunkte vergibt. Die involvierten Sponsorsummen lassen sportliche Fairness und Zurückhaltung in den Hintergrund treten.

Auch hinsichtlich der Fernsehberichterstattung ist der Cup ein Hightech-Unternehmen ersten Ranges. TV New Zealand, das die täglichen Regatten weltweit live überträgt, setzt dabei ähnliche Techniken ein wie Pay-TV-Sender bei Formel-1-Autorennen. Kameras an Bord und Livebilder aus allen Perspektiven lassen den Zuschauer die Action der Crew, riskante Segelmanöver und Unfälle hautnah miterleben. Rennsegeln ist damit erstmals auch ein spannendes Fernsehereignis geworden. Auf jedem Boot sind mehrere digitale Kameras in wassergeschützten Gehäusen schwingungsfrei montiert. Mikrofone übertragen die Segelkommandos und Gespräche des Skippers mit seinem „Taktiker" über den besten Kurs. Für jeweils zwei gegeneinander segelnde Boote liefert ein Helikopter Luftaufnahmen, ein schnelles Begleitboot mit ebenfalls schwingungsfrei montierter Kamera liefert die Perspektive vom Wasser. Die GPS-Signale der Rennboote fliessen über Satellit in einen Zentralrechner ein, der daraus in Echtzeit Computersimulationen mit dem Stand der Boote zueinander und ihren Segelmanövern produziert. Eine in Neuseeland entwickelte Software namens „Virtual Spectator" verarbeitet zusätzliche Daten wie Windgeschwindigkeit, Windrichtung und Bootsgeschwindigkeit zu einer virtuellen Live-Darstellung des Rennens, die parallel zum Fernsehen über das Internet verfolgt werden kann. Die Bilder und Computersimulationen werden an die verbundenen Sender in den USA, Asien und Europa weitergeleitet. Als das italienische Prada Team 2000 im Finale gegen Neuseeland segelte, hingen Millionen Italiener nächtens an der Glotze. Erstmals in der italienischen Fernsehgeschichte hatte Segeln den Fußball vom Bildschirm verdrängt.

Mit der Austragung des America's Cup machte Auckland, die einzige Metropole Neuseelands, einen gewaltigen Sprung nach vorn. Der Cup bedeutete für die Stadt mindestens soviel wie die Olympiade für Sydney im benachbarten Australien. Hunderte von Millionen wurden in den Ausbau der Infrastruktur und des America's Cup Village im Hafen gesteckt. Das einst schäbige Hafenviertel ist zum trendigen Treffpunkt geworden. Wo einst desolate Lagerhallen das triste Bild bestimmten, locken nun moderne Appartments, Restaurants und Bars Besucher aus aller Welt an. Statt Fish 'n Chips serviert man jetzt kunstvoll

Vitale Großstadt. Mittagspause an der Queen Street. Mehr als 20 Prozent der rund 1,3 Millionen Einwohner sind eingewanderte Polynesier von den Südsee-Inseln.

dekorierte Meeresfrüchteteller und feinste neuseeländische Weine. Auckland ist erwachsen geworden und stolz auf sich selbst. „Dass ein so kleines Land gegen die besten Segler der Welt den America's Cup hierhergeholt hat – das war einfach fantastisch", sagte eine Aucklánderin ins Mikrofon eines ausländischen Fernsehteams. Und fügte hinzu: „Der America's Cup hat Auckland wirklich zum Leben erweckt."

Der Cup trug auch den Duft der großen weiten Welt nach Auckland. Computer- und Software-Milliardäre, die Ölscheichs des 21. Jahrhunderts, parkten zur Cupsaison 1999/2000 ihre Dickschiffe dicht an dicht am Hafenkai. Netscape-Gründer Jim Clark, Microsoft-Boss Bill Gates und Oracle-Chef Larrie Ellison beschäftigten die Catering-Firmen der Stadt, die täglich Hummer, Kaviar und Champagner kistenweise an den Pier rollten.

Zur Millenium-Regatta trugen insgesamt 80 Superjachten ihr eigenes Rennen im Hauraki Gulf aus. Kenner sprachen von der größten Ansammlung von Luxusbooten, die je in einem Hafen gesehen wurden. Deren geschätzter Gesamtwert überstieg eine Milliarde Dollar.

Das einfache hölzerne Segelkanu, das am Pier des Maritime Museums im Hafen festgezurrt ist, wird nur von wenigen Besuchern wahrgenommen. Und doch rückt es die historische Perspektive der City of Sails erst richtig ins Bild. Denn Aucklands maritime Tradition reicht weit zurück, bis zu den ersten polynesischen Einwanderern, die mit ihren Segelkanus vor tausenden von Jahren den Pazifik besiedelten und in der letzten Etappe ihrer Migration in Neuseeland landeten. Heute ist Auckland die größte polynesische Stadt der Welt. Über 20 Prozent der 1,3 Millionen Einwohner sind eingewanderte Polynesier der Südsee-Inseln Tonga, Samoa, Cook-Inseln, Tahiti, Niue und Fidschi sowie eingeborene Maoris polynesischer Abstammung. Ihre Vorfahren segelten mit einfachsten navigatorischen Mitteln über die riesige Wasserwüste des Pazifiks – ein Drittel der Fläche des Planeten. Und das zu einer Zeit, als europäische Seefahrer sich noch kaum aus der Sichtweite ihrer Küsten herauswagten.

Einiges von diesem Pioniergeist muss wohl erhalten geblieben sein. Sonst wäre Auckland heute nicht die City of Sails.

Ulrich Weissbach

Die

schönsten Strände

THE BEACH GOES ON

Versteinert. Nach der Überlieferung handelt es sich bei den Moeraki Boulders nahe Oamaru um versteinerte Vorratskörbe, die einst vom Ahnenkanu an Land geworfen wurden.

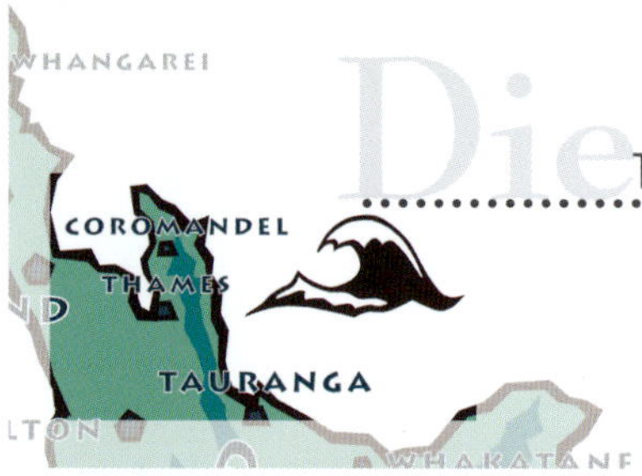

Antarktisch. Ein Pinguin erinnert daran, dass Neuseeland zwar in der Südsee, aber auch nahe an der Antarktis liegt.

Für die Maoris waren die wilderen Strände an der Westküste männlich und die geschützteren im Osten weiblich. Heute sind andere Kriterien wichtig: Welcher der Strände ringsum ist besonders geeignet für Schwimmer, welcher für Surfer, welcher für Angler?

Kein Strand des Landes hat mehr Bewunderer gefunden. Millionenfach wurde er auf Plakate und in Zeitschriften gedruckt, Millionen Menschen haben ihn im Kino gesehen. Und doch kennt außerhalb Neuseelands kaum einer den Kare Kare Beach. Zu seiner namenlosen Popularität kam der sanft überspülte Sandstreifen bei Auckland durch ein Piano. Genauer: Durch jenes Piano, das dem mit drei Oscars bedachten Film von Jane Campion im Jahr 1993 seinen Namen gab und das am Strand vorerst einsam stehen blieb, nachdem die stumme Ada (Holly Hunter) aus England dort von einem Boot abgesetzt worden war. Die Geschichte spielt im 19. Jahrhundert: Ada reist mit ihrer Tochter Flora (Anna Paquin) zu einer arrangierten Hochzeit mit dem Farmer Stewart (Sam Neil) in den neuseeländischen Busch. Stewart weigert sich, das schwere Piano mit in den Busch zu nehmen, aber sein schweigsamer Nachbar Baines (Harvey Keitel), setzt sich für Ada ein. Erste Verwicklungen deuten sich an …

Auch als die neuseeländische Band Crowded House einen ihrer Songs „Kare Kare" nannte („I was standing on a wave …"), blieb es bei der lokalen Bekanntheit. Das mag daran liegen, dass Kare Kare nicht zur Spitzengruppe der Strände Aucklands zählt. Neuseelands größte Stadt ist allerdings auch verschwenderisch bedacht mit schönen Stränden.

Das wussten schon die ersten Herren des Landes, die Maoris, zu schätzen. Für sie waren die wilderen Strände an der Westküste männlich und die geschützteren im Osten weiblich. Heute sind für die Auckländer – und ihre Besucher – andere Kriterien wichtig: Welcher der Strände ringsum ist besonders geeignet für Schwimmer, welcher für Surfer, welcher für Angler?

Die Schwimmer loben die drei sicheren Strände im Shakespear Regional Park auf der Whangaparaoa-Halbinsel, die allerdings an Sommerwochenenden recht voll sind. Surfer schwärmen hingegen vom Piha Beach; ein Strand, der unter den Wasserbrett-Reitern weltweit als feine Adresse gilt. Und Angler stehen gerne auf den Felsen, die den Bethells Beach säumen. Selbstverständlich hütet jeder Auckländer überdies noch seinen Geheimtipp – an kleinen Buchten rings um die Metropole mangelt es nämlich nicht. Derlei Strandgeheimnisse hat fast jeder Neuseeländer. Kein Wunder bei einem Land, das hauptsächlich aus zwei langgestreckten Inseln besteht und in dem kein Ort weiter als 110 Kilometer von der See entfernt ist.

Die Kiwis machen zwar nicht so viel Aufhebens von ihrer Beach Culture wie ihre strandnärrischen australischen Nachbarn. Aber sie haben natürlich ebenfalls Paraden und Wettbewerbe der Surf Lifesavers – der durchtrainierten jungen Frauen und Männer, die Badende in Not aus den Fluten bergen. Auch die Beach Barbecues, zu denen sich ganze Großfamilien vor den Dünen versammeln, sind beiderseits der Tasman Sea eine unabdingbare Tradition für die Wochenenden und die Sommerferien. Doch die Aussies kleben sich unübersehbare Sticker an die Stoßfänger ihrer Autos mit Aufschriften wie „I'd rather be on the beach …", während die Kiwis ihre Strände ohne solche Sprüche genießen.

Die geografische Natur des Inselstaats im Südpazifik sorgt nicht nur für spektakuläre Felsenküsten, sondern auch für

(Halb-)Insel-Idyll. Hahei auf der vulkanisch geprägten Coromandel Peninsula mit ihren schroffen Felsen und feinsandigen Buchten.

Einsamer Wächter. An die Ankunft der ersten Maori-Kanus erinnert die Statue in den Pazifikwellen vor Whakatane.

hunderte von Stränden. Ein Buch, in dem alle Badestrände des Landes vorgestellt werden sollen, würde ein ziemlich dicker Wälzer. Vielleicht findet es sich deshalb nicht in den Buchhandlungen zwischen Auckland und Invercargill.

Dieser kleine Streifzug entlang der Ufer Neuseelands kann natürlich auch keine Vollständigkeit beanspruchen, aber die wichtigsten Strände sind hier versammelt, ob sie nur ein paar hundert Meter lang sind oder protzen wie der „Ninety Miles Beach" ganz im Norden der Nordinsel.

Von wegen 90 Meilen. Es sind nur 90 Kilometer. Aber das ist ja auch ein gutes Stück Weg. Was in diesem Fall wörtlich zu nehmen ist: Der feuchte harte Sand steht Autofahrern offen als Alternative zur einzigen Straße, die auf der schmalen Landzunge bis zum Cape Reinga führt – dem scheinbar nördlichsten Punkt (die nahe Surville Cliffs liegen vermessungstechnisch noch einen Tick weiter nördlich)

Der Ninety Miles Beach hat es zu bescheidenem Ruhm über Neuseeland hinaus gebracht. Er ist in den Rekordlisten sowohl der Automobilisten als auch der Aviatiker verzeichnet: Im Jahr 1932 preschte der Australier Norman 'Wizard' Smith mit 264 Stundenkilometern über die Naturpiste und stellte einen neuen Geschwindigkeitsrekord für Autos auf. Ein Jahr später hob der australische Luftfahrtpionier Charles Kingford-Smith mit seinem kleinen Flugzeug ab zum ersten Flug in Westrichtung über die Tasman Sea.

Es gibt nur einen – weitaus kleineren – Strand auf der Nordinsel, der es an Bekanntheit mit dem 90-Kilometer-Meeressaum aufnehmen kann: der Hot Water Beach an der Mündung des Tauwaiwe River auf der Coromandel Peninsula. Hier dringen warme Quellen aus dem vulkanischen Untergrund an die Oberfläche, die bei Flut überschwemmt ist. Bei Ebbe kann man sich aber eine Kuhle in den Sand buddeln, die sich mit heißem Wasser füllt. Je tiefer man vordringt, desto heißer wird das Bad.

Die vielen anderen Strände rings um die schöne, immer noch etwas abgeschieden wirkende Halbinsel sind zwar nur normal temperiert, werden aber dennoch gerühmt. Etwa der Whangamata Beach, eines der Pilgerziele für die neuseeländische Surfer-Szene. Oder der Cooks Beach in der Mercury Bay, wo James Cook die Nord-

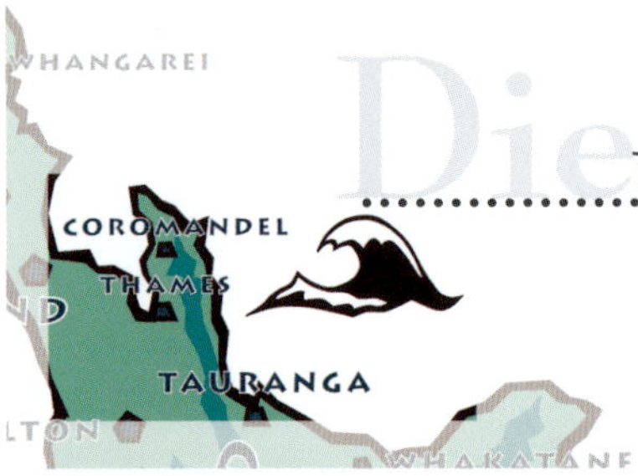

Strandleben. Waikawau Bay, Hot Water Beach, Cathedral Cove – alle auf der Coromandel Peninsula.

insel für Großbritannien in Besitz nahm. Historische Bedeutung hat auch der Hahei Beach – allerdings für Cooks Vorgänger, die Maori. Sie hatten oberhalb des (durch zerriebene Muschelschalen) rosafarbenen Strandes Festungen angelegt. Sicherlich nutzten die Maoris einst auch die nahe Cathedral Cove, eine große, vom Pazifik ausgewaschene Höhle.

Für die Polynesier, die vor rund 1300 Jahren nach Neuseeland gelangten, also fast tausend Jahre vor den ersten Europäern, haben viele Strände eine besondere, nahezu mythische Bedeutung. Es sind jene flachen Sandküsten, an denen die großen Hochseekanus gefahrlos anlanden konnten, mit denen die „Wikinger des Sonnenaufgangs" die riesigen Distanzen des Südpazifiks überwanden. Von diesen „ersten Kanus" leiten die Maoris bis heute ihre Familienstämme ab.

Whangaparaoa in der Bay of Plenty ist einer dieser Landeplätze. Hier wurden der Legende zufolge zwei dieser Gründer-Kanus nach monatelanger Reise aus der See gezogen. Auch James Cook war mit seinem Landgang an dieser Stelle sehr zufrieden. Weil er dort reichlich Proviant bunkern konnte, gab er der weiten Bucht den freundlichen Namen. Bei Urlaubern hat er bis heute einen guten Klang, denn Strände wie Ohope eignen sich für Familien, die einen sicheren Badeplatz suchen, und für Teenager, die ihre Surfbretter herbeischleppen und nicht weit vom family beach einen verheißungsvollen Wellengang finden.

Von der Überfluss verheißenden Bay of Plenty folgt in Richtung Süden nach einem weit ins Meer ragenden felsigen Vorland zumindest nominell genau das Gegenteil: die Poverty Bay (Armutsbucht). Auch hier war James Cook der Namenspate. In der Bucht beim heutigen Gisborne (auch ein Landeplatz der legendären „Ersten Kanus"), ließ der Captain am 9. Oktober 1769 erstmals in Neuseeland anlanden (auf dem Denkmal am Strand steht fälschlicherweise, es sei der 10. Oktober gewesen). Cook und seine Mannschaft wurden von den Maori am Strand von Kaiti recht unfreundlich empfangen. Vermutlich wollten die Einheimischen Cooks Leute vertreiben, wie es ihnen zuvor schon mit Abel Tasmans Mannschaft gelungen war. Zumindest fühlten sich Cooks Matrosen bedroht und feuerten ihre „Donnerwaffen" ab; sechs Maori starben. Cook, der nicht wie geplant seine Vorräte ergänzen konnte, nannte deshalb die Bucht Poverty Bay, machte noch einen kurzen, unergiebigen Stopp am Anaura Beach und segelte weiter gen Norden, in die Bay of Plenty.

Kaiti Beach ist zum Schwimmen nicht geeignet, aber an der Küste dieses (abgesehen von den entlegenen Chatham Islands) östlichsten Teils von Neuseeland bieten sich nicht nur vorzügliche Badeplätze, sondern auch eine der wärmsten Regionen des Landes. Der scheinbar endlos weite, sonnenüberflutete Te Araroa Beach ist die bekannteste Adresse und allsommerlich Ziel einer Invasion neuseeländischer Urlauber. Noch enger geht es allerdings zu am stadtnahen Waikanae Beach.

Familienvergnügen ganz anderer Art bietet weit unten im Süden Castlepoint Beach. Jeweils am dritten oder vierten Samstag im März ist der Strand zwar gesperrt, aber die Dünen sind voll besetzt mit Pärchen und Familien, die ein ausgedehntes Picknick genießen, ehe sie sich dem Zweck des Treffens widmen, einem Pferderennen. Auf den ersten Blick ist das nichts besonderes, denn derlei Strandrennen gibt es auch andernorts in Europa oder Amerika. Und auch die Möglichkeit, auf den Ausgang des gestreckten Galopps zu wetten, ist an jeder Rennpiste üblich. Aber am Strand von Castlepoint setzt man seine Einsätze quasi blind, nämlich auf die Startnummern der Pferde, bevor die Nummern überhaupt ausgelost worden sind.

Nicht nur die Südostküste, auch die Südwestküste der Nordinsel birgt eine Reihe attraktiver Badestrände, die aber außerhalb Neuseelands weithin unbekannt sind. Die nördlichsten sind Himatangi und Foxton Beach. Himatangi ist ein Name, der vielen Neuseeländern vertraut ist, stehen doch dort die mächtigen Antennen, die vor dem Satelliten-Zeitalter die Funkkontakte mit entlegenen neuseeländischen Stationen wie den Chathams, Campbell Island oder der Antarktis sicherstellten. Heute wird der Strand von Hamatangi vor allem wegen seiner schmackhaften Toheroa-Muscheln geschätzt. Foxton, der Strand an der Mündung des Manawatu River, ist eher das Ziel von Schwimmern und Sonnenbadenden.

Waitarere Beach bei der Kleinstadt Levin wird von Schwimmern und Anglern gleichermaßen geschätzt. In der Nähe fand die

On the beach.
Nahe Manaia, Stone Bay auf der Coromandel Peninsula. Unten: Kare Kare, bei Auckland.

„Hydrabad" unfreiwillig ihren letzten Ankerplatz. Der im Jahr 1865 in Glasgow erbaute Großsegler geriet im Jahr 1878 in einen Sturm, der seine Segel zerfetzte. Das Schiff drohte unterzugehen, deshalb steuerten es die Seeleute bewusst auf den Strand, um ihr Leben zu retten. Das Wrack ist seither eine Attraktion. Von dort aus sind es nur gut drei Kilometer weiter südlich bis zum ebenso beliebten Hokio Beach, einer früheren Station der Kutschenlinie von Auckland bis Wellington.

Otaki Beach rühmt sich eines besonders gesunden Klimas, deshalb wurde dort auch Anfang der 1930er-Jahre Neuseelands erstes staatliches „Health Camp" errichtet. Es sollte Kindern aus armen Familien einen heilsamen und kostenlosen Urlaub an der See bescheren. Für die gesundheitsfördernde Wirkung eines Aufenthalts bei Otaki gibt es übrigens einen zweifellos vertrauenswürdigen Zeugen: Bischof Oktavius Hatfield. Der britische Kirchenmann, ein schwerer Asthmatiker, rechnete nur noch mit einer kurzen Lebensspanne, als er in Neuseeland ankam, um seine Pflicht als Priester zu tun. In Otaki erholte er sich schnell und war bald kräftig genug für eine geistliche Karriere, ehe er im Jahr 1904 starb; im gesegneten Alter von 90 Jahren.

Ganz im Süden dieser Küste liegen mehrere kleine Seebäder und Surfstrände bereits so nahe an Wellington, dass die Bewohner der Hauptstadt am Wochenende oder im Sommer sogar am Feierabend zu einem Bad, einem Picknick oder einem Trip auf dem Surfboard anreisen. Der bekannteste Ort ist Waikanae. Wie die meisten Strände im Südwesten wird auch dieser von Dünen geschützt. Die kleine Stadt dient als Ausgangspunkt für Touren zur Insel Kapiti, die gut sechs Kilometer vor der Küste liegt. Das Eiland war einst die Heimat eines besonders kriegerischen Maori-Clans, der von dort aus die Cook Strait zwischen der Nord- und der Südinsel kontrollierte. Kapiti ist nun ein Vogelschutzgebiet.

Die wilde und windige Küste der Cook Strait bietet sich nicht gerade zu Badevergnügen an. Eine Ausnahme sind die Strände in der geschützten Bucht von Wellington. Besonders beliebt ist bei den Wellingtonians der Oriental Beach; an den Sommerwochenenden ist dort bisweilen kaum noch Platz genug, um ein Handtuch auszurollen. Eine Alternative für Küsten-

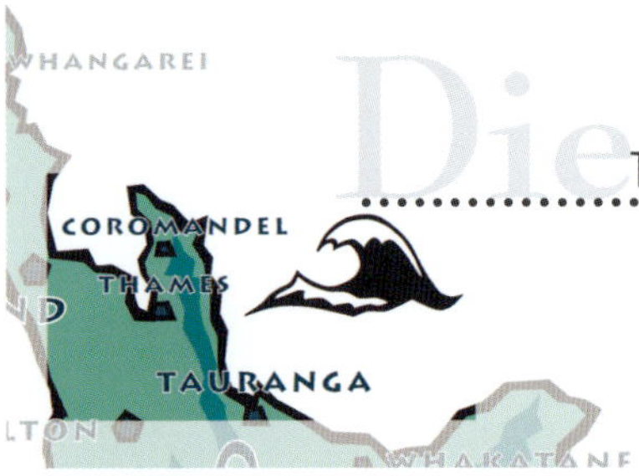

Seafood. Beim Marlin (Schwertfisch) Fishing Tournament in Whangamata auf der Coromandel Peninsula. Rechts: Austernverladung, nur für Gourmets.

liebhaber ohne Badeambitionen sind die „Terrasses" am Kap von Turakirae östlich von Wellington. Dort demonstrieren fünf verschiedene Terrassen, wie bei fünf Erdbeben jeweils der damalige Strand um einige Meter angehoben wurde. Die älteste Strandterrasse ist rund 4900 Jahre alt, die jüngste stammt aus dem Jahr 1855.

Die Südinsel jenseits der 20 Kilometer breiten Cook Strait ist weniger bekannt für ihre Badestrände als das Gegenstück im Norden. Doch abgesehen von vielen spektakulären Küstenabschnitten ohne Bademöglichkeiten verbergen sich auch auf der größeren der beiden neuseeländischen Hauptinseln sehenswerte Badeplätze. Das beginnt bereits im Abel Tasman Park an der Nordspitze der Südinsel. Der Nationalpark ist zwar nur bekannt für seine großartigen Wanderrouten im Buschland und für sein Segelrevier, zu ihm gehören aber auch einige attraktive Strände. Als schönster Strand dieses buchtenreichen Gebiets gilt Totaranui, wo die Parkranger ein Informationszentrum unterhalten.

Bekannt ist auch der Tata Beach unweit der Stelle, an der ein Denkmal an das erste und unglückselige Zusammentreffen von Maori und Europäern erinnert. Im Jahr 1642 ankerte Tasman in der Bucht, als eines seiner Beiboote von einem Maori-Kanu attackiert wurde und mehrere seiner Seemänner umkamen. Tasman ließ eilig die Anker lichten und verließ den Ort, dem er den Namen Murderer's Bay gab. Als später auf der Südinsel der erste Goldrausch ausbrach und viele Glücksritter den Strand zur Anlandung nutzten, wurde aus der 'Mörderbucht' die Golden Bay.

Kaiteriteri besitzt zwar einen schönen Strand, aber während der Sommermonate ist der angrenzende Caravanpark meist bis auf den letzten Platz besetzt. Entsprechend trubelig geht es am Meeressaum zu. Wer es etwas ruhiger mag, sollte zur nahen Honeymoon Bay wandern. Zu den Attraktionen der Region gehört auch der Farewell Spit, eine sandige Landzunge, die in sanftem Bogen 35 Kilometer in die See hinausragt. Captain Cook gab dem Kap, das schon Abel Tasman in seine Karten eingetragen hatte, im Jahr 1770 den Namen, als er von Neuseeland Abschied nahm. Der flache Landstrich im Meer wurde einer Reihe von Schiffen zum Verderben, deshalb entschloss sich die Regierung im Jahr 1869, einen Leuchtturm bauen zu lassen. Touristen können das Leuchtfeuer auf organisierten Touren mit allradgetriebenen Spezialfahrzeugen besuchen.

Am Cape Farewell endete nicht nur Cooks Visite, dort läuft auch die Gebirgskette der neuseeländischen Alpen aus. Das Hochgebirgsmassiv mit dem höchsten Berg des Landes (Mount Cook 3754 Meter) zieht sich wie ein Rückgrat durch die Südinsel. Die sich an die Berge anschmiegende schmale Westküste kann zwar keine romantische Badebuchten, aber einige sehr fotogene Abschnitte bieten. Die Pancake Rocks von Punakaiki zum Beispiel findet man in nahezu jedem Bildband über Neuseeland verewigt – und das aus gutem Grund. Die ins Meer hinausragenden Felsen sehen wirklich aus wie ungewöhnlich geformte Stapel von Pfannkuchen. Meer- und Regenwasser tragen hier seit etwa 30 Millionen Jahren die weicheren zwischen den härteren Gesteinsschichten ab, was ein ungewöhnliches Gesamtbild schafft.

Vom Kleinen zum Großen: Im Süden der Insel löst sich das Land allmählich in einem Gewirr großer Fjorde auf. Die meisten dieser steilen Einschnitte in das unbewohnte Felsenland sind nur per Schiff zu erreichen. Hier, in diesem kaum zugänglichen Land, ruht die Hoffnung vieler Biologen: Seit im „Fiordland" vor einigen Jahren Vögel gefunden wurden, deren Art hier als ausgerottet galt, erwarten die Wissenschaftler weitere sensationelle Funde.

An ihrer Ostflanke haben die Alpen ein breites Schwemmland erschaffen, an dessen Küsten sich weitaus mehr und bessere Strände finden als im Westen. Die meisten konzentrieren sich auf das Gebiet unweit der Metropole Christchurch und auf die nahe Banks-Halbinsel. Zu den beliebtesten gehören Sumner, der von Experten höher eingeschätzte Strand von Taylors Mistake und New Brighton, wo nach englischem Vorbild 1894 eine 210 Meter lange Seebrücke mit Ständen für Automatenspiele und anderes Amüsement entstand. Sie widerstand dem Zahn der Zeit und den Wogen der See bis 1965. Auch den Naturhafen von Akaroa auf der Banks Peninsula, die Stätte einer kurzlebigen französischen Kolonie in Neuseeland, säumen einige Strände. Vor allem Wainui, ein 180-Seelen-Dorf, gilt wegen seines feinsandigen Meeressaums in Christchurch fast als Geheimtipp. Nördlich von Christchurch reihen sich die – allerdings nicht immer perfekten – Strände aneinander wie auf einer Perlenschnur: Amberley, Leithfield, Gore Bay oder Motunau, um nur einige zu nennen.

Je weiter die Küstenstraße von Christchurch aus gen Süden führt, desto mehr wird spürbar, dass man in die kühleren Landeszonen kommt. Es mangelt zwar nicht an Stränden, aber sie sind zunehmend Hochsommer-Ziele, weil das Wasser ansonsten recht kühl wird. Ein Strand jedoch, der Hampden Beach bei Moeraki, findet dank seiner Moeraki Boulders zu allen Jahreszeiten seine Besucher. Die mächtigen Steinkugeln im Sand sind, so erklärt eine

Frisch auf den Tisch. Die Gewässer rund um Neuseeland sorgen für die verschiedensten Gaumenfreuden.

Version der Maori-Legende, Süßkartoffeln aus einem der mythischen „ersten Kanus". Eine andere Version spricht von versteinerten Vorratskörben, die einst vom Ahnenkanu an den Strand geworfen wurden. Naturwissenschaftlich betrachtet entstanden die bis zu drei Meter messenden Kugeln auf dem Meeresgrund, wo sich Kalksalze im Lauf der Jahrtausende um einen kleinen Kern ansammelten. Später wurden sie von Sand- und Morastschichten überlagert und entwickelten sich allmählich zur Strandzone, aus der die Kugeln in unserer Zeit langsam wieder freigespült werden.

Auch Dunedin, die stolze Schottengründung, verweist stolz auf zwei stattliche Strände: St. Kilda und St. Clair, wo sich an kühleren Tagen das geheizte Seewasser-Schwimmbad von St. Clair besonderer Nachfrage erfreut. Beide Orte sind mit der historischen Bahnlinie Ocean Beach Railway verbunden, an Sommerwochenenden ziehen alte Dampfloks die Waggons.

Selbst im tiefen Süden der Südinsel, wo nach Meinung mancher Aukländer die Antarktis näher ist als die Nordinsel, gibt es noch Strände, die sich zumindest zu Weihnachten und in den anderen Hochsommer-Wochen reger Nachfrage erfreuen. Am Waipati Beach bei Owaka sind die Cathedral Caves nur jeweils in der Stunde vor und nach dem niedrigsten Wasserstand zugänglich. Die Höhlen sind 30 bis 50 Meter hoch und erstrecken sich teilweise mehr als hundert Meter tief in die Uferklippen hinein. An derselben Küstenstraße liegt auch der schöne, direkt an die Buschlandschaft heranreichende Tautuku Beach. Die Tautuku-Halbinsel war im 19. Jahrhundert eine wichtige Basis für Walfänger. Und selbst Invercargill, die südlichste Großstadt Neuseelands, kann Besucher im Sommer mit einem einladenden Dünenstrand locken: Oreti Beach.

Wem das noch nicht reicht, der muss nach Stewart Island übersetzen, zu der kleinen Insel, die Neuseeland nach Süden abschließt. Die rund 600 Bewohner, die hier vorwiegend vom Fischfang leben, haben sich fast vollzählig an der Halfmoon Bay angesiedelt. Dort springen die Insulaner und ihre Besucher an heißen Tagen mal in die See – zumal an dieser Stelle auch ein wärmender Meeresstrom von Australien her vorbeistreicht.

Klaus Viedebantt

Te Kaha

EIN MAORI-GEBURTSTAG

Champagne Pool. In der Nähe von Rotorua zischt und blubbert es überall.

Schnitzerei. An einem Versammlungshaus in Rotorua. Die Zunge zu zeigen gilt bei den Maori als eine kriegerische Geste.

Moengaroa Kerei, kurz Moe genannt, wird sechzig Jahre alt. Die Gäste haben sich seit zwei Tagen versammelt, sie kommen zum Teil von weither, die älteste Tochter sogar aus Sydney.

Das Schwein liegt steif auf dem Rücken, mit bleicher Schnauze, die Wände sind mit Blut bespritzt. Während der Leib in riesige Fleischportionen zersäbelt wird, sind nebenan vier Mann damit beschäftigt, mit Rosenscheren einen ganzen Hühnerhof zu vierteilen. Auch Holger, der Fotograf, hat schon am frühen Morgen, noch vor der ersten Tasse Kaffee, in eine rohe Paua-Muschel gebissen, und darf sich innerlich für den Rest des Tages als Held fühlen.

Die Vorbereitungen für das Hangi in Te Kaha laufen auf Hochtouren. Das Maori-Wort „Hangi" klingt nur zufällig so ähnlich wie das englische Wort für „Hunger", selbst wenn es dabei so ziemlich um die gleiche Sache geht. Das Hangi ist ein Festessen. Zubereitet wird es nach dem Prinzip der Kochkiste, durch langsames Garen in einem Erdofen. Große vulkanische Steine werden auf brennenden Manuka-Stämmen zur Weißglut gebracht. Wenn das Holz niedergebrannt ist, werden die Steine automatisch in das darunter ausgehobene Erdloch sinken und danach mit triefend nassen Filzlappen und Säcken bedeckt. Metallkörbe mit Fleisch und Gemüse kommen nun in die Mitte, werden ihrerseits mit feuchten Lappen zugedeckt, und zuletzt schaufelt man eine Schicht Erde oben drüber. Am Nachmittag, wenn die Gäste alle da sind, ist das Essen fertig.

Heute wird hier auf dem Stammessitz, dem Marae, ein Geburtstag gefeiert. Das Geburtstagskind, Moengaroa Kerei, kurz Moe genannt, wird sechzig. Seit zwei Tagen schon versammeln sich hier die Gäste. Sie kommen zum Teil von weither, die älteste Tochter sogar aus Sydney.

Wir gehören eigentlich nicht zur Familie. Doch Familie ist in der Welt der Maori ein weiter Begriff. Wir haben Patu in Rotorua kennengelernt, und sind von ihm spontan eingeladen worden, nach Te Kaha zu kommen. Das liegt am East Cape, gewissermaßen auf der Ferse des neuseeländischen Stiefels. Patu ist mit 22 das jüngste von Moes insgesamt neun Kindern, und als perfekter Gastgeberbemüht er sich redlich, uns jedes einzelne Mitglied des Clans vorzustellen. Die Verwandschaftsverhältnisse sind weitverzweigt, und so sitzen wir nun inmitten von ungezählten Menschen, die alle Zigaretten rauchen, Tee trinken, und zielbewusst mit Hand anlegen, während die Gespräche über unseren Köpfe hin und her schwirren, erfüllt von gemeinsamem Lachen und gutmütiger Frotzelei und all den ernsten und heiteren Angelegenheiten, die das Leben der Menschen überall gleichermaßen bestimmen.

Ich bin gerade im Gespräch mit Sonny, der mir erzählt, er sei sieben Jahre lang in Australien gewesen. Jetzt ist er seit acht Jahren wieder hier, zu Hause. Als Andenken an seinen Auslandsaufenthalt trägt er eine Zahnlücke, durch die man einen Cadillac einfahren könnte, einen Akubra, den australischen Buschmänner-Hut, und am Gürtel ein stehendes Morris-Messer, wie Crocodile Dundee.

Es gibt nicht viel Geld am East Cape, erklärt Sonny: keine Jobs. Aber wer hier verhungert, ist selber blöd. Jeder kann Kartoffeln anbauen, auf die Jagd gehen und fischen. Und jeder hilft dem andern. Dieses Hangi zum Beispiel, wenn man das bezahlen wollte, könnte man es sich gar nicht leisten. Die Zutaten dafür haben alle seit Monaten gespart und beiseite gelegt, und alles wurde freiwillig gestiftet.

Traditionell.
In Ruatahune, nahe dem East Cape, zeigen sich die Maori in traditioneller Kleidung bei ebensolchen Tänzen.

Krieg ...
Aus Walknochen gefertigte Handwaffen: Bevor die Maori über die Weißen an Schusswaffen kamen, waren feindselige Auseinandersetzungen zwischen den Stämmen noch „Handarbeit".

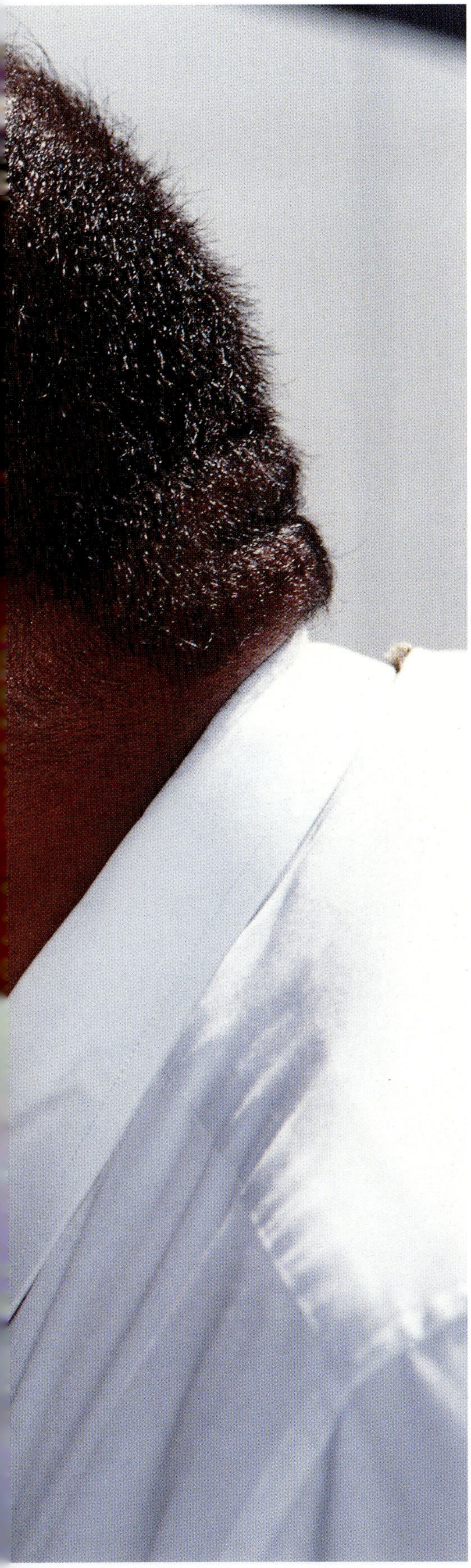

... und Frieden.
„Hongi" heißt die traditionelle Begrüßung der Maori. Nicht alle Stämme waren kriegerisch gestimmt – die auf den Chatham-Inseln lebenden Maori etwa waren Pazifisten.

Der Träger eines roten Unterhemds der Extremgröße nimmt mit einem Schnaufer zwischen uns Platz. Ich lese „homeward bound, true love", in verwaschener Tätowierschrift auf den Armen und Schultern dieses Blickfangs von 180 Kilo Lebendgewicht. Eine Frau um die 30 setzt sich hinzu, auf dem Kopf Dreadlocks, die eine große Ähnlichkeit mit den Schößlingen vom Ponga Farn aufweisen, aufgereiht zu einer Art teefarbenen Milchkrone – wie auf dem bekannten Foto eines aufschlagenden Milchtropfens bei einer Zweitausendstelsekunde. Sie offeriert uns allen ein Glas Hawaii Wine Cooler, Billigwein mit Ananassaft, auch als „Kopfschmerzen aus dem Karton" bekannt. Wir akzeptieren dankend.

Eine Gruppe von Kindern umringt mich. „Bist du der Fotograf?" fragen sie. Nein, ich bin der Reporter. „Schreibst du alles auf?" Ja. „Schreibst du unsere Namen auf?" Gerne. Also: Kahu-rangi Waititi, Ngawai Waititi (Geschwister? Nein, Cousins.) Karaka Wade, Elaine Kahaki, Nicole Whaanga, Bernard Faulkner, Jared Temoana. Die Liste geht weiter: Maori-Namen, in denen sich die Geschichte eines Wandervolkes und seiner gut zwei Jahrhunderte währenden Berührung mit den Pakeha, den Europäern, widerspiegelt. Diese Kinder wissen nichts von der Insel Madagaskar, auf der es eine polynesische Urbevölkerung gibt, die sich und ihre Sprache mit dem Namen „Maoré" bezeichnet; sie wissen nichts von den Vorfahren, die einst auf Taiwan lebten. Die Spuren dieser seefahrenden Ackerbauern über tausende von Kilometern hinweg bis zu den hier in Aotearoa, dem „Land der langen weißen Wolke", lebenden Maori (sprich: Mau=ri) zu verfolgen, wäre ein wissenschaftliches Abenteuer, für das sich nur leider bislang kein geeigneter Thor Heyerdahl eingefunden hat.

Von den Strapazen eines ozeanischen Neuseeland-Trips an Bord eines Maori-Kanus kann sich der jetlag-geplagte Reisende unserer Tage nurmehr eine ziemlich romantisch-verklärte Vorstellung machen. In der städtischen Kunstgalerie in Auckland gibt es ein hinreißendes Kolossalgemälde von Charles Frederick Goldie, „Die Ankunft der Maori". Abgezehrte Gestalten hängen da mit wildem Blick in der Takelage, kaum eine Frau unter ihnen, kein einziges Kind. Irgendeiner weist mit dem Finger über das Meer. Halbverschluckt am rechten Bildrand sieht man: Land.

Goldies Schiffbrüchige sind Kunst für Fischrestaurants, aber sie gehören heute zum unveräußerlichen nationalen Erbe Neuseelands. Ebenso wie die Maori-Portraits des gebürtigen Pilseners Gottfried Lindauer, der in Wien und Russland Heiligenbilder malte, ehe es ihn 1873 in den

Let's dance.
Rotorua ist die Hochburg der Maori-Kultur. Allabendlich finden in den Hotels Aufführungen statt.

Ins Gesicht geschrieben. Maori in Ruatahune, nahe dem East Cape. Traditionell wurden die Gesichtsbemalungen eintätowiert, heute begnügt man sich in der Regel mit Schminke.

Südpazifik verschlug. Seine edlen Wilden im Federkleid oder Frack, die er von selbstgemachten Fotos abmalte, leuchten mit einer hingebungsvollen Inbrunst, als würden sie von einer Monstranzkerze erhellt.

Die leichte Komik dieser Gemälde gehört zu ihrer Intention. Lindauers teure Kundschaft liebte die Realität in geglätteter, bunter Form, bevorzugte die ethnografische Fiktion: den „Maori", aufgespießt wie in einer säuberlichen Schmetterlingssammlung. Mit den Kulturleistungen dieses fremden Volkes hielt man sich nicht lange auf, sonst wäre man aus dem Staunen oft nicht mehr herausgekommen. So ist die Maori-Sprache der ihrer tahitianischen Verwandten ähnlicher als das Deutsche dem Österreichischen – und das nach einer Trennung von annähernd 1000 Jahren, einzig auf der Basis mündlicher Überlieferung.

Der Mangel an Schriftkultur hinderte gleichwohl die Stammesfürsten der Maori nicht, den Sprung zum schriftlich fixierten Staatsvertrag 31 Jahre früher und – friedlicher! – zu schaffen, als die deutschen Reichsgründer nach der Schlacht von Sedan: Bereits im Jahr 1840 setzten sie ihre Unterschrift unter den Vertrag von Waitangi; und was der Vertreter der britischen Krone, Gouverneur William Hobson, damals unterschrieb, gilt heute als bindendes Recht, als heimliche Verfassung des Landes. Zwischendurch ist das Dokument zwar schon mal verloren gegangen, respektive in Vergessenheit geraten; es hat eine bunte Kolonialgeschichte mit blutigen Kriegswirren gegeben. Aber wie ernst es den Maori-Urvätern mit ihrem oft noch ungelenken Federstrich war, erkennt man daran, dass die heutigen Nachfahren bei jeder großen Festlichkeit (so auch hier in Te Kaha) das Glas zunächst auf die Queen zu heben: Die Krone garantiert den Bestand des Vertrags und damit des Maori-Volkes.

Der Unterzeichnungs-Ort Waitangi ist zum nationalen Heiligenschrein avanciert, wo man eine Kopie des Schriftstücks und ein luxuriöses Versammlungshaus, ein Whare Nui, mit schmucken Schnitzereien bewundern kann, falls man zufällig zu den alljährlichen Feierlichkeiten am 6. Februar in den Norden fährt. Kompakter kann man das gleiche bei der Ankunft in Auckland erleben. Dort besitzt das War Memorial Museum eine der besten Sammlungen von Maori-Artefakten, die das Land überhaupt

zu bieten hat. Und der Eintritt ist frei. Die bedeutendste Kollektion von Schnitzereien und historischen Kunstwerken der Maori, die je zusammengetragen wurde, die „Te Maori"-Ausstellung im Metropolitan Museum of Modern Art in New York, fand in Neuseeland leider keine permanente Bleibe und wurde aufgelöst. Alles was heute daran erinnert, ist der Katalog, und der ist seit Jahren nicht wieder aufgelegt worden. Ersatzweise gibt es eine sehr lohnende permanente Ausstellung, TAONGA MAORI, im Museum of New Zealand in Wellington.

Unter dem, was auf dem Touristenmenu in Sachen Maori-Kultur angeboten wird, steht gewöhnlich das Städtchen Rotorua an oberster Stelle, und natürlich lässt es sich nicht leugnen, dass die Natur gerade an diesem Ort eine spektakuläre vulkanische Kulisse mit Geysiren und dampfenden Schlammbädern errichtet hat. Der Gedanke, in einem solchen natürlichen Abenteuerspielplatz eine Art Maori-Disneyland zu errichten, war nahe liegend.

Der Schwefelgeruch, der hier permanent über allem schwebt, verleiht der Inszenierung einen Hauch von Authentizität. Auch, dass alle in der Kultur- und Tourismusbranche Beschäftigten aufrichtig und mit Eifer bei der Sache sind; ja, dass man hier sogar eine Werkschule für junge Maori-Künstler errichtet hat, nimmt dem Besucher bald das Gefühl, einer irgendwie inhaltsleeren Kirmes-Show beizuwohnen. Auch wir klatschten im Sheraton-Hotel bei einer spaßigen Tanz- und Gesangsdarbietung mit Hangi-Buffet gehörig in die Hände: ein Abend, der vage an eine Schunkelreise auf Vater Rhein irgendwo bei Bingen erinnerte. Wir haben uns trotzdem ganz köstlich amüsiert.

Aber natürlich ist Rotorua die Hochburg des „plastic fantastic", wie die Neuseeländer selbst diese Art von Präsentation nennen. Es ist eben ein Irrtum zu meinen, dass die Maori gestern erst aus dem Flax-Röckchen herausgestiegen wären. Ihre heutige Kultur ist geprägt durch den Kon-

Kia Ora!
Herzliche Begrüßung am Wegesrand, nahe dem East Cape. Etwa ein Viertel des Landes ist heute Eigentum der Maori.

Born to be wild. Die Geschwister Harley und Davidson (links und unten) im Schulbus auf dem Weg nach Ruatoki.

Malerisch.
Die Maori-Kirche von Raukokore an der rauen Klippenküste des East Capes.

Zeitvertreib. Bei einer Gesangs- und Tanzvorführung in der Apanui School am East Cape schlagen die Mädchen Titi Torea-Stöcke aneinander, stoßen sie auf den Boden und werfen sie sich gegenzeitig zu.

takt mit Besuchern aller Zeiten- und Breitengrade: Die ersten Europäer, die hier an Land gingen, vier holländische Matrosen, hauchten bei ihrer Begegnung mit den Maori prompt ihren Geist aus, und ihr Kapitän, Abel Tasman, hatte daraufhin nichts eiligeres zu tun, als der Mörderbucht, die bis heute noch so heißt, den Rücken zu kehren. Im Jahr 1769, als dann der offizielle Erstumsegler, Leutnant James Cook, eintraf, der für seine Verdienste später zum Captain befördert wurde, waren ihm Ceylonesische Piraten schon klammheimlich um Jahrzehnte zuvorgekommen. Sogar spanische Seefahrer hatten, möglicherweise noch vor Tasman, nicht allein Helm und Kanonenkugel dagelassen, sondern auch die Sprache bereichert: „Pero" bedeutet „Hund" auf Maori – und ebenso auf Spanisch

Wir sind inzwischen mit den Kindern hinübergegangen zu ihrer Schule, der Te Whanau Apanui School. Eine Gruppe von Mädchen übt dort gerade auf dem Boden sitzend eine Gesangsnummer, die nachher bei der Geburtstagsfeier vorgetragen werden soll. Dazu schlagen sie, im Rhythmus passend, Titi Torea-Stöcke aneinander, stoßen sie auf den Boden und werfen sie einander zu. Der Song heißt Ka noho au i konei, und ist inhaltlich alles andere als ein Kinderlied: „Ich sitze hier und denke nach über die Veränderungen in der Welt, ich höre von all dem Schlechten, was den alteingesessenen Völkern zustößt, und welche Auswirkungen es auf die Kinder haben wird. Unsere Traditionen werden bestehen bleiben, auch wenn sie in den Grundfesten erzittern. Seid stark, um eure Lebenskraft zu bewahren und den Geist unseres Volkes für alle zurückzubringen."

Der „Geist des Maori Volkes" ruht in seiner Sprache, und die wird nur an ganz wenigen Stellen im Land noch als natürliche Alltagssprache gesprochen. Beispielsweise hier am East Cape und drüben in Ruatoki, einem kleinen Ort in der benachbarten Bay of Plenty, den wir ebenfalls aufgesucht haben. Die ländliche Gesamtschule dort gilt regelrecht als Frischzellenkultur, auf die sich die Hoffnungen des gesamten Maori-Volkes stützen. In Ruatoki gibt es Sechsjährige, die Maori fließend, und zwar ganz normal als lebendige Muttersprache sprechen. Erwachsene Maori aus anderen Teilen des Landes, die ihre eigene Sprache praktisch nur mehr wie eine Fremdsprache im Munde führen, pilgern nach Ruatoki, um mit Tränen in den Augen dieses Wunder mitzuerleben.

Hier in der Apanui School von Te Kaha übt derweil der Schulleiter, Wiremu Tawha, mit den Knaben eine Haka ein, einen kraftvollen Kampf-Tanz mit rhythmisch skandiertem Gesang: „Greift euch die Kraft von Gott, bringt sie zur Erde. Blickt nach oben, ihr könnt nicht Gott um die Kraft bitten und zugleich zur Erde blicken", fordert er die Kids auf. Diese stampfen mit den Füßen auf, rucken und zucken mit Armen und Beinen, rollen die Augen, strecken die Zungen raus – aber nein. „Stop, stop, stop, ihr habt's vermasselt", unterbricht sie Mr. Tawha. „Wer wird denn auf eure Worte achten, wenn ihr sie so schnell dahin nuschelt? Also nochmal, drei, vier." Jetzt kommt allmählich Schwung in das Ganze, es wirkt wie eine Tanznummer aus der West Side Story. „Na, fühlt sich das nicht besser an? Übt diesen Rhythmus, und denkt dran, am Schluss, bei „turanga wae wae" müsst ihr stehen bleiben – wie eine eins."

In der Turnhalle sind die Mädchen unterdessen dabei, einen Poi-Tanz einzustudieren, wozu sie kleine weiße Plastikkissen an Schnüren durch die Luft kreisen lassen, die regelmäßig gegen ihre Hände oder Arme klatschen. Die Melodie kommt mir irgendwie bekannt vor. In der Tat, es ist ein alter Country-Song: „By the Time I Get to Phoenix". Der Rhythmus der schwirrenden Pois und die typisch schrammelnde Gitarrenbegleitung drücken dieser Nummer jedoch ein ganz unverkennbar polynesisches Gepräge auf.

Ich bewundere die elementaren Barrégriffe des etwa elfjährigen Begleitmusikers Jonathan, der zugleich einem der Mädchen, Elaine, zeigt, wie sie die Akkorde auf ihrer Gitarre greifen muss. Die E-Saite fehlt an seinem Instrument, dazu hält er es spiegelverkehrt in den Händen, und trotzdem klingt alles richtig. Wie ein junger Hendrix spielt er „Hey Joe", „Purple Haze", „Johnny B. Goode", und dazu stößt er mich immer wieder in die Rippen: „Sieh mal, ob du diesen hier erraten kannst."

„Schau dir das an", sagt Mr Tawha voller Bewunderung: „Dabei ist er nur zur Aushilfe eingesprungen. Unser regulärer Gitarrist ist auf einem Begräbnis."

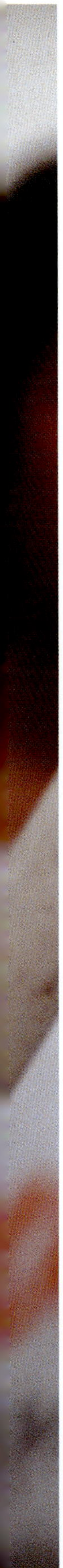

Farben und Formen. Die Schnitzereien der Maori gehören zu den herausragenden Zeugnissen der Südsee-Kunst. Verwendet wurde dafür vor allem das gut zu bearbeitende Holz des neuseeländischen Totara-Baumes. An den figurativen Darstellungen fallen die verschobenen Proportionen mit dem übergroßen Kopf auf – Ausdruck der besonderen Wertschätzung dieses Körperteils bei den Maori. Die bevorzugt verwendete Farbe rot galt in ganz Polynesien als Farbe der Götter.

Erdofen. Hangi heißt der neuseeländische Erdofen, in dem die Zutaten circa vier Stunden lang garen müssen.

Dieses Begräbnis, von dem er spricht, ist eher eine Grablegung symbolischer Art. Jetzt, wo der ganze Stamm versammelt ist, wird der Geist eines vor Monaten in Auckland Verstorbenen hier zur Ruhe gebettet, damit er nicht zurückkehrt und die Lebenden heimsucht. Respekt und Furcht vor den toten Ahnen gehören untrennbar zu den Vorstellungen der Maori vom Heiligen; von dem, was für sie tapu (tabu) ist.

Mir fällt ein, dass am Morgen jemand vor dem Versammlungshaus, in dem wir alle übernachteten, eine Matratze hingelegt hatte. Das sei nur bei einem Tangi, der rituellen Verabschiedung eines Toten, üblich, erklärte man mir. Genau an dieser Stelle läge sonst der Leichnam aufgebahrt. Also wurde die Matratze schleunigst fortgeschafft: Sie wieder ins Innere des Whare Nui hineinzutragen hätte praktisch eine Einladung zu einem Unglücksfall bedeutet.

Als wir zurückkommen, sind bereits die Hors d'oeuvres auf den Tischen im Whare Kai, dem Haus des Essens, aufgetragen: Pavlova, Fruit Salad, Trifle, zerkleinerte Muscheln, Hühnchen, Corned Beef, roher Fisch, Rewena (Kartoffelmehl-) Brot, zerkleinerte Kinas (Seeigel), Pauas, Hummer und, (nicht zum Essen): Geranien, Farne, Blumenarrangements.

Es ist Nachmittag geworden, die Gäste sind noch immer nicht zurückgekehrt. Sie befinden sich auf einem anderen Marae, etwa 100 Kilometer entlang der Küste. Da kann es schon zu Verzögerungen kommen. Auch wir sind diese rotblühenden Pohutukawa Haine, die Treibholzstrände und sandverblasenen Dünen am Rand des Kaps entlang gefahren, bis zu dem Leuchtturm, der seine östlichste Spitze markiert. Auch wir sind die 705 Stufen (gezählt) zum Turm hinaufgestiegen, wo man theoretisch jeden neuen Tag auf dieser Erde als erster begrüßt – sofern man nicht den nahe gelegenen, aber höheren Mount Hikurangi besteigt, der den hier lebenden Maori des Tuhoe-Stammes als heiliger Berg gilt. Und auch wir haben dort am Wegesrand die Bekanntschaft von Ira Kohere und seiner Freundin Chris Sexton, samt ihren Pferden, Schafen und Hunden, gemacht.

Es war eine unvergessliche Begegnung: nicht nur, weil die beiden solch reizende Leute sind, sondern auch, weil mich eines ihrer Hundetiere voll in die Wade gebissen hat!

Im Versammlungshaus wird unterdessen auf einem Canon Scriptwriter 80 die Toastliste für die Feier zusammengestellt. Die Queen steht wie üblich an erster Stelle. Auf den rundum ausgebreiteten Matratzen machen einige Gäste Siesta.

„Ich liebe es, auf diesem Marae zu sein", sagt eine weibliche Stimme, in deren Gespräch ich mich passiv einklinke. „In diesem Haus zu schlafen ist so friedvoll, als ob man von großen Armen umfangen wird. Hier bin ich den Menschen, die nicht mehr unter uns weilen, am nächsten. Hier an dieser Stelle hat meine Tante immer geschlafen. Mein Vater, mein Großvater sind hier, dies ist die Heimat meiner Familie."

Draußen ertönt ein Hupen. Endlich ist es soweit. Die Gäste – scheinbar hunderte, viele Stammesälteste darunter – kommen in langer Autokolonne zurück. Tatsächlich begrüßt man einander hier noch, was eine sehr zärtliche und familiäre Geste ist, ähnlich dem modernen Wangenkuß, mit einem leichten Aneinanderreiben der Nasen. Auch die Maori-Begrüßung „Kia Ora" (kurz „kjora" ausgesprochen) hat, sogar unter den Pakeha, die traditionellen englischen Grußformeln nahezu verdrängt.

In langen Reihen sitzt man bei Tisch. Das Hangi-Essen wird ausgeteilt, zu den hochdosierten Fleischbergen gibt es gedämpfte Kartoffeln, Kumara (Süßkartoffeln), Kürbis, Bier, Sekt – es hört gar nicht auf. Ein königliches Bankett. Man lüpft, sehr passend, das Glas auf die Königin und dann auf Moe, die auf dem Ehrenplatz auf der Tribüne Platz genommen hat, vor einem riesigen Geburtstagskuchen. (Zum Schluss wird jeder der Gäste ein Stück davon abbekommen.) Nach dem Essen beginnen die Glückwünsche in schier endloser Zahl, jeweils gefolgt von einem Lied.

Die aus Sydney gekommene älteste Tochter wischt sich eine Träne aus den Augen: „Ich sagte Mum, ich würde nicht kommen, aber ich bin doch gekommen. Wie du siehst, Mum: ich bin da."

Man singt auf Englisch „Mother". („Mutter, dein Haar hat sich silbern verfärbt" usw.) Und jeder kennt den Text dazu. Ich kenne dieses Lied auch. Es ist ein uralter Country & Western-Song von Jimmy Rodgers, aus dem Jahr 1928. Hier am East Cape hat er sich noch so lebendig erhalten, als wär's ein Schlager, der jeden Tag im Radio liefe. **Tom Appleton**

Das große Fressen. Zu einem üppigen Mahl gehören auch Crayfish (eine kleine Hummerart), Paua-Muscheln und gegebenenfalls eine Geburtstagstorte.

KEA

On the road

DIE SÜDINSEL IM CAMPINGBUS

Freiheit auf Rädern. In Neuseeland herrscht Linksverkehr, was etwas Umstellung erfordert, aber aufgrund des geringen Verkehrs auf den Landstraßen keine allzu große Schwierigkeit darstellt.

Schwimmende Post. Vom kleinen Hafen Picton aus lassen sich die besten Ausflüge unternehmen, zum Beispiel mit dem Postboot. Die so genannten Mail Runs führen quer durch die Landschaft, die nur aus blau (Wasser) und grün (Hügel) zu bestehen scheint.

Irgendwo unterwegs auf dieser Piste halten wir dann doch einmal, wo es geht, an und bemühen den Mietvertrag. War da nicht etwas? So eine Passage im Kleingedruckten, in der stand, dass man eigentlich überall hinfahren darf, was entfernt nach Straße aussieht, außer dieser oder jener Strecke, die so kriminell ist, dass sie Autovermietern und Versicherern wegen der Ausfallrate einfach zu teuer sind? Ist halt auch nicht schön, hängen gebliebene riesenhafte Campingwagen von irgendeiner engen und steilen Bergstraße herunterzulotsen, inklusive genervter Beifahrer, schreiender Kinder und nervöser Lenker, die für einen Moment vergessen, dass in Neuseeland Linksverkehr vorgesehen ist.

Es gibt mehrere Wege von Blenheim nach Picton, am nördlichen Ende der Südinsel Neuseelands. Die Gegend bekommen die meisten Besucher des Landes irgendwie am Rande mit; zumindest dann, wenn sie beide Inseln besuchen und mit der Fähre übersetzen. Die Schiffe aus Wellington steuern den kleinen Hafen Picton an, von wo aus man sich in der Regel aus dem Staub macht weiter in den Süden nach Queenstown, Christchurch oder zum Milford Sound. Die Hauptroute führt geradewegs durch die östlichen Ausläufer der wundersamen Welt der Marlborough Sounds, einem ausgedehnten Gebiet von Buchten, grünbewaldeten Hügeln, Muschelfarmen und Weilern, von denen die meisten nur mit dem Boot zu erreichen sind. Doch ein kleines Stück nördlich von Blenheim biegt eine zunächst noch gute, dann aber eher besorgniserregende Straße ab, die entlang der Buchten über rund 50 Kilometer von einem Staunen ins andere führt und einen Vorgeschmack liefert auf das, was die Gegend in ihren noch entlegeneren Ecken verspricht.

Mit dem Campingbus, Zelt oder Wohnwagen durch Neuseeland zu fahren, ist fast schon zu einem Massenvergnügen geworden – für neuseeländische Verhältnisse natürlich. Von Masse ist dort für europäische Standards in der Regel nichts zu spüren, außer rund um die Weihnachtszeit, wenn die Kiwis mit Kind und Kegeln in die Sommerferien aufbrechen und die Plätze selbst bevölkern. Es gibt fast überall gut ausgebaute Campingplätze, richtig große und nicht ganz so gemütliche in den großen Touristenzentren. Aber wofür sind die

Bergpapagei. Gummiteile aller Art mag der unter dem Namen „Kea" bekannte Bergpapagei, der sich artuntypisch an die rauen Bedingungen in den höheren Regionen der Southern Alps gewöhnte. Diese Anpassungsfähigkeit machte ihn vermutlich auch zum Symboltier für eine nach ihm benannte Verleihfirma von Wohnmobilen.

Wer in Neuseeland mit dem Wohnmobil reisen will, findet nahezu ideale Bedingungen vor. Wo es nicht ausdrücklich verboten ist, ist Campen erlaubt, und in praktisch jedem Dorf hat jemand seinen Garten zu einer Campingwiese umfunktioniert.

Autos denn da, wenn nicht dafür, sich auf und davon zu machen vom Trubel rund um Bungee Jumping, Shotover Jet und all den Verrücktheiten, mit denen die Südinsel auf der internationalen Tourismusbühne auf sich aufmerksam machen will?

Zum Beispiel auf die Küstenpiste zwischen Blenheim und Picton und auf eine Rundreise immer entlang der Küste und entgegen dem Uhrzeigersinn. Der Mietvertrag sagt zu unserer Überraschung, dass der Ausflug völlig legal ist. Wir lernen also zu schätzen, dass die Automatikschaltung des umgebauten Ford Transit auch die Funktion „1" hat. Dabei machen Motor und Getriebe so gut wie alles, nur nicht vom ersten in den zweiten oder irgendeinen anderen Gang umzuspringen. Das ist irgendwie beruhigend auf der Schlammpiste, vor allem dann, wenn es steil den Berg hinuntergeht. Die Marlborough Sounds haben nämlich die Eigenart, dass den meist tief ausgegrabenen Buchten steile Hügel folgen, über die man muss, um sich in die

An der Westküste. Ständig wechselnde Landschaftsimpressionen begleiten uns auf unserer Fahrt in den Süden.

nächste und übernächste Bucht weiterzuhangeln. In die Robin Hood Bay zum Beispiel. Warum die so heißt, lässt sich nicht wirklich klären. Es gibt jedenfalls niemanden hier, der groß vor irgendeinem Großkopfeten gerettet werden müsste. Die sichelförmige Bucht ist, so scheint es, von der Außenwelt so gut wie abgeschlossen. Die einzige wahrnehmbare Verbindung zu ihr sind die Stromleitungen, die sich quer durch die Bay ziehen und über die die Handvoll Einwohner mit elektrischer Energie versorgt werden. Die Straße zieht sich entlang des Strandes, und an einigen Stellen kann man mit dem Campingbus, wenn man Vertrauen in Reifenprofil und Untergrund hat, direkt ans Wasser fahren. Die Wahrscheinlichkeit, hier der Einzige zu sein und auch in den nächsten Tagen zu bleiben, ist ziemlich hoch. Vorausgesetzt, die Vorräte reichen, ließe es sich hier über Wochen aushalten. Schließlich ist dies die Ostküste Neuseelands, dem Wetter abgewandt, das sich einige hundert Kilometer weiter südwestlich über den Alpen abregnet. Hier, im nördlichsten Teil der Südinsel, soll es die meisten Sonnentage geben, steht im Reiseführer.

Der kleine Hafen Picton ist gleich um die Ecke, Luftlinie gerechnet. Von dort aus lassen sich die besten Ausflüge unternehmen – mit dem Postboot zum Beispiel. Die so genannten Mail Runs, die im benachbarten Australien schon mal mit dem Flugzeug stattfinden, führen quer durch die Landschaft, die nur aus blau (Wasser) und grün (Hügel) zu bestehen scheint. Irgendwie aber müssen die weißen und braunen Flecken (Häuser) versorgt werden, mit der Abrechnung vom Finanzamt, den Geburtstagsgrüßen, Geschenken oder auch nur einer vorbestellten Ladung Lebensmittel. Eine Telefonrechnung dürfte für die meisten Einsiedler nicht dabei sein, wozu auch, ein- bis zweimal in der Woche kommt ja das Postschiff vorbei. Es gibt mehrere verschiedene Schiffe, die auf unterschiedlichen Routen die Gegend abklappern. Ein paar Einheimische haben eine neue Einnahmequelle entdeckt und vermieten Haus und Hof an Touristen. Wer sowieso mit dem Campingbus unterwegs ist, dürfte die nötigen Utensilien für die Matratzenlager (Schlafsack) ja dabei haben. Viele, die hier wohnen, leben zumindest teilweise von den Muschelfarmen, und die meisten mehr schlecht als recht. Jim, der Kapitän des Postbootes, hatte einmal einen Anteil an so einem Geschäft. Doch irgendwann wurde ihm der Job zu wenig lukrativ und mühsam; er verkaufte den Anteil. Seither fährt Jim von Weiler zu Weiler, und wenn er Glück hat, dann verfolgen ihn unterwegs ein paar Delfine oder machen links und rechts ein paar Luftsprünge. In diesen Fällen wird er dann meistens von seinen Passagieren genötigt, den Schubhebel ein wenig zurückzuziehen.

Einer der Mail Runs endet in dem kleinen Örtchen Havelock am Ende des Pelorus Sound. Mitten im Ort gibt es am Wasser auch einen Campingplatz, von dem aus es nur ein paar Meter sind zur kleinen Hauptstraße. Havelock ist ein wichtiges Zentrum für die neuseeländische Muschelzuchtindustrie – und die lokalen Restaurants wie das „Mussel Boys" haben es sich zur Spezialität gemacht, sie in allen möglichen Variationen darzubieten. Hier also endet das Paradies. Viele Kilometer hat sich die Straße entlang der Küste und über tiefgrüne Felder gezogen, bis sie, schon lange zur Schotterpiste geworden, hinter einer eisernen Schranke im Sand verläuft. Es hängen schwarze Wolken über dem dunkelgrauen Sand, der sich am Horizont zu Dünen auftürmt und irgendwo dort vorne unsichtbar und halbmondförmig im Meer ausläuft. Vor kurzem haben uns ein paar Leute in einem eigenartigen Amphibienfahrzeug überholt und kräftig gewinkt. Dann verschwanden sie irgendwo in den Dünen und waren nicht mehr zu sehen auf dem Weg zum Ende der sandigen Landzunge. Eigentlich müsste es schon längst regnen, aber es bläst nur unaufhaltsam der Wind, scheinbar von zwei Seiten. Denn der dünne Sandstreifen, „Farewell Spit" genannt und quasi der letzte Ausläufer der Golden Bay, ist praktisch an allen Seiten vom Meer umgeben. In all dem Grau scheinen auch die Schwäne, die durch das seichte Wasser waten, nicht zurückstehen zu wollen. Ihre Federn sind dunkelgrau bis schwarz und wenn man ihnen zu nahe kommt, dann beschweren sie sich durchaus deutlich. Es ist Ebbe und das Grau des Himmels spiegelt sich im Wasser. Anderswo wäre dies vielleicht ein Ort für Melancholiker oder für Klagen über das schlechte Wetter.

Und das soll ein Paradies sein? Dies ist Neuseeland, und am anderen Ende der

Weltenbummler. Zwei österreichische Backpacker auf dem Weg nach – Picton.

KNIGHT

langgezogenen Bucht, die an den Abel Tasman Nationalpark im Westen angrenzt, ist bei einem Straßenfest schon wieder alles anders. Das rote Feuerwehrauto glänzt in der Sonne. An einer der Wurfbuden haben die Kinder Wasserpistolen gewonnen und beschießen sich, die Wurfbude, das Feuerwehrauto und jeden, der nicht schnell genug flüchten kann. Takaka ist der Hauptort der Golden Bay am nordwestlichen Ende der Südinsel. Zu erreichen ist die kleine Stadt wieder einmal nur über eine kurvige Bergstraße, die über einen hohen Pass führt und sich dann in Serpentinen aus dem kargen Gebirge hinunter in das Farmland zieht. Wenn das Wohnmobil, mit dem wir nach Takaka gerollt sind, nicht gar so neu gewesen wäre, sondern einer der alten, zu fahrenden Wohnungen umgebauten Busse; und wenn wir selbst deutlich älter wären, dann hätten wir hier wohl geradezu ideal hineingepasst. Seit den 1960er-Jahren haben sich hier jede Menge mittlerweile in die Jahre gekommene Hippies und Aussteiger auf der Suche nach einem idealen Wohnort niedergelassen. Das ist noch schön zu sehen an so Raritäten wie dem Fahrradladen „The last revolution". In den Modegeschäften hängen Klamotten mit ganz besonders vielen Blumen oder sonstigen Verzierungen, die einfach nur möglichst bunt sein müssen. In den Bistros entlang der einzigen wesentlichen Straße gibt es vor allem Vegetarisches – und das bei den besonders konsequenten Verfechtern der hiesigen Lebensart auch noch in Selbstbedienung. Autos sind aber zugelassen, und es gibt auch eine Tankstelle. So heil ist die Welt dann doch nicht.

Wer in Neuseeland mit dem Wohnmobil reisen will, der findet nahezu ideale Bedingungen für sein Hobby vor. Wenn es nicht ausdrücklich verboten ist – und das kommt natürlich auch vor – dann ist wildes Campen erlaubt. Obwohl in den letzten Jahren die Zahl der Mietcamper drastisch zugenommen hat, finden sich in der Regel immer noch genügend ruhige Stellen, wo man für sich alleine ist, und dies vor allem außerhalb der Zentren. Doch oft landet man dennoch auf einem Campingplatz, weil es bequemer ist, nicht viel kostet (im Allgemeinen bis zu NZ$ 20) und auch nicht unbedingt weniger schön. In praktisch jedem Dorf hat jemand seinen Garten oder ein kleines Feld zu einer Campingwiese umfunktioniert und ein paar Stromkabel mehr verlegt.

Wir sind mit einem Kea-Camper unterwegs. Eine Autovermietung nach der neuseeländischen Papageienart zu benennen, macht absolut Sinn. Denn die Keas mögen Autos, insbesondere Scheibenwischerblätter aller Marken, und amüsieren die Insassen so lange, bis sie mit einem Stück davon im Schnabel davonfliegen. Keas trifft man in den Bergen der Südinsel; es scheint als hätten die großen Papageien vor nichts und niemand Angst, denn sie kommen ohne Zögern näher und sind auf vielen Parkplätzen die Touristenattraktion schlechthin.

Die Vermietfirmen bieten von Autos der Größe eines VW-Busses über kleine Kastenaufbauten bis zum Kleinlaster für die Familie alle möglichen verschiedenen Größen an. Dabei gilt die Regel, dass die Angaben für die mögliche Anzahl der Passagiere eher etwas optimistisch sind. Es empfiehlt sich also, lieber etwas mehr für eine größere Version zu zahlen, dafür aber die Reise auch nachts genießen zu können. Da Diesel in Neuseeland immer noch ziemlich billig ist – obwohl die Einheimischen über die teuren Spritpreise klagen –, ist auch der Mehrverbrauch nahezu egal.

Murchison heißt ein Dorf, das es wohl nur deshalb gibt, weil jeder in der Gegend hier durch muss. Zwei Regionalstraßen treffen sich im Ortskern, und rund um die Kreuzung stehen die wichtigsten Gebäude des Dorfes: Kirche, Krämerladen und Kneipe. Murchison ist irgendwo im touristischen Niemandsland zwischen Nelson und Westport, nicht allzu weit vom Nelson Lakes Nationalpark, wo man tagelang wandern kann von einer Biwak-Hütte zur nächsten. Im Dorf-Pub lässt Steve am Musikautomaten Schnulzen auflegen. Steve ist mit einem rostigen verbeulten Ami-Schlitten vorgefahren, und es stellt sich nur noch die Frage, ob das Auto oder sein Jeansjacken-Outfit älter ist. Steve jedenfalls hat schon einmal vorgetankt – an der Fahne ist es zu merken – und lässt den angebrochenen Abend im kulturellen Zentrum von Murchison ausklingen. Tina, die mit der schrillen Stimme, kreischt herüber und fragt, wie es ihm denn gehe. Gut, sagt Steve unter seinen langen verfilzten Haaren in den Bart hinein. Wirklich? Naja, er sei sich doch nicht

Oldtimer.
Nahe dem Nelson Lakes National Park: wildes Bergland, das von der so genannten „Alpine Fault", einer markanten geologischen Störungszone durchzogen wird, die enorme Höhenunterschiede zur Folge hat. An mehreren Stellen des Parks, vor allem an den Seeufern, findet man dichte Buchen- und Regenwaldbestände.

so sicher, gibt er zu und bestellt noch ein Bier, wie immer um diese Zeit. In Murchison, einem Dorf wie vielen anderen auf der Südinsel, ist nichts mehr zu sehen von den Hippies aus Takaka. Auch die Westküste ist noch fern, dort wo die Landschaft eine atemberaubende Wendung nach der anderen nimmt. Hier gibt es nur den gemütlichen und manchmal auch ein wenig trostlos abgeschiedenen neuseeländischen Alltag zwischen Hügeln, Wiesen, Schafen und den Nachbarn.

Westport ist der Beginn einer langen Fahrt schnurstracks in den Süden. Der Wind bläst hier an der Westküste praktisch immer, und er scheint auch immer direkt von vorne zu kommen: jedenfalls will und will der Camper nicht schneller fahren. In Europa wären einem mindestens böse Blicke genervter Ausgebremster sicher, aber hier doch nicht. Je weiter man in den Süden vordringt, desto näher rücken die neuseeländischen Alpen ans Meer heran. Die Straße schlängelt sich dazwischen entlang; hin und weder kommt man durch ein Dorf und irgendwann an die beiden berühmten Gletscher Franz Josef und Fox.

Anders als in den europäischen Alpen, wo Gletscher – wenn überhaupt – dann nur nach mühsamen Bergtouren zu erreichen sind, reichen Franz Josef und Fox Glacier praktisch bis auf Meereshöhe herunter. Bis in ihre Ausläufer hinein kann man ohne Guide hineinlaufen; wer den oberen Teil kennenlernen will, der muss sich einen Gletscherführer mitnehmen.

Auf der anderen Seite des ersten Gebirgsstocks befindet sich der Mount Cook, der höchste Berg Neuseelands und in Schönheit vielleicht nur noch vom Mount Aspiring übertroffen.

In den Mount Cook Nationalpark kommt man auch mit dem Campingbus hinein, allerdings muss man einmal um die Alpen herumfahren. Doch der Weg lohnt sich. Direkt am Eingang des Zugangstals zum Berg erlaubt die Nationalparkverwaltung Übernachtungen. Die Gebühr versenkt man wie in einigen anderen Nationalparks auch üblich in einem Briefumschlag in einer Art Postkasten. Von dem Übernachtungsplatz führt ein Wanderpfad hinauf an den Fuß des Berges. Wenn das Wetter mitspielt und der Mount Cook nicht in Wolken versteckt ist, dann ist dies ein unvergleichliches Erlebnis.

Gegen den Wind. Unterwegs auf der Rail & Road Bridge, nahe Kumara, an der Westkuste.

An der Westküste hat die lange Straße mit der Nummer 6 nach vielen Kilometern auf dem Weg in den Süden bei Haast einen 90 Grad-Knick gemacht. Weiter südlich wäre es zum weltberühmten Milford Sound und dem Doubtful Sound gegangen, vielleicht die schönste Küstengegend des Landes zusammen mit den Marlborough Sounds. Doch für Autos ist kurz hinter Haast Endstation. Wer zum Milford Sound und nach Fiordland fahren will, muss einen großen Umweg über Queenstown und Te Anau machen. Es ist wie eine andere Welt. Wir hatten uns an viel Regen, üppiges Grün und dichte Wälder gewöhnt, hier an der Westküste. Doch nun geht es von Westland hinüber auf die andere Seiten der Alpen nach Otago.

Das Wetter findet westlich der Alpen statt, im Osten tut sich eine erstaunlich andere Landschaft auf. Es ist trockener, etwas bleichgrüner und karger, aber ebenso unverwechselbar. Die Straße schlängelt sich am Rande des Mount Aspiring Nationalparks entlang und erreicht schließlich Makarora. Es gibt den Ort offiziell wirklich, auch wenn von Häusern nur dann etwas zu sehen ist, wenn man mit viel gutem Willen die Holzhütten dazu zählt. Makarora befindet sich am nord-nordwestlichen Ende des Lake Wanaka, an dessen anderen Ende der Ort Wanaka liegt. Es ist dies die gleiche Landschaft, die Queenstown neben den Action-Sportarten so berühmt gemacht hat. In Wanaka und am See gibt es ziemlich viel, nur kein Bungee und sonstige Stunts, dafür Ruhe, Wanderpfade en masse und die Unverwechselbarkeit von Otago. Makarora hat zwar kaum Häuser, aber einen kleinen Campingplatz und eine eigene Startbahn. Dort heben die kleinen Maschinen der Southern Alps Air ab, wenn sie zu ihren Touren starten. Die Viersitzer starten auf der Wiese neben der Straße, steigen hoch hinaus über den See und drehen bald nach rechts ab in den Mount Aspiring-Park.

Zum Programm gehört ein Rundflug über Gletscher und Mount Aspiring, der zum Schönsten gehören muss, was man in dieser „Kategorie Ausflüge" machen kann. Auch fliegerisch ist einiges geboten. Die Passagiere werden im Siberia Valley abgesetzt, und damit man dort landen kann, sind ein paar Steilkurven nötig, um an Höhe zu verlieren. Dummerweise befindet sich

Morgenstimmung. Tagesanbruch am Campingplatz vom Lake Hawea.

Sch(l)afwandeln. Blaue Stunde in der Nähe des Campingplatzes am Lake Hawea.

die – na ja, nennen wir es wirklich Landebahn – auf der einen Seite des Flusses, der Wanderpfad hinunter in die Zivilisation aber auf der anderen.

Natürlich kommt hier das Wasser aus irgendeinem Gletscher von weit oben. Aber es hilft alles nichts: Schuhe ausziehen und durchgehen auf den manchmal spitzen Steinen, dabei an etwas Schönes denken und sich schwören, so etwas nie wieder zu machen. Auf der anderen Seite angekommen, sind die Erfrierungen an den Füßen schnell vergessen. Was zählt ist der etwa drei Stunden lange Marsch durch den Park.

Gut, so ganz eng wollen wir es mit der Ruhe nicht sehen. Viel weiter unten kurz vor dem Lake Wanaka wartet ein Jet Boat und bringt die Gäste in rasanter Fahrt über den seichten Fluss zurück nach Makarora – nicht ohne ein paar spektakuläre 360 Grad-Turns, bei denen man den Fischen

Wildes Westland. Nahe Karamea, im Kahurangi National Park.

Flying Kiwi. Organisierte Bustouren führen durchs ganze Land. Am Lake Pukaki befindet sich einer der schönsten Campingplätze der Südinsel.

unter uns – so vorhanden – alles Gute wünschen möchte.

Der Ort Wanaka selbst ist das Versorgungszentrum für die Gegend und hat zwei schöne Campingplätze: einen direkt am Ortsrand, von dem aus man zu Fuß zum Abendessen ins Zentrum gehen kann, und einen anderen ein Stück außerhalb unmittelbar am See, ideal geeignet für Angler.

Von Wanaka aus führen zwei Straßen nach Queenstown: eine durch die Ebene und eine über die Berge. Wer schwindelfrei ist und den Bremsen seines Gefährts vertraut, sollte die Bergversion nehmen. Und sich auf dem Weg durch die Einsamkeit vorbereiten auf Queenstown und Adrenalinschübe am Bungee-Seil, am Fallschirm oder während eines Loopings in einem Doppeldecker.

Jens Flottau

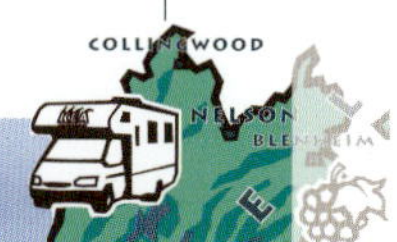

Selbstporträt. Der Fotograf beim Bungee Sprung von der Kawarau Bridge nahe Queenstown, wo dieses Freizeitvergnügen für Wagemutige auch erfunden wurde.

Queenstown
ABENTEUERSPIELPLATZ

Brotzeit. Queenstown ist auch das Tor zum Fiordland National Park – ein ideales Areal für mehrtägige Wandertouren. Übernachtet wird in einfachen, zweckmäßig eingerichteten Berghütten.

Immer auf dem Sprung: Queenstown ist eine harte Stadt. Hier treffen sich harte Männer und harte Frauen, die das Extreme lieben. Denn extrem ist fast alles hier in Queenstown – dem Mekka für Adrenalin-Junkies zwischen Endorphin-Rausch und freiem Fall.

Der da? Oder eher der da vorne? Zu dünn. Zu krumm. Aber der hier: der isses. Genau der. Vorsichtiger Blick nach hinten: Niemand zu sehen. Vorne auch nicht, da verschwindet der Routeburn Track im neuseeländischen Regenwald. Also los. Über Steine, Moos und nasse Wurzeln, so. O Gott, wenn das jemand mitbekommen würde ... Muss aber sein. Geht nicht mehr anders. Und jetzt: Ein Männlein steht im Walde – und drückt einen Baum. Drückt ihn, als wolle er ihn niemals wieder loslassen.

Haben Sie mal einen Baum umarmt? So einen zugemoosten, dicken, uralten Baum? Einen Baum in einem Wald, der aus einem Märchen stammen könnte, so dicht und dunkel und geheimnisvoll ist er? Müssen Sie mal machen. Ist ein tolles Gefühl. Ganz weich fühlt sich so ein Baum an; so weich, dass die Wange wie auf einem Kissen aus Samt liegt. Und wenn man das Ohr randrückt an den Baum: Nein, natürlich sagt er nichts. Aber irgendwie hat man nach ein, zwei Umarmungs-Minuten das Gefühl, als wolle er zumindest etwas sagen, der Baum. Als möchte er etwas erzählen, traue sich aber dann im letzten Moment doch nicht. Man hört bloß die anderen Geräusche des Waldes. Das Rauschen der Wasserfälle weiter unten. Den Regen, der aus den Kronen tropft. Die Farnwedel, die der Wind wie Fächer auf- und abbewegt. Und diesen kleinen Vogel. Scheint einem seit Tagen zu folgen, der Vogel.

Natürlich sollte man das mit dem Baum besser für sich behalten. Vor allem auf Neuseelands Südinsel, wo ja angeblich jeder nur hinfährt, damit sein Adrenalin den Salto Mortale schlagen kann. Das behaupten jedenfalls die Werbebroschüren. Wenn man denen glaubt, wird die komplette Insel ausschließlich von Bungee-Profis, Fallschirmspringern und Wahnsinnigen bevölkert, die sich in einer Rakete in die Luft katapultieren lassen, als hätten sie nächste Woche ein Vorstellungsgespräch bei der NASA. Ist aber nicht so. Wirklich nicht. Das Klischee von der „Hol dir den ultimativen Kick!"-Insel trifft eigentlich nur auf Queenstown zu, der selbsternannten „Adventure Capital of the World". Auf die aber dann richtig.

Queenstown ist eine harte Stadt: Hier werden Bäume nur umarmt, wenn man eine Sekunde zuvor beim Offroad-Inline-Skaten gegen sie geknallt ist. In Queenstown treffen sich harte Männer und harte Frauen, die das Extreme lieben. Denn extrem ist fast alles in Queenstown. Aufkleber an den Türen der kleinen Cafés verkünden Parolen wie „Lieber Sterben als koffeinfreien Kaffee!", und wer den koffeinhaltigen Kaffee probiert, kann auch gleich einen halben Liter Espresso aus der Milchkaffee-Schale trinken. In den Pubs dieses Mekkas für Adrenalin-Junkies donnert knallharter Techno: Stakkato-Rhythmen für TV-Skateboarder, die auf den Bildschirmen die Gesetze der Schwerkraft ignorieren, als sei Newton bei der Geburt auf den Kopf gefallen. Auf dem Tresen: Energy-Drinks. Vor den Drinks: Unverschämt lässige Snowboarder mit dunkelbraunem Gesicht. Und einem weißen Streifen dort, wo tagsüber die Skibrille sitzt, weshalb sie ein bißchen aussehen wie Waschbären. Die Waschbären reden über bruchsichere Helme und gummiwattierte Jacken und Hosen, nur für den Fall, dass man fällt oder abstürzt oder was weiß ich. Heute Nachmittag waren sie wahrscheinlich alle beim Bungee-Sprin-

Märchenwald. Im Fiordland National Park wachsen in den höheren Regionen Bartflechten und verschiedene Moosarten.

Im freien Fall. Am Bob's Peak oberhalb von Queenstown, steht auch eine Plattform für wagemutige Bungee-Jumper.

ledge

Wahrzeichen. Morgendämmerung am Milford Sound mit dem 1692 Meter hohen Mitre Peak, einer steil aufragenden Bergpyramide, deren Gestalt einer Bischofsmütze (Mitra) gleicht.

gen, auf der Kawarau Bridge. Das ist nicht nur Neuseelands bekanntestes Sprungbrett – hier wurde das Bungee-Springen einst erfunden. Von A.J. Hackett. Der hatte während eines Vanuatu-Urlaubs Einheimische beobachtet, die sich mit einem Seil an den Füßen von den Klippen hinunter Richtung Meer fallen ließen. Das hat er einfach nachgemacht. Und so ganz nebenbei einen der populärsten Exporte Neuseelands erfunden: Bungee-Springen kann man heute überall auf der Welt. Aber nirgendwo sonst ist es so spektakulär wie an seinem Ursprungsort: Man steht mit zitternden Knien (und Beinen und Armen und Händen, es zittert alles vor so einem Sprung...) und schaut hinab in diese gewaltige Schlucht. Und wenn man dann endlich loslässt, macht man das nur, weil hinter einem schon die nächsten warten und drängeln – nicht unbedingt, weil man jetzt wirklich will. Und dann fühlt man sich, als würde man soeben neu geboren – genau so. Das liegt an den Endorphinen, sagen die Bungee-Experten trocken. Aber was wissen die schon.

Es gibt aber auch eine Südinsel jenseits ihrer Endorphin-Hauptstadt. Und dort draußen gibt es auch genügend Leute, die lieber Vögel singen hören als Fly-by-Wire-Raketen dröhnen. Für die das Wort „Outdoors" zwar den Aufenthalt jenseits der Wohnungtüren bedeutet – nicht aber zwangsläufig den in einer luftkammergepolstertern Zorbing-Kugel, die über Bergwiesen gen Tal hüpft, wobei man sich drinnen wahrscheinlich fühlt wie Wäsche im Schleudergang. Dort gibt es Leute, die der ganzen Extremsport-Industrie den Teufel an den Hals wünschen. Leute, die womöglich heimlich Bäume umarmen. Wenn niemand zusieht.

Barry zum Beispiel: Barry würde man das zutrauen. Barry ist eigentlich Schafszüchter, so wie vor ein paar Jahren noch jeder hier. „Aber jetzt vermieten die alle Paraglider und Snowboards": Bei solchen Sätzen runzelt er die Stirn. Weil er ein paar Dollar dazu verdienen möchte, fährt er manchmal mit Touristen raus ins Shotover Valley. Das Tal liegt ein paar Kilometer von Queenstown entfernt und war einmal eine Goldgrube: Hier schürften Ende des 19. Jahrhunderts Glücksritter nach dem Edelmetall. Das Wegesystem aus dieser Ära existiert noch und ist in jenem Zustand, den ein

Land Rover gerade so bewältigen kann. Die goldenen Zeiten allerdings sind vorbei. Obwohl: Den Brauch, erst dann zu heiraten, wenn man genügend Gold für den Ehering aus den Bergen herausgeholt hat, den gibt es noch immer im Skipper's Canyon. Weswegen die Jungs statt mit dem Fußball mit der Goldpfanne spielen gehen. Und mit 14 meistens über ein Pfund zusammen haben.

Barry ist kein Mann der vielen Worte. Wahrscheinlich liegt das an seinen Schafen, mit denen er zwar reden kann, aber keine Antwort bekommt. Seine Hinweise beschränken sich auf die Benennung der Kurven und Abgründe. Hell's Gate, sagt Barry und nickt mit dem Kopf in Richtung eines engen Tunnels. Und da vorne, die Haarnadelkurve: Devil's Elbow. Hinter einer verfallenen Goldgräberstadt halten wir auf einer wackligen Brücke, die Erinnerungen an gewisse Szenen aus „Indiana Jones" heraufbeschwört. Rechts und links türmen sich Schiefer- und Granitgebirge auf, an manchen Stellen sind die Lagen abgerutscht wie ein Stapel Spielkarten beim Mischen. Es ist still, unglaublich still, und man fragt sich, wie die Goldgräber in diesem gottverlassenen Tal überlebt haben, ohne verrückt zu werden. Wir gehen ein paar Schritte, wobei die Brücke unter unseren Füssen komisch vibriert. Dann grollt es, zuerst leise, dann lauter, und als es ohrenbetäubend von den Wänden des Schiefer-Canyons widerhallt, rast unter uns ein mit helmtragenden Touristen bestücktes Schnellboot über den Fluss. Wir schauen Barry an. Barry schaut uns an. „The Great Outdoors", meint er dann und zuckt mit den Schultern.

Leute wie Barry haben vor kurzem einen mächtigen Verbündeten bekommen. In Gegenden wie dieser wurde „Der Herr der Ringe" gedreht, und seit sich auf den Kinoleinwänden der Welt Hobbits und Orks um besagten Ring prügeln, ist in Neuseeland kaum noch etwas, wie es einmal war. Die dreiteilige Verfilmung von Tolkiens Fantasy-Opus hat trotz allen Schlachtenlärms die stillen Seiten der Inseln wieder populär gemacht. Und zwar derart vehement, dass sich sogar die Regierung entschlossen hat, Millionen Dollar in die Werbung für das andere, das ursprüngliche Neuseeland zu investieren. Schon vor dem Kinostart des ersten Trilogie-Teils gab es Agenturen, die

Wildwuchs.
Haben Sie schon mal einen Baum umarmt? Unberührte Natur und Wanderfreuden im Fiordland National Park, dem größten neuseeländischen Nationalpark.

Rafting. Am Shotover River nahe Queenstown stürzen sich die Whitewater Rafter zwischen schroffen Felsen den Fluss hinab.

Tolkien-Fans auf eine Reise zu den Drehorten mitnahmen. Plötzlich wanderten Trekkinggruppen zum Lake Wakatipu und in den Wiesen rund um Twizel, wo lange Passagen des Films gedreht wurden: Gegenden, deren spektakuläre Schönheit bislang nur von Insidern genossen wurde. Regisseur Jackson hatte immer wieder betont, er wolle seinen Film in Landschaften spielen lassen, die es anderswo auf der Welt nicht mehr gibt. Diesen Satz könnte die Touristikwerbung so übernehmen, wie er ist: Damit ist alles gesagt.

Hier kann man auch schon am ersten Reisetag nachvollziehen, warum sich die Zelluloid-Zauberlehrlinge ausgerechnet diese Weltengegend ausgesucht haben: Hier gibt es Gegenden wie herausgezoomt aus einem Fantasy-Roman. Landschaften, die so unwirklich hinter einer Kurve auftauchen, als habe sie jemand an den Horizont gepinselt. Ecken wie Kulissen aus einem – ja, doch: Märchenfilm. Die Region auf der Fahrt von Queenstown hinüber an den Milford Sound im Fiordland Nationalpark zum Beispiel: Eine verwunschene Welt im Morgendämmer, Nebelschwaden zwischen den Baumgruppen, Wolkenfetzen um die Gipfelgletscher, die Wiesen bedeckt von gleichmäßigen Raureif (und dunklen Tupfern überall dort, wo gerade noch ein Schaf geträumt hat). Am Ende der Straße liegt der Milford Sound. Mit seinen Cabbage Trees am Ufer und den Schneekoppen-Gipfeln dahinter sieht er derart surreal aus, dass man nur noch auf die Hobbits und den Zauberer Gandalf wartet.

Stattdessen schleppt Rocco Kajaks heran. Und Mützen. Und Neoprenanzüge. Und wasserdichte Fäustlinge. Der Milford Sound zählt zu den imposantesten Kajakrevieren der südlichen Halbkugel, allerdings um diese Jahreszeit auch zu den kältesten: Wenn man die Hand ins Wasser taucht, hat man den Eindruck, sie müsse vorher eine dünne Schicht durchbrechen. Rocco ist Profi, das sieht man; er hat nur Shorts und T-Shirt an, der Wahnsinnige. Wahrscheinlich paddelt er deswegen so schnell. Wahrscheinlich sind wir deswegen schon nach einer halben Stunde so weit draußen, dass nichts mehr daran erinnert, dass wir uns im 21. Jahrhundert befinden. Bloß die spielenden Seehunde um uns herum sind Beweis dafür, dass wir nicht geradewegs zurück in Pleistozän gepaddelt sind. Sonst würden jetzt nämlich eher See-Saurier ihre garstigen Häupter aus dem Wasser heben.

So ein Fjord von der Wasseroberfläche aus gesehen ist ein ziemliches Schauspiel. Die Wände türmen sich senkrecht aus dem Wasser, und wenn man an ihnen hinaufschaut, hat man den Eindruck, sie würden ganz am Ende leicht nach vorne kippen.

Rocco schaut auch nach oben: „Looks like rain" murmelt er. Aha, das hört man gerne in einem Kajak draußen in einem Fjord. Aber bei den Temperaturen schneit's wahrscheinlich eher.

Dazu muß man wissen, dass es nirgendwo auf der Welt häufiger regnet als im Fiordland Nationalpark. Und zwar an vier von fünf Tagen, sommers wie winters und zwischendrin sowieso. Im Fiordland schüttet es derart oft und gewaltig, dass die Bäche nicht mehr benannt, sondern einfach durchnummeriert werden.

Jetboat.
Die in Neuseeland erfundenen Boote lassen sich millimetergenau steuern.

Am Nachmittag regnet es noch immer nicht. Und in der Nähe liegt der Doubtful Sound. Der hat seinen Namen von Captain Cook, der bei seiner neuseeländischen Entdeckungsfahrt bezweifelte, dass seine „Endevaour" in diesem schmalen Meeresarm wenden könne. Cook zügelte seinen Forscherdrang, segelte weiter – und verpasste eine der malerischsten Gegenden der Südinsel.

Vor allem aber verpasste er die Delfine, deren Nachfahren gerade auf unser Ausflugsboot zuschwimmen: zehn, zwanzig, dreißig Stück. Der Kapitän grinst. Dann gibt er ein bißchen Gas und wirbelt das Wasser zu Wellen auf, und die Delfine springen wie früher Flipper im Fernsehen. Als ob das noch nicht kitschig genug wäre, taucht die Sonne jetzt hinter einer Wolke ab, und das Licht über dem Fjord schimmert beinahe purpurn.

Über Wolken müssen wir sowieso noch reden, das wird langsam Zeit. Über Wolken in Aotearoa, dem „Land der langen weißen Wolke", wie die Maori Neuseeland nennen. Über Wolken wie Blumenkränze, die jemand rund um die Berggipfel gelegt hat. Wolken wie kleine Topfer aus Schafswolle. Über Wolken wie Schraffierungen am Himmel; persilweiß, dann karmesin und am Abend alles in lachsrosa. Über Wolkenfamilien und Wolken-Pärchen. Und über alleinstehende Single-Wolken wie die gestern: schob sich morgens wie ein Stab aus Zuckerwatte auf halbe Berghöhe ins Tal, verharrte über Queenstown und blieb den ganzen Tag dort hängen. Die Queenstowner beobachteten sie misstrauisch. Als hätten sie so eine Wolke noch nicht gesehen. Vielleicht haben sie aber auch nur überlegt, für welche Extrem-Sportart sie die Wolke nutzen könnten.

Dummerweise hat sich diese Stab-Wolke über Nacht aufgebläht: Heute ist sie so groß, dass sie nicht mehr in den Himmel zu passen scheint, der schon völlig zugewolkt ist – weshalb die Wolke jetzt nach unten wuchert; hinein in die Täler links und rechts, in die Bäume und blöderweise auch noch auf den Routeburn Track. Der Sergeant pfeift trotzdem. Hüpft behende über Stock und Stein und redet dabei ununterbrochen in improvisierten Reimen, die von Sonnenaufgängen im Tal, frischem Grün und acht dänischen Studentinnen handeln, die wir auf der nächsten Hütte treffen sollen.

Der Sergeant heißt eigentlich Spoon MacLeod und ist unser Guide. Heute morgen um sechs ist er in unserem Zimmer aufgetaucht und hat mit der gestrengen Miene eines Ausbildungsoffiziers von den Marines jeden Gegenstand inspiziert, den wir mitnehmen wollten. Eigentlich. Nachdem er etwa die Hälfte unserer Ausrüstung für überflüssig, überluxuriös oder schlicht und einfach unbrauchbar erklärte, stopfte er uns in Fleece-Pullies und Daunenjacken, in denen wir aussehen wie die Teletubbies (wer die nicht kennt, mag sich an dieser Stelle an das Männchen aus der Michelin-Reifenwerbung erinnern: genau so). Im Bus zum Startpunkt des Tracks sind wir fast erstickt. Jetzt sind wir sieben Grad Körpertemperatur weiter. Mindestens.

Vor allem, weil es gerade bergauf geht. Bis heute morgen hat sich der Routeburn Track von seiner bequemen Seite ge-

Naturwunder Neuseeland. Wo die Maori einst Grünstein suchten, befindet sich noch immer das schönste Ende der Welt: am Milford Sound.

The Great Outdoors. Der Fiordland National Park ist nicht nur ein beeindruckendes Naturparadies in unmittelbarer Nähe von Queenstown, sondern auch eine ideale Herausforderung für alle Outdoorbegeisterten.

zeigt. Er führte durch Wälder, entlang eines Flüsschens, und gegen Abend öffnete sich das schmale Tal zu einer Ebene, die aussah, als habe man die Yellowstone-Plains nach Jurassic Park verlegt – mit den Alpen im Hintergrund. Heute aber geht es ziemlich steil bergauf. Entlang eines Grates, so schmal, dass man den Wolken vorübergehend dankbar ist, weil sie den Blick in den Hades zehn Zentimeter neben dem rechten Fuß verschleiern. Sie würden es auch verdecken, wenn man diese ganzen verdammten Jacken und Pullis jetzt gleich kurzerhand ... Der Sergeant ruft. Der Sergeant hat die Hütte im Nebel entdeckt.

Und der Sergeant hat recht behalten: Drinnen ist es kalt. Bitterkalt. Obwohl die Verwaltung der MackKenzie Hut stolze 35 Dollar von jedem Wanderer kassiert, gibt es keinen Strom und damit keine Heizung. Stattdessen soll es Brennholz geben, stimmt, dahinten in der Ecke, ist auch gar nicht feucht – ist klatschnass. Es dauert zwei geschlagene Stunden, bis der Ofen brennt und die Temperatur langsam über die 5-Grad-Marke klettert. Bis es soweit ist, hüpfen die Teletubbies wie Gummikugeln auf und ab.

Trost spendet der Blick in das Gästebuch. In der Spalte „Meine Hauptbeschäftigung in der Hütte" stehen Eintragungen wie „Hab versucht, nicht zu erfrieren", „Ich wünschte, es wäre was zum Saufen dagewesen", „Brennholzpusten" und „Schwimmen". Kritische Blicke hinauf zum Dach: sieht ok aus. Wird auch langsam warm. Und das Abendessen ist ebenfalls fertig. Des Sergeants Löffel verharrt auf dem Weg zum Mund. Er höre Stimmen, sagt er. Quatsch, sagen seine Teletubbies, ist doch längst dunkel, jetzt kommt doch niemand mehr.

Drei Minuten später stürmen 27 Teenager unser trautes Heim: das „Mount Aspiring College", Grundkurs Outdoors. Man könnte auch sagen: Statt der erhofften acht dänischen Studentinnen kommt das absolute Chaos. Das Chaos schreit, lacht und leert Rucksäcke voller Metall-Campinggeschirr über dem Steinboden aus. Das Chaos kocht mit viel Knoblauch und Zwiebeln. Dass es sich nach dem Essen in den einzigen Schlafraum, ein Matrazenlager im Giebel der Hütte zurückzieht, ist ein mieser Trick: Das machen die 27 nur, weil

es dort oben wärmer ist. Und damit es noch wärmer wird, hüpfen sie anschließend in kompletter Klassenstärke in ihren Schlafsäcken hin und her. Es dauert Stunden, bis sie alle ihren Platz gefunden haben. Dann wird geflüstert und gekichert und was man in dem Alter sonst so macht, und wer tatsächlich schläft, schnarcht oder redet im Traum.

Gegen fünf will ich nicht länger von einer wildfremden Person mit dem Ellenbogen in die Seite gestoßen werden. Wütend stapfe ich über den Dachboden, der aussieht wie Wallensteins Heerlager im Morgengrauen. Unten in der Küche stolpere ich am Ende dann doch noch, über drei Hindernisse am Boden. Die Lehrer. Die wussten schon, weshalb sie lieber hier geschlafen haben.

Nach zwanzig Minuten auf dem Track: alles vergeben und vergessen. Wie sowieso dieses Land irgendwie die Fähigkeit besitzt, Unwichtiges aus der Erinnerung zu löschen. Als wolle es demonstrieren, dass ein moosgrüner Tunnel in unwirklichem Waldlicht, ein plötzlicher Blick auf blaues Gletschereis oder dieser kleine Vogel, der bei jeder Pause um einen herumhüpft – dass das alles wichtiger ist als eine schlaflose Nacht. Es sind diese Momente, in denen Neuseelands Südinsel am schönsten ist. In denen man Szenerien und Augenblicke im Gedächtnis abspeichert, von denen man weiß, dass sie immer und ewig da drin bleiben werden.

Morgens in der Zeitung: Pläne für ein neues Resort in Queenstown, mit angeschlossenem Skilift – irgendein Farmer hat nach langem Hin und Her sein Land verkauft. Man kann sich Barry vorstellen, wie er die Meldung seinen Schafen vorliest. Wie er sich ärgert über all die, die Queenstown in einen Abenteuerspielplatz umbauen. Wie er die Stirn runzelt bei der Vorstellung, dass bald wieder mehr Leute auf diversen Untersätzen Richtung Tal fahren und springen werden. Und wie er dann daran denkt, dass dann wieder ein paar weniger hier draußen in der Natur sein werden. Dass dann wieder ein bisschen mehr Platz und Ruhe für Wanderer und Kajakfahrer sein wird. Und für Leute, die einmal im Leben so einen richtigen Märchenwald-Baum umarmen wollen. Es darf nur niemand dabei zusehen.

Stefan Nink

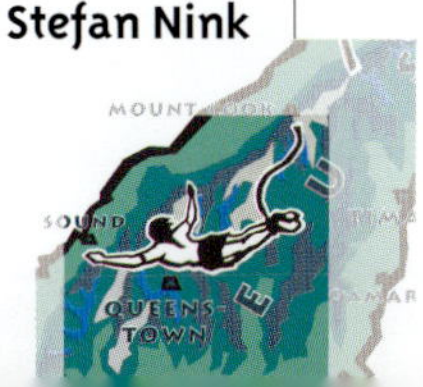

Beschaulich. Von der Brandung der Tasman See auf den Strand von Okarito geworfenes Treibholz.

Westland

LAUFEN, KLETTERN, FLIEGEN

Goldgräber. Norrie Groves in seinem trauten Heim.

Wusste ich gar nicht, dat se den nach dem österreichischen Kaiser benannt haben", sagte mir der Boutiquenbesitzer aus Düsseldorf. „Ich dachte, der heißt so wegen dem Franz Josef Strauß."

„Wieso das denn?" fragte ich verwundert. Ausgerechnet hier, im fernen Neuseeland?

„Na, der hat doch immer so Dinger gedreht. Ich hab mir halt vorgestellt, der hat denen zehn Millionen Mark zukommen lassen. Irgendso'n Deal, ne? Damit sie nachher den Gletscher nach ihm benennen." Er schlug seinem Frühstücksei den Löffel auf den Kopf und blickte aus dem Fenster. Draußen regnete es in lichtem Grün. Regenwald – folglich immer feucht. Farnbäume standen eng aneinander gedrängt, so hoch wie Palmen. Im Hintergrund die Berge, ihre Gipfel von einem weißen Morgenmantel verhüllt.

Vielleicht hatte er ja recht? Die Option FJS schien mir auf einmal durchaus realistisch. War es nicht viel absurder, dass jemand in dieser abgelegenen Ecke im Süden Neuseelands einen Gletscher zu Ehren des einstigen „Sisi"-Gemahls benannt haben sollte, jenes Monarchen mit dem mächtigen Backenbart? Ich ließ den Mann mit der Lederjacke seinen Kaffee trinken und ging auf die Suche nach meinem Kollegen mit der Kamera. Es gab da nämlich noch einen zweiten Grund, weshalb der Franz Josef ein Unikum unter den Gletschern darbot. Ich hatte gehört, dass keine 200 Meter von ihm entfernt bereits Palmen wüchsen. Nach diesen Palmen fahndeten wir nun schon seit mehreren Tagen, um sie für einen Fototermin mit dem Eisriesen zusammenzuführen – Fotos sind schließlich immer noch die besten Fakten.

Bloß: Das Gebiet, in dem wir uns befanden, war ungefähr so groß wie der Schwarzwald und hieß Westland Nationalpark. Eine einzige geteerte Straße, der Glacier Highway, schlängelte sich wie ein langes Band an der Küste entlang. Wann immer wir woanders hin wollten, mussten wir laufen, klettern oder – fliegen. (Im Hubschrauber.)

Wir stiegen also wieder in unseren Mietwagen und ließen Alfred Brendel in die Tasten greifen. Zum Beethoven in Stereo gab's rasante Kulissenwechsel im Zehn-Minuten-Takt: Küste, Urwald, Berge, Flüsse. Nur die schrägen Telegrafenmasten am Straßenrand blieben die ganze Zeit über unverändert gleich – und die überfahrenen Possums auf dem Asphalt.

Lagerfeuer. Gummistiefel-Idyll im Historic Empire des Hotel Ross.

Der Westland Nationalpark ist ungefähr so groß wie der Schwarzwald. Eine einzige geteerte Straße schlängelt sich wie ein langes Band die Küste entlang. Wann immer wir woanders hin wollen, müssen wir laufen, klettern oder – fliegen.

Das Possum – nicht zu verwechseln mit dem südamerikanischen Opossum – war ein putziger, etwa katzengroßer Beeren- und Blätterfresser. Seine Vorfahren hatte man im Jahr 1858 von Australien herübergebracht, aber sie erwiesen sich als kratzbürstige Hausfreunde und waren deshalb in die Freiheit entlassen worden. Jahrzehntelang lebten Trapper davon, die Tiere im neuseeländischen Urwald einzufangen und die Felle für gutes Geld in die USA zu verkaufen. Sie wurden verwendet für die Herstellung von Pelzkleidung, Innenfutter, Filzhüten und flauschigen Spielsachen. Dann machte der Synthetikmarkt der Possumjagd den Garaus.

Weil ihnen niemand mehr nachstellte, konnten sich die Tiere zu einer veritablen Landplage vermehren. Ihre Zahl erreichte 70, 80, dann 100 Millionen. Hunderte von Baumgerippen, die wie knochige Riesenhände grau aus den grünen Wäldern herausragten, legten Zeugnis ab von ihrem Unwesen. Man konnte sich vorstellen, wie es im Dunkeln auf dem Highway wimmeln musste, wenn bei dem geringen Verkehr, der hier herrschte, pro Kilometer mindestens einer dieser Fellträger überfahren wurde. Der Roadkill der vorausgegangenen Nacht wurde dann im Lauf des Tages jeweils von den ebenfalls recht zahlreichen Harrier-Falken weggepickt. Die Australier blieben unter sich, denn auch der Harrier war ein Import vom Nachbarkontinent. Allerdings ein Selbstimport – die Vögel waren aus eigenen Stücken nach Neuseeland gekommen. Irgendwie mussten sie von der reichen Beute Wind bekommen haben.

Ansonsten war der Park nicht übermäßig dicht bevölkert. Ansiedlungen, die man auf den ersten Blick kaum als Ortschaften erkannt hätte, versuchten ihren Mangel an Masse durch Propaganda wettzumachen. Wie der nächste Ort hieß, war unschwer zu erraten: „Fox Glacier Motors", „Fox Glacier General Store", „Fox Glacier Walks", „Fox Glacier Helicopter Services", verkündeten großformatige Schilder.

„Fox" war Franz Josefs eisiger Bruder, nur wenige Kilometer von dem Gletscher-Promi entfernt. Obwohl er der größere Bruder war, wurde Fox hierzulande vergleichsweise stiefmütterlich behandelt. Erst sehr viel später erfuhr ich, wer für seinen Namen Pate gestanden hatte: Sir William Fox war als neuseeländischer Premierminister ein Zeitgenosse des Habsburgers, mit nicht minder eindrucksvollem Bartwuchs. Ob sich die beiden allerdings zu Lebzeiten jemals begegnet waren, konnte mir auf meine Nachfrage niemand sagen.

Wir parkten auf dem fußballfeldgroßen Karree vor dem Fox Glacier Hotel. Die Luft war schwach parfümiert mit Hubschraubertreibstoff, denn in der Ortschaft „Fox" blühte ein reger Handel mit Heli-Flügen auf die Gletscherspitze. Auf dem Parkplatz standen etliche Allrad-Fahrzeuge und zwei Autobus-Oldtimer herum. Auf der anderen Straßenseite wurden Meals und Takeaways angeboten. Daneben kündeten langgestreckte Buchstaben von Pizza oder Snow Landings (noch ein Heli-Service) und von der Kombination aus beidem: Blue Ice Pizza. „Pizza" signalisierte offenbar modernstes kulinarisches Raffinement.

Im Hotelzimmer gab es zum Sitzen das Bett und daneben einen Stuhl – einen einzigen, niedrigen. Schreibtische wurden hier anscheinend von niemandem benötigt. Der Flimmerkasten war hoch an der Wand schräg gegenüber vom Bett montiert – was für Leute ideal sein mochte, die bereits an einem Kurs für altägyptische Tempeltänze teilgenommen hatten und sich den permanenten Knick im Genick nicht erst zu holen brauchten.

Trotzdem hatte das Hotel so etwas wie einen abenteuerlichen Charme, mit Hirschgeweihen und großen offenen Kaminen in den Salons. Wir empfanden es durchaus als erste Adresse am Ort. Es war im Jahr 1928 von Mick Sullivan, dem Großvater des heutigen Besitzers, James Sullivan, erbaut worden, in netter Lage, eingefasst von Mag-

Panorama. Im Westland National Park spiegeln sich der Mount Tasman (links) und der Mount Cook im Wasser des Lake Matheson.

nolien, Rhododendren, Kamelien; wenn auch, wie sich herausstellen sollte, nachts etwas lärmig. Die Küche bot reichhaltig Fleischhaltiges, doch die eigentliche Überraschung entdeckten wir im Pub, der dem Hotel angegliedert war. Schon für einen Zehner gab es da den überbordendsten Teller Steak mit Pommes und Salat, den man sich nur wünschen konnte, dazu einen bis zum Rand gefüllten Krug Bier. Die Billardtische kamen im Doppelpack, und die Stimmung konnte gar nicht besser sein. Die Bedienung war auch durchweg liebenswürdig, besonders die rothaarige Chandra, die aussah wie eine Neuauflage des amerikanischen Kinderstars Hayley Mills. Kein Wunder, dass die Einheimischen dem Fox Pub auf ihrer Westküsten-Rangliste die Nummer eins verliehen hatten.

Im Pub traf sich die Bevölkerung aus weitem Umkreis zur allnächtlichen Party. So begegneten wir dort auch einem sonnengeröteten Siggi. Kein Sigmund aus Wien, wie man ihn in der Nähe eines Franz Josef hätte erwarten können, sondern ein Siegfried aus Würzburg, der seit Jahren seine Urlaubswochen in den hiesigen Bergen verbrachte. Das könne man nur jedem stressgeplagten Manager empfehlen, vertraute uns der 43jährige Gastwirt aus dem Frankenlande an: „Eine Flasche Whisky in den Rucksack und dann rein in den Hubschrauber und rauf in den Berg." Selbst ohne Flinte wäre das ein Vergnügen. „Man muss ja nicht unbedingt was schießen. Das Schießen", erläuterte er, „hat etwas, was nicht jeder versteht. Es sind unheimlich viele negativ eingestellt zum Schießen." Aber wem's Spaß mache, der dürfe hier nach Herzenslust auf shammies (Gemsen) und Hirsche Jagd machen. Die Tiere gälten als Landplage, und eine Schusserlaubnis, die in Europa Tausende kostete, gäbe es hier ganz umsonst.

Das Bier ging zur Neige; ich holte uns vorsorglich einen weiteren Krug. Als ich zum Tisch zurückkehrte, hatte sich Morris, einer der Hubschrauberpiloten, zu uns gesetzt. Wir wollten am nächsten Tag mit ihm auf den Gletscher fliegen. Gerade erzählte er von einem hiesigen Gipfel, den sein Vater als erster bestiegen hätte. „Jedes Mal, wenn ich diesen Berg aus meinem Helikopter sehe, freue ich mich. Man hat hier an der Westküste eben seine ganz persönliche Geschichte. „Und das ist einer der Gründe, verstehst du", wandte er sich an Siggi, „warum du uns als zahlender Gast immer willkommen bist, aber nie einer der unseren werden kannst." Der Angesprochene nickte in sein Bier. Es war ein eigenwilliges Völkchen, das hier hauste. Alter Adel aus Goldgräberzeiten, ein Stück umgetopftes Irland. Auch Morris gehörte natürlich zum Clan der Sullivans ...

Nach kaum einer Mütze voll Schlaf schlichen wir uns wenige Stunden später, noch bei Dunkelheit, wieder aus dem Hotel. Es war indessen nicht ein Anfall von Zechprellerei, der uns um diese unchristliche Zeit mobil machte, sondern das Jagdfieber. Denn wer seine Schüsse eher mit der Kamera

Fokussiert. Die Autorin Keri Hulme wohnt in Okarito (Mitte). Unten: Touristengruppe aus Singapur am Fox Glacier.

liebte, fand nur wenige Kilometer entfernt den Lake Matheson, einen ehemaligen Gletscher, der sich zu einer Alpin-Pfütze aufgelöst hatte und damit zum meistabgelichteten Foto-Objekt des Parks mutierte. In diesem See spiegeln sich – besonders reizvoll kurz vor Sonnenaufgang – die beiden höchsten Bergspitzen Neuseelands, der Mount Cook und der Mount Tasman.

Aus der sicheren Entfernung des Lake Matheson hätte man den Anblick dieser Bergspitzen noch nicht einmal durch massive Trockeneis-Schwaden verkitschen können. Man spürt kaum einen Hauch, nicht die Spur eines digitalisierten Zitterns auf dem Wasser. Das Wort „spiegelglatt" war hier wirklich hundertprozentig angebracht. Die Frösche quakten dazu, und das Vogelgezwitscher ertönte wie ein Konzert aus ungezählten Kurzwellensendern oder wie Orgelpfeifen auf dem Jahrmarkt. In der Ferne lieferten Kühe die tiefen Bassnoten dazu. Die ganze Wasserfläche des Sees funktionierte wie ein resonantes Klangbecken und so konnte die Symphonie natürlich, wie nicht anders zu erwarten, nur mit einem Paukenschlag enden. Nämlich als ich niesen musste: mit dem lautesten Nies-Echo der Weltgeschichte.

Unweit von dieser Szenerie kamen wir auf dem Rückweg am Gillespie's Beach vorbei und stießen dort auf die Gebrüder Shaw, zwei stocktaube Goldgräber, die in einer Art glorifizierter Obdachlosensiedlung hausten. Gleichwohl sollen die beiden, lokalen Gerüchten zufolge, im Lauf ihres Lebens Millionen auf die Bank geschleppt haben. Mittlerweile waren sie um die 80 und lebten im Ruhestand. Als wir vorbeikamen, waren sie eben im Begriff, die Asche etlicher verbrannter Possums rund um ihre sorgsam gehegten Gemüsegärten zu verstreuen. Ein alchemistisches Geheimrezept gegen die lästigen vegetarischen Vielfraße, das die beiden Golden Boys im „Weekly Gardener", dem Fachblatt für Heimgärtner, entdeckt hatten.

Die Chancen, hier noch echte Nuggets zu entdecken waren übrigens früher schon gering gewesen. Stattdessen fand man flour gold, Goldstaub. Aber den dafür reichlich.

Im letzten Jahrhundert war die gesamte Westküste nur so gebeutelt vom Goldfieber. Das Städtchen Reefton besaß sogar schon im Jahr 1888 als erste Metropole des Landes eine eigene elektrische Straßenbeleuchtung, während Jack the Ripper in London noch bei schummrigem Gaslicht sein Unwesen trieb.

Jedoch: Das war einmal. Einer der letzten hatters, der heute noch aktiv nach Gold schürft, ist Norrie Groves. Seinen Geburtstag, den 18. April, teilt er mit einem von uns. Aber nicht das Geburtsjahr, 1924. Er hat sich einen Zementmixer zu einer Goldwaschanlage umgebaut, durch die er täglich tonnenweise schwarzen Sand und Wasser hindurchfließen ließ. Das schwerste Metall blieb unten in einer Wanne liegen: ein Hauch von „Farbe" – und Blei – aus alten Autobatterien.

„Kommerziell lohnt sich die Goldsuche hier nicht mehr", gestand uns Norrie. „Man verdient trotzdem ein bisschen was damit. Nicht viel." Auch die Weiterverarbeitung geschah noch wie anno dazumal. Der Goldstaub wurde zunächst mit Quecksilber in Form eines kleinen Barrens gebunden. Nachher ließ man das Quecksilber wieder verdampfen, bis nur noch das Edelmetall übrig blieb. Die hochgiftigen Dämpfe hatten vielen Goldsuchern das Leben gekostet. Ein kleiner Friedhof lag versteckt im Ginster, fast genau gegenüber von Norries Waschanlage. Vor allem jüngere Männer lagen dort begraben, Schotten und Iren.

„Man muss halt aufpassen", meinte Norrie lakonisch. Auch sonst gab er sich eher philosophisch: Das Ende der Welt, hatte er irgendwo gelesen, würde erst am 14. Juni 2126, und zwar durch Meteoreinschlag erfolgen. Zeit genug also, noch in aller Ruhe gemeinsam eine Tasse Tee mit Shrewsbury-Keksen zu uns zu nehmen.

Wir folgten seinem alten Kingswood-Pritschenwagen zu einer paradiesischen Robinson-Hütte – wie aus dem Bilderbuch. Der elektrische Teekessel pfiff, mangels Stromanschluss, auf dem Gasherd. Norrie kam ins Erzählen, berichtete von seiner Weltreise, erzählte, wie er mit der Mama in einem Innsbrucker Beisl in eine Gesangsvereinsprobe stolperte. „In dem Pub ging's zu – genau wie hier bei uns", schwärmte er.

Beim Stichwort „Innsbruck" fiel uns ein, dass wir ja noch mit dem Hubschrauber auf den Gletscher hinauf wollten, und so verabschiedeten wir uns bald mit einem Servus. Als wir am Hangar ankamen, waren die beiden Piloten jedoch in aller Eile dabei, die Räder von den Kufen ihrer Flugmaschinen abzumontieren und die Ein-

Flüssiges Gold. Mit einer umgebauten alten Zementmaschine wird der Goldstaub gefiltert. Und abends gehts dann in den Pub.

füllstutzen in die Tanks zu knallen. In der Nähe von Haast sollte ein Brand im Gestrüpp ausgebrochen sein. „Tut uns leid, Jungs, aber wir müssen los. Das hat Vorrang", sagte Morris. Der andere Pilot, Mike, war schon gestartet. Der Wind fauchte in den Schuppen, und die fliegende Feuerwehr bretterte davon. Im Hintergrund, unbewegt und malerisch wie immer: die Berge.

Also machten wir uns zu Fuß auf den Weg zum Fox. Die Palmen glänzten auch hier durch Abwesenheit. Dafür leuchtete es den ganzen Weg entlang unmittelbar vor uns dotterblumengelb, denn wir trotteten einer Gruppe aus Singapur hinterher, Ärzte, Pharmazeuten, Krankenschwestern; alle im Ostfriesennerz. Und sie alle litten fürchterlich unter den gemieteten klobigen Kletterschuhen. „In Singapur machen wir so was nie. Wir sind eben völlig verweichlicht."

A propos verweichlicht. Nur eine kurze Wegstrecke entfernt, aber mitten im Dschungel gelegen, befand sich das für hiesige Verhältnisse wahrhaft luxuriöse Westland Motor Inn, in dessen No Smoking-Restaurant wir uns als nächstes erholten. Hier waren nicht allein die Speisen ausgezeichnet, sondern auch die Weinsorten: etwa der trockene Rhine Riesling von dem Weingut Seifried in Upper Moutere bei Nelson. Ideal zu Fisch & Meeresfrüchten und zu Wildbrett erwies sich auch der Cabernet Sauvignon aus der Hawkes Bay. Der Himmel auf Erden erstand uns dann zum Nachtisch mit der unschlagbaren neuseeländischen Vierer-Kombination: Pavlova, Trifle, Fruitsalad und Cream.

Das Gefühl, in eine andere Welt geraten zu sein, wurde am nächsten Tag noch verstärkt durch ein Flugerlebnis. Denn bevor wir zum „Franz" hinüberfuhren, absolvierten wir, eher nebenbei, noch schnell unseren Helikopter-Trip zum „Fox" – zwecks leichterer Kameraarbeit mit abmontierten Türen. Nach zehn Minuten hatten wir die sommerlichen Gefilde verlassen und stapften durch eine weiße Polarlandschaft, wobei wir bei jedem Schritt bis übers Knie im pulverigen Schnee versanken. Das Licht glitzerte so grell, dass man eigentlich Sonnenbrille und UV-Schutzcreme benötigt hätte. Mehr als 100 Meter Schnee fielen hier pro Jahr. Die Gipfel in unserem Rücken schwiegen kalt, weiß, und vage bedrohlich. Eine halbe Stunde später standen wir dann schon wieder auf der grünen Wiese wie zu-

Southern Alps. „Aotearoa", „Land der langen weißen Wolke"nennen die Maori ihre Heimat.

Okarito. Vom verblichenen Charme einer kleinen, in den 1960er-Jahren angelegten Goldgräber-Siedlung.

vor, umweht von lauer Luft. Ein wundersames Erlebnis.

Selbst die Größenverhältnisse waren nicht mehr klar überschaubar gewesen. Makro und Mikro gingen bruchlos ineinander über. Der Urwald an den Gebirgshängen sah aus wie Moos oder Gebüsch. Ich hatte den Schatten des Hubschraubers zwischen vier Telegrafenmasten gestoppt und eine Geschwindigkeit von 160 Stundenkilometern ermittelt. Es kam mir vor wie 20. Meine Verwirrung hielt an, bis wir zum zweiten Mal durch die kleine Ortschaft Franz Josef fuhren. Dass wir hier schon einmal gewesen waren, bemerkte ich erst, als ich das Computerspiel in dem philippinischen Takeaway—Restaurant bewusst registrierte. Das kam mir dann doch irgendwie bekannt vor.

Es begann zu regnen, und während wir mit unseren Hamburgern draußen unter einem Vordach saßen, entstieg der rote Siggi einem Offroader, der ihn bis hierher mitgenommen hatte. Sein Jagdurlaub neigte sich dem Ende zu, es zog ihn heimwärts. Auf der anderen Straßenseite parkte eine einheimische Kereru-Taube im Geäst eines Baums – dick, behaglich, fast so groß wie ein Huhn. Gerade ihr phlegmatisches Temperament machte sie früher zu einer beliebten Jagdbeute. Heute steht sie kurz vor dem Aussterben, und daher unter Naturschutz.

Wir begaben uns hinüber ins Visitors Centre. Der oberste Naturschutzbeamte am Ort, er hieß Alex Miller, ein Senior Officer des Department of Conservation, kurz „DOC" genannt, spulte für uns seine Statistiken und Fakten ab: „Pro Jahr kommen 130 000 Besucher. Trotzdem ist dies noch eine echte Gemeinde auf landwirtschaftlicher Basis. Wir reiten nicht bloß huckepack auf dem Tourismusgeschäft. Was den Regen betrifft, ist die West Coast keineswegs die Wet Coast. Es regnet nur zu bestimmten Zeiten ziemlich stark. Die Wanderungen in der umliegenden Natur sind allerdings nicht ganz ungefährlich. Nach Welcome Flats muss man fünf bis sechs Stunden rechnen, für erfahrene Hiker. Es sind zwar Brücken an jenen Bächen errichtet worden, die zu Überflutungen neigen, man sollte die Route aber trotzdem nicht unterschätzen. An manchen kleineren Bächen und Strömen gibt es Stellen, an denen man im Treibsand auf Nimmerwiedersehen versinken kann. Einer von diesen Strömen in der Nähe der Drei-Meilen-Lagune hat bereits 26 Menschenleben gefordert. Tod durch Ertrinken in Flussmündungen galt früher als die für diese Region typische Kolonialkrankheit."

Wir verließen das Besucherzentrum in sichtlich aufgeheiterter Stimmung, um uns prompt erneut den Gefahren eines Aufstiegs ins Eis auszusetzen, diesmal zu Fuß. Ich fühlte mich der Lösung des Rätsels um den Franz Josef schon wesentlich näher. Als letztes hatte Alex uns nämlich noch einen wichtigen Hinweis gegeben. Und zwar, dass es der Geologe Julius von Haast gewesen sei, der „seinem Kaiser" zuliebe den Gletscher „Franz Josef" genannt hätte. Ein Österreicher also. Aber ein wahnsinniger. Ringsum hatte er jeden weiteren Gipfel, den er entdeckte, nach deutschen Fürsten benannt. Den „Fritz"-Gebirgszug, nach dem Preußenkönig, den „Moltke" (den die Neuseeländer „Molkie" aussprachen), den „Bismarck", den „von Bülow". Sogar der „Fox" hatte ursprünglich „Albert und Vik-

Fox Glacier. Wilde Moosarten bekommen im verregneten Klima der Gletscherregion Oberwasser.

toria" geheißen – Albert, Königin Viktorias Prinzgemahl, stammte ja ursprünglich aus Coburg.

Und Haast. Julius von Haast. Der Name war doch schon mal irgendwo gefallen, überlegte ich, während diesmal auch wir, mit Regenkleidung und schwerem Schuhwerk angetan, in einer Gruppe dem Franz Josef entgegenstapften – der sich seinerseits auf uns zu bewegte, denn gegenwärtig wuchs er um einen Meter täglich. Doch das konnte im nächsten Jahr wieder ganz anders aussehen – trotz oder gerade wegen des Ozonlochs.

Unter kundiger Führung, aber in Begleitung von paradoxerweise völlig bergungewohnten Schweizern, stiegen wir ins Eis. Unter uns strömte graues Gewässer hervor. Der Gletscher war also hohl – zumindest ausgehöhlt. Haushohe Brocken fielen fast täglich von ihm ab. Der Pfad, den wir uns Schritt für Schritt nach oben hackten, verlief immer wieder neu, immer wieder anders. In einer Höhe von vielleicht 150 Metern blickten wir uns um: Das perfekte Chaos. Zwischen den bläulich schimmernden Gletscherspalten tröpfelten Rinnsale in glasklare Badewannen voll eiskaltem Wasser. Schnee und Regen über uns. Vor uns Eis, Muren, Steinschlage und Bäche.

Mir wurde bei dieser Wanderung zum ersten Mal überhaupt bewusst, was das eigentlich war: ein Gletscher. Bis dahin hatte ich mir darunter immer so etwas wie ähnliches wie einen Eisberg vorgestellt, Marke Titanic, nur eben ins Gebirge transponiert. Stattdessen handelte es sich um einen grau-blau erfrorenen Fluss, in der Bewegung erstarrt. Wenn man so einen Gletscher im Zeitraffer filmte, verflüssigte er sich wieder, wurde zu einem wilden Gebirgsstrom.

Wie es der Zufall wollte, sah ich eine Woche später genau so eine Szene in einem Naturfilm im TV. Die Wellen bäumten sich auf, mit einer Wucht und Dramatik, die ihresgleichen suchte. Hätte man über längere Perioden hinweg Zeitrafferaufnahmen des ganzen Gletschers anfertigen können, so wäre zu sehen gewesen, dass er sich ständig, wie ein gewaltiger Kolben, vor und zurück bewegte, und dabei enorme Erdmengen abtrug. Auf diese Weise hatte der Franz Josef sich ein wahrhaft gigantisches Flussbett gegraben, gesäumt von Wasserfällen, angefüllt mit zermahlenem Gestein und riesigen Felsbrocken. Palmen sah ich keine.

Einige Kilometer nordwärts erinnerte uns dann am nächsten Tag ein von Schafen umringter weißer Obelisk daran, dass am 13. Dezember 1642 der holländische Seefahrer Abel Tasman an dieser Stelle erstmals jenes Landes ansichtig wurde, das in der Folge auf den Namen Nieuw Zelandt getauft wurde. Zugleich erfuhr man, dass dies das Stadtzentrum von Okarito sei; einst eine Goldgräber-, inzwischen eine Geisterstadt. Das Gold, das hier gefunden wurde, war längst ausgewaschen. Aber der Bevölkerungsrückgang war neuerdings gestoppt worden. Als der 23. Bewohner des Ortes unlängst starb, kaufte sich ein junger Möbeltischler das nunmehr leer stehende Haus: der „rechtschaffene fremde Zimmerer & Schieferdeckergeselle" Richard Walle, 26, aus Hamburg.

Er hatte soeben einen Holztisch aus Rimu- und Kauri-Holz angefertigt für Keri Hulme, die praktisch um die Ecke von ihm wohnte. Sie gilt als die zur Zeit international bekannteste und, neben Janet Frame,

Pfannkuchen. Hohe Wasserfontänen schießen unvermittelt aus den so genannten Blowholes in den Pancake Rocks nahe Punakaiki, deren Namensgeber sich an aufeinander gestapelte Pfannkuchen erinnert fühlten.

bedeutendste Schriftstellerin Neuseelands. Für ihren – auch von den Mythen und Symbolen der Maori inspirierten Roman "The Bone People" (deutsch: „Unter dem Tagmond") erhielt sie den renommierten Booker-Preis. Keri Hulme erzählt darin die Geschichte einer Malerin, die nicht mehr malen kann, eines Maori, der den Zugang zu seiner Kultur verloren hat, und eines stummen Jungen unbekannter Herkunft. Wie sich ihre Lebenswege kreuzen, wie die drei in einem schmerzhaften Prozess lernen, sich und ihre Gefühle auszudrücken, das ist keine einfache, aber eine bewegende Lektüre.

Bewegende Eindrücke hinterließ auch unser Besuch bei Keri Hulme. Literatur-Touristen, die zu einem Plausch bei der Autorin vorbeischauen wollten, erfuhren alles Wissenswerte schon am Gartentor: „Verpiss dich" stand dort zu lesen, und: „Unbekannte Katzen und Hunde werden ohne Ansehen der Person sofort erschossen." Und das war ernst gemeint. Im oktagonalen Hauptraum ihrer Wohnung bewahrte die Autorin – neben meterhohen Bücherwänden, Computer, Fax, Telefon, Topfpflanzen und Küchenutensilien – auch eine Luftpistole auf, und sie träumte davon, eines Tages das Tasman-Denkmal in die Luft zu sprengen, welches sie (nicht nur aus ästhetischen Gründen) scheußlich fand. Den Bezug zur Geschichte des Ortes trug Keri Hulme auf andere Weise zur Schau: durch einen knallgelben Ring aus Schwarzsand-Gold. Der 23-Seelen Ort Okarito bot ihr die nötige Ruhe und Abgeschiedenheit für die literarische Arbeit. Die Inspiration dafür holte sie sich bei Strandspaziergängen entlang der Flutlinie – bis hinüber nach Kohumarumaru Bluff. „Ich sollte besser hinzufügen, dass es danach gefährlich wird, außer bei tiefster Ebbe, weil man sonst leicht im Treibsand verschwinden kann", meinte Keri mit einem belustigten Augenzwinkern. Bei Ebbe konnte man hier auf den Felsen Muscheln einsammeln, Seehunde beobachten und die Brutplätze der weißen Reiher inspizieren. Auch sonst war Okarito einzigartig. Auf den menschenleeren Straßen herrschte ein reges Treiben – nur von Schafen.

Jenseits der Parkgrenzen beeindruckte uns dann die Natur auf andere Weise: sie klotzte, wo Kleckern gereicht hätte, setzte dutzendweise schneebedeckte Watzmänner in die Landschaft und packte locker eine Zugspitze nach der anderen dazwischen. Insgesamt erreichten hier 19 Gipfel über 3000 Meter.

Christchurch wirkte nach dieser Überdosis Natur fast wie eine Großstadt. Am Abend rief ich vom Hotel aus Christine an, eine gute Bekannte, die nicht nur zahlreiche Bücher über die Nationalparks und andere Themen geschrieben hatte – sie verfügt auch über ein enzyklopädisches Gedächtnis.

„Haast?" fragte sie. „Jetzt, mitten in der Nacht? Da bist du jedenfalls in Christchurch am richtigen Ort. Im Canterbury Museum steht eine Büste von ihm, mit einer Widmung – 'Er lebt in seinen Werken' – von seinen Landsleuten. Sir Julius von Haast."

„Und diese Landsleute – waren das Österreicher?" fragte ich.

„Nein, Haast stammte aus Bonn. Ist dort geboren, 1822. Er hat an der Friedrich-Wilhelm-Universität Geologie studiert und deshalb auch hier zwei Gipfel nach seiner Alma Mater getauft, Frederick und William. Mount Robert benannte er nach seinem kleinen Sohn, den er in Bonn zurückließ."

„Aha, verstehe", sagte ich. „Noch ein Bonner, wie Beethoven, der in Wien Karriere gemacht hat. Und dann hat er aus Dankbarkeit zu seinem' Kaiser diesen Gletscher ... ?"

„Irrtum. Haast ist nie in Wien gewesen. Er kam hier 1858 an (im gleichen Jahr wie die Possums, dachte ich) und wurde Gründer des Museums in Christchurch. Aber er hatte einige österreichische Freunde in Wissenschaftskreisen. Als Haast in den 60er-Jahren des 19. Jahrhunderts die Südinsel erforschte, hat er auch den Franz Josef entdeckt und so genannt. Dafür bekam er zwei Jahre später den Adelstitel verliehen."

„Das muss dem Kaiser wohl mächtig imponiert haben", sagte ich, „dass so ein riesiger Gletscher nach ihm benannt wurde."

„Wahrscheinlich. Dabei gibt's hier 360 Stück von der Sorte, und der Franz Josef ist mit 13 Kilometern sogar relativ klein. Der größte, der Tasman, ist 29 Kilometer lang und neun breit."

„Und das mit den Palmen?"

„Ist Quatsch. Aber Franz Josef kommt aus 3000 Metern Höhe herunter bis knapp 200 Meter über dem Meeresspiegel. Das ist was Besonderes."

Na prima, dachte ich – aber trotzdem schade, dass es kein Foto mit den Palmen vor dem Gletscher geben würde. Fotos sind einfach die besseren Fakten. **Tom Appleton**

New

Reben. Kommerziell werden die neuen Anbaugebiete auf der Südinsel – wie hier das Weingut Nautilus in Blenheim, Marlborough – immer wichtiger.

Rebland

WEINE FÜR DIE WELT

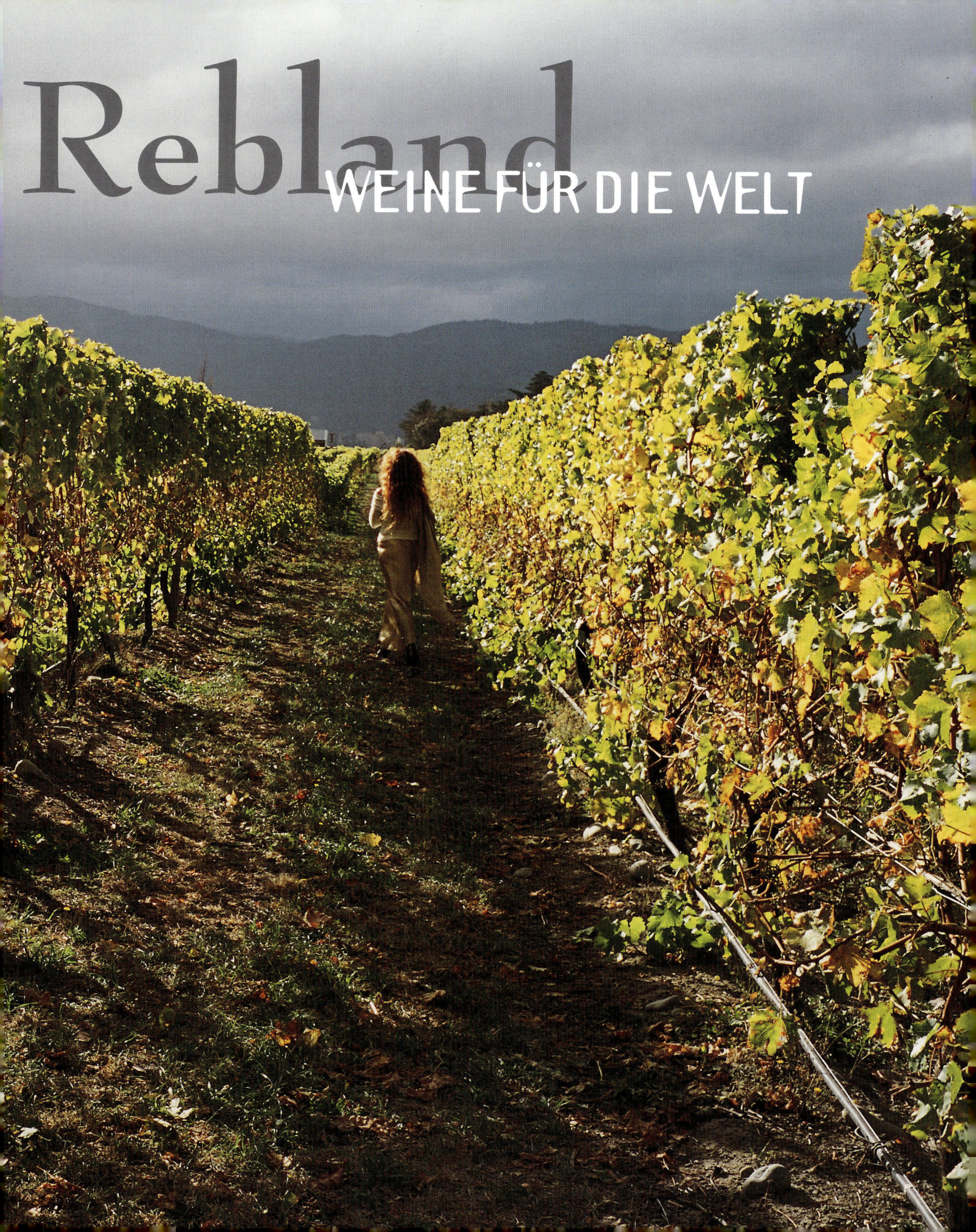

Grape Expectations. Schon die ersten Europäer – Missionare, die sich in Neuseeland niederließen – brachten einige Weinstöcke mit.

Sie heißen heute nicht mehr „Liebestraum" oder „Wohnsiedler". Neuseelands Weine müssen keine deutsche (oder mediterrane) Herkunft mehr vortäuschen, um im eigenen Land akzeptiert zu werden – und nicht nur da.

Neuseelands Weine sind inzwischen nicht mehr nur auf den eigenen Inseln, sondern auch auf den Weltmärkten anerkannt und tragen nicht unerheblich zum florierenden Export des Landes bei. Wobei Kenner Neuseelands sagen, dass sie erst dann auch in den eigenen Grenzen die längst verdiente Anerkennung fanden, als die neuseeländischen Winzer mit Auszeichnungen von Wettbewerben in Übersee zurückgekehrt waren. Schließlich verstanden sich die Kiwis ähnlich wie ihre australischen Vettern als eingefleischte Biertrinker. Wein, das war noch vor wenigen Jahren ein typisches Getränk für Ladies oder, wenn männlich, für Weicheier. Eine Einstellung, die man heute nicht einmal mehr in abgeschiedenen ländlichen Pubs findet. Die Kiwis sind überall im Land stolz auf ihre Weine, und selbst schlichte Kneipen erfreuen mit einer kleinen Weinauswahl. Neuseelands Weingüter treten heute unter ihren eigenen geografischen Namen an, firmieren etwa als Cloudy Bay, Wairau Peaks oder Omaka Springs – um nur ein paar Beispiele aus dem Weinbaugebiet von Marlborough zu nennen. In den Bistros von Auckland, Wellington oder Christchurch gehört es mittlerweile zum guten Ton, über die Vorzüge einzelner Lagen wortreich fachsimpeln zu können. Neuseelands Zeitungen und Zeitschriften berichten regelmäßig über die Weine des Landes – und über die der Konkurrenz in Australien, Amerika und Südafrika. Kurzum, das kleine Neuseeland schickt sich an, ein großes Weinland zu werden.

Aber die Weinhistorie des pazifischen Inselstaats reicht länger zurück, als der späte Erfolg der Weinbauern vermuten lässt. Schon die ersten Europäer – Missionare, die sich mit dauerhaften Ambitionen in Neuseeland niederließen – brachten ein paar Weinstöcke mit. Reverend Samuel Marsden pflanzte sie bald nach seinem Eintreffen im Jahr 1814 in der Bay of Islands an; in der Hoffnung, seinen eigenen Messwein heranwachsen zu sehen. Beim ersten Gottesdienst auf neuseeländischem Boden am Weihnachtstag desselben Jahres wird er aber wohl noch auf mitgebrachte Flaschen zurückgegriffen haben.

Was aus den Rebstöcken der Missionare geworden ist, versank im Dunkel der Geschichte. Bekannt ist aber, dass der erste offizielle Vertreter der englischen Krone, der „British Resident" James Busby, bald nach seiner Ankunft im Jahr 1832 auf seinem Grundstück in Waitangi einen eigenen Wein kelterte, einen Cabernet Sauvignon. Busby, der einen Teil seiner Jugend in französischen Weindistrikten verbracht hatte, war ein engagierter Liebhaber guter Tropfen, er hatte schon in Australien für den Weinanbau geworben.

Einem segensreichen Zusammenwirken von Kirchenmännern und Kennern des französischen Weinbaus verdanken die Neuseeländer auch ihr ältestes Weingut: Die katholischen Mönche der französischen Bruderschaft der Gesellschaft Mariä begannen im Jahr 1865 in ihrer Missionsstation an der Hawke's Bay den professionellen Weinbau, weil sie sich mit dem aus Früchten gekelterten Wein ihrer Vorgänger nicht zufrieden geben mochten. „Mount St. Mary Mission at Greenmeadows" hat anfangs zwar nur Wein für kirchliche Zwecke hergestellt, aber seine Produkte wegen der wachsenden Nachfrage bald

Edler Tropfen.
Auf dem Food & Wine Festival in Devenport, Auckland.

Sonnengereift. Cloudy Bay Vineyards in Blenheim, Marlborough.

auch an Privatpersonen verkauft. Das älteste Weingut Neuseelands musste zwar im Jahr 1897 nach einer Reihe von Überschwemmungen umziehen zum heutigen Standort, es hat aber seit seiner Gründung ohne Unterbrechung hochwertige Weine produziert.

Auch das älteste rein kommerzielle Weingut des Landes steht an der sonnenreichen Hawke's Bay: das Te Mata Estate. Eine Reihe weiterer bekannter Güter nutzt die günstigen Voraussetzungen an der Ostküste, darunter zum Beispiel Corban's Winery oder Vidal's Vineyard, der im Jahr 1905 von einem Spanier in Hastings gegründet wurde. Das Unternehmen ist ein Beispiel dafür, dass Einwanderer aus Südeuropa, aus Deutschland und Frankreich für die neuseeländische Weinwirtschaft noch wichtiger waren als die Missionare. Sie alle brachten ihre traditionellen Kenntnisse des Weinmachens und ihre gewohnten Traubenarten mit.

Eine besondere Gruppe waren die Kroaten und Dalmatiner. Sie wurden für die Suche von Kauri (Baumharzklumpen zur Lackherstellung) in den Wäldern nördlich von Auckland angeworben. Zwischen den Jahren 1897 und 1919 erhielten mehr als 5000 Männer und Frauen vom Balkan die begehrten Einreisezertifikate. Viele von ihnen legten später im scheinbar landwirtschaftlich nicht nutzbaren Norden Gemüse- und Weinfarmen an. Die Südeuropäer, wegen ihrer Zugehörigkeit zum österreichischen Reich als „Austrians" bezeichnet, begründeten die „Massenproduktion" von Wein in Neuseeland. Sie stießen dabei aber auch auf Widerstände. Zum einen, weil ihre Weine teilweise als minderwertig galten („Dally Plonk"), zum anderen wegen der Proteste der damals einflussreichen Anti-Alkohol-Gesellschaften.

Eine andere Gefahr wurde importiert: die Virenerkrankung, die um das Jahr 1870 den größten Teil der französischen Weinberge vernichtet hatte. Etwa 20 Jahre später erreichte das Virus auch die neuseeländischen Rebstöcke und zerstörte die meisten von ihnen. Fast alle Winzer mussten völlig von vorne anfangen, viele mussten ihre Weingüter aufgeben.

Die Hawke's Bay ist dennoch eines der wichtigsten Weinanbau-Gebiete auf der Nordinsel geblieben, andere sind Northland, Waikato/Bay of Plenty, Gisborne,

Weinland.
Inzwischen gehört es überall zum guten Ton, über die Vorzüge einzelner Lagen fachsimpeln zu können.

Wellington und Auckland. Die größte Stadt des Landes hat eigens einen „Auckland Wine Trail" geschaffen, der sich im Wesentlichen auf die Anbaugebiete von Henderson und Kumeu konzentriert. Sie sind etwa 18 beziehungsweise 25 Kilometer von Auckland entfernt – ein gemächlicher Tagesausflug. Wie fast überall in Neuseeland stehen die Weingüter entlang des Trails offen für Kostproben, oft auch für Besichtigungsgänge durch Abfüllanlagen und die Lagerkeller.

Ein weniger bekanntes Weingebiet liegt nahe der Hauptstadt Wellington: Wairarapa. Die meist kleineren Weingüter dieses Gebiets, das bisweilen als „Toskana von Neuseeland" gerühmt wird, stehen aber auch für Besichtigungen offen. In der Mebus Winery bei der Ortschaft Dakins Road zeigen die Besitzer, zwei Brüder aus Amsterdam, gerne ihre Spezialkonstruktion, die den Wein ohne Pumpen aus der Presse direkt in die Fässer laufen lässt. Eine Besonderheit bietet auch der Gladstone Vineyard am Ruamahanga River. Seine Besitzer, ein aus Schottland stammendes Paar, veranstalten im Sommer gemeinsam mit der Victoria University ein Shakespeare Festival, bei dem die Stücke auf einer Gartenbühne gespielt werden und die viktorianische Villa des Weinhofs als Kulisse dient.

Die historische Wein-Vorherrschaft der Nordinsel ist seit einigen Jahren ins Wanken geraten, denn die relativ neuen Anbaugebiete auf der Südinsel werden kommerziell immer wichtiger. Das gilt vor allem für die Region Marlborough. Weitere Weinregionen sind Nelson, Canterbury und Central Otago weit im Süden. Neuseeland baut zwischen dem 36. und 45. Breitengrad Wein an, das ist ein Gebiet von rund 1600 Kilometer Länge. Verglichen mit Europa entspräche das einer Zone, die vom Bordeaux bis ins südliche Spanien reichen würde. Die klimatischen Unterschiede in Neuseeland bringen es mit sich, dass die Erntezeiten sehr unterschiedlich sind. So werden beispielsweise die Chardonnay-Trauben zwischen Northland und Gisborne bereits Ende Februar oder Anfang März geerntet, in Central Otago – dem südlichsten Chardonnay-Gebiet der Welt – von Mitte bis Ende April.

Die wichtigsten Traubensorten sind neben Chardonnay vor allem Müller-Thurgau (mit rückläufigem Anteil), Riesling, Pinot Gris und Sauvignon Blanc. Die Rotweinwinzer konzentrieren sich auf die selteneren Sorten Pinot Noir und Cabernet Sauvignon. Die größten internationalen Erfolge erzielt das Land mit seinem Sauvignon Blanc; hier ist Neuseeland sogar der weltweite Maßstab für Qualität – eine Erfolgsgeschichte, die erst wenige Jahre alt und untrennbar mit dem Namen Marlborough verbunden ist.

Die Region im Norden der Südinsel trug noch im Jahr 1970 kaum einen kommerziell genutzten Rebstock, obwohl bereits hundert Jahre zuvor einige Pioniere den Weinbau erprobt hatten. Erst um das Jahr 1973 ließen sich die ersten der heutigen Winzer in dem Gebiet nieder. Zu den Vorreitern gehörte Montana Wines von der

Sauvignon Blanc. Im Awatere Valley, nahe Blenheim, Marlborough, gedeiht jene Rebsorte, die Neuseeland auf die Weinkarten der Welt platzierte.

Gut und viel(fältig). Die Weingüter Allan Scott, Gibbston Valley, French Farm und Longview.

Erntehelfer. Marlborough ist eine der besten Weinregionen Neuseelands.

Nordinsel, das seine Anbauflächen erweitern wollte. Dabei geriet auch die Südinsel ins Visier, wobei Montana zuerst an die Region Canterbury dachte. Da sich dieses Vorhaben bei den Berechnungen als wirtschaftlich weniger interessant erwies, schaute sich das Unternehmen auch die Landschaft rings um Blenheim an. Schließlich gilt die Stadt in Neuseeland als „Sonnenschein-Kapitale".

Für Montana erwies sich schnell, dass die Firma die richtige Wahl getroffen hatte: Die günstige Bodenbeschaffenheit, der Sonnenreichtum, der ausgedehnte Herbst und die frischen kalten Wintertage boten die Voraussetzungen für exzellente Sauvignon Blancs. Das bewiesen auch einige kleinere Weingüter, deren Besitzer sich inzwischen im Tal des Wairau River niedergelassen hatten. Deren Erfolg zog schnell zahlreiche andere neuseeländische Winzer nach, und bald waren auch die ersten Investoren aus Frankreich, der Schweiz und Australien zur Stelle.

Ein Ire, Ernie Hunter, gründete im Jahr 1979 das nach ihm benannte Weingut. Er war der Erste, der die Weine aus Marlborough in Europa bekannt machte. Dies löste den einträglichen Exportboom vor allem für die Weissweine von Marlborough aus.

Für ein australisches Weingut hat sich das finanzielle Engagement in Neuseeland als ein besonders gutes Geschäft erwiesen. Es hatte vor einer Reihe von Jahren das damals noch wenig bekannte Weingut Cloudy Bay erworben, dessen Sauvignon Blanc heute als einer der weltweit besten Weine dieser Sorte gilt. Inzwischen haben die Australier Cloudy Bay weiterverkauft – der französische Konzern Veuve Cliquot wollte Neuseelands renommierteste Wein-Marke unbedingt in sein Champagner- und Wein-Imperium aufnehmen.

Marlborough ist in Windeseile zum größten Anbaugebiet Neuseelands gewachsen. Die rund 4000 Hektar Weinberge bei Blenheim, im Wairau Valley, im Distrikt Rapaura und im Awatere Valley repräsentieren bereits mehr als ein Drittel der gesamten Rebenfläche des Landes.

Zu den bekanntesten der mehr als siebzig Weingüter gehören neben Cloudy Bay und Montana Namen wie Forrest Estate, Hunter's, Nautilus, Huia, Alan Scott und Cairnbrae. Einige Weingüter produzieren inzwischen auch erfolgreich einen trocke-

Kost und Logis. Die Mission Winery in Napier, Hawke's Bay, daneben das Hotel d'Urville in Blenheim, Marlborough.

nen Sekt, der sich zumindest auf dem Heimatmarkt guter Nachfrage erfreut. Wie oft, wenn sich eine neue Weinregion entwickelt, entstand auch an den Marlborough Sounds eine Destillerie, sie produziert mittlerweile verschiedene Obstbrände und andere Schnapssorten.

Der Weinbau hat Marlborough überdies auch eine blühende Tourismusbranche gebracht. Gut ein halbes Dutzend Firmen offeriert „Wine Tours" – je nach Wunsch im Kleinbus oder in der „stretched limo", der überlangen Edellimousine. Vier Weingüter reagierten bereits auf den Trend und legten sich komfortable Gästezimmer zu, andere haben ähnliche Ausbaupläne. Einige Weingüter eröffneten ihre eigenen Restaurants. Die Gastwirte der unabhängigen Restaurants sprechen von einer deutlich gestiegenen Nachfrage nach gehobener Küche und nach lokalen Spezialitäten. Dazu gehören Miesmuscheln – die kleine Stadt Havelock am Pelorus Sound wird nicht zu Unrecht „Hauptstadt der Miesmuscheln" genannt. In den tiefen und klaren Gewässern der Marlborough Sounds, vor allem im Pelorus Sound, werden jährlich rund 60 000 Tonnen der schmackhaften Schalentiere gezüchtet. Das sind rund 80 Prozent der neuseeländischen Muschelproduktion. Auch der Crayfisch, eine Hummerart, ist außerordentlich beliebt. Er stammt meist von Kaikoura – der Maori-Name der Ortschaft bedeutet „Hummer essen". Kaikoura wird allerdings auch von den konkurrierenden Weinmachern im Waipara Valley als ihr Verbündeter angesehen – davon später mehr.

Lange bevor Marlborough als Weinland bekannt wurde, war die Region bereits geschätzt für ihre sonstigen landwirtschaftlichen Produkte, vor allem für Gemüse und Obst. Dieses Renommee bringt die Provinz jetzt ein in das Konzept, sich als führende Gourmet-Region Neuseelands zu profilieren. Dazu dient unter anderem das jährliche Marlborough Wine & Food Festival: An einem Samstag im Februar präsentieren sich in einem Weingut alle führenden Winzer der Region mit ihren Produkten. Die Besucher zahlen einen Einheitspreis, in dem alle Weinproben enthalten sind. Offeriert werden ferner „professionally presented gourmet foods": Gerichte, die vorwiegend aus den Produkten der Umgebung zubereitet werden.

Für Marlborough sind solche touristischen Angebote – zu denen auch ein "Wine Trail" gehört – wichtig, weil die Provinz zwar reich ist an eindrucksvollen Landschaften, aber von vielen Touristen nur als Durchgangsstation ins Innere der Südinsel wahrgenommen wird. Viele Urlauber kommen mit der Fähre von Wellington und sind beeindruckt von den Marlborough Sounds. Auf dem letzten Teil der Strecke vor dem Anlegen in Picton ist das Schiff nur noch zwischen fast einsamen Buchten und Fjorden unterwegs. Aber die Reisenden glauben, so klagen lokale Tourismusmanager, dann schon alle Attraktionen von Marlborough gesehen zu haben und bleiben nicht länger in der Region.

Dabei hat die Provinz, die mit dem Slogan „Discover Paradise" wirbt, schon einen ihrer ersten Besucher beeindruckt: James Cook ging während seiner drei Reisen durch den Pazifik insgesamt fünfmal im

Cheers.
Der Neufundländer Chloe gehört sozusagen zum Inventar der Torlesse Winery in Waipara, Canterbury. Der Wein scheint offenbar selbst himmlischen Ansprüchen zu genügen zu können, glaubt man Rachels strahlendem Blick.

Queen Charlotte Sound, einem Teil der Marlborough Sounds, vor Anker. Das war durchaus geplant, denn in der sicheren und günstig gelegenen Bucht ließ er für künftige Besuche verschiedene Gemüsesorten pflanzen und Haustiere aussetzen. Die Fähre über die Cook Strait zwischen den beiden Hauptinseln fährt durch diesen Queen Charlotte Sound. Hin und wieder sieht man bei der Überfahrt einsam liegende Häuser und Gehöfte. Sie erhalten ihre Post und sonstige Waren per Boot – ein kleines Schiff, das auch Touristen auf seinen täglichen Touren von Picton nach Havelock und zurück mitnimmt.

Touristisch hat es die benachbarte Region Nelson, ein aufstrebendes Weinanbaugebiet, etwas leichter, denn sie ist quasi das Portal zu zwei vielbesuchten Nationalparks, dem Abel Tasman Nationalpark und dem Nelson Lakes Nationalpark. Zum Thema 'Wein in Neuseeland' hat das Gebiet rings um die Hafenstadt Nelson ein eher bizarres historisches Kapitel beigesteuert: Im Jahr 1843 machte das erste von zwei deutschen Auswandererschiffen fest in Nelson. Unter den lutherischen Neuankömmlingen, die aus verschienenen Gebieten Deutschlands stammten, waren auch einige erfahrene Winzer, die in ihrer neuen Heimat Trauben anbauen wollten. Weil aber der reichste Mann unter ihnen, der Besitzer der Weinstöcke, seine Nachbarn terrorisierte, gossen sie ihm nächtens Seewasser über seine Pflanzen und zerstörten sie damit. Erst in den letzten Jahren hat sich bei Nelson wieder ein nennenswerter Weinbau entwickelt.

Eine andere Weinregion könnte sich zu einer größeren Konkurrenz für Marlborough entwickeln: das Waipara Valley in North Canterbury. Neuseelands „jüngstes und schnellstwachsendes Weinanbaugebiet" liegt etwa 65 Kilometer nördlich der Inselmetropole Christchurch. Die wichtigsten Traubensorten in der weiten Ebene sind Pinot Noir, Riesling, Chardonnay und natürlich Sauvignon Blanc. Einige Unternehmen bauen aber auch Pinot Gris, Gewürztraminer, Merlot oder Shiraz an. Der professionelle Weinbau begann im Tal des Waipara River erst Anfang der Achtzigerjahre. Inzwischen heißen dort insgesamt 14 Weingüter die Besucher zu Weinproben willkommen, unter ihnen sind bereits bekannte Namen wie Alan McCorkindale (der in Marlborough ebenfalls aktiv ist), Glenmark oder Torlesse.

Auch im Waipara Valley gibt es inzwischen Reiseveranstalter, die sich auf „Wine Tasting Tours" spezialisiert haben. Drei Weingüter ergänzten ihr Angebot durch Restaurants. Überdies hoffen die Weingüter auf eine touristische Strecke, die Mitte 2000 von der neuseeländischen Regierungschefin offiziell eröffnet wurde: die Alpine Pacific Triangle Touring Route. Diese etwa 370 Kilometer lange Rundstrecke verbindet das Weingebiet mit den Hanmer Springs, einem alpinen Erholungsgebiet mit bis zu 40 Grad heißen Heilquellen, und dem Distrikt Kaikoura, an deren Küste sich Wale beobachten lassen und die Gäste mit Delfinen schwimmen können.

Auf diese Urlauberroute setzt eines der Weingüter im Waipara Valley in besonderem Maße: Die Chancellor Estates legten sich nach einem Besitzerwechsel den Namen Alpine Pacific Wines zu. **Klaus Viedebantt**

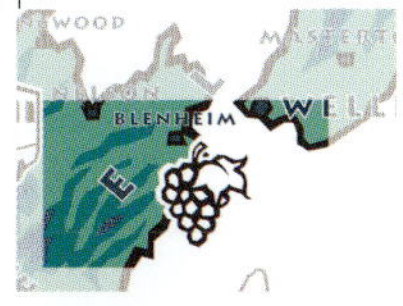

Reise-Tipps

FÜR IHREN URLAUB IN NEUSEELAND

Allgemeine Informationen, wichtige Adressen und Telefon-Nummern für eine Reise durch Neuseeland, mit besonderen Angaben zu den einzelnen Kapiteln.

Paradies. Wo sonst kann man das Paradies mit solch exakten Kilometerangaben benennen?

Gottes eigenes Land – Godzone – so nennen die Neuseeländer ihr Land. Kein Kiwi lässt sich die tief verwurzelte Überzeugung nehmen, in Gottes eigenem Land zu leben. Und wer ihr Land kennengelernt hat, wird diese Überzeugung zumindest teilweise nachvollziehen können.

Neuseeland liegt am südwestlichen Rand des Pazifiks. Die beiden großen Inseln – North Island and South Island – aus denen Neuseeland im wesentlichen besteht, sind etwa 5000 Kilometer gleich weit von Äquator und Südpol entfernt.

Wer sich in Neuseeland wohlfühlen will, sollte sich von einigen weit verbreiteten Vorstellungen trennen. Zunächst einmal ist dies kein tropisches Land und auch nicht die Südsee. Nach über 20 Stunden Flug kommt man in ein mehr oder weniger europäisches Land, was die Landschaften, das Klima und die Lebensweise der Menschen betrifft.

Häufig wird auch die Größe des Landes unterschätzt. Die beiden kleinen Inseln am unteren Rand der Weltkarte entpuppen sich mit einer Landfläche von rund 270 000 Quadratkilometern als etwa so groß wie die alten deutschen Bundesländer. Ausgedehnte Berg- und Hügellandschaften, viele Seen und Flüsse sowie eine buchtenreiche, außergewöhnlich lange Küstenlinie bestimmen die beiden großen Inseln.

Neuseeland wurde vor etwa 1200 Jahren erstmals von Polynesiern besiedelt, die mit ihren Segelkanus von den Gesellschaftsinseln im heutigen Französisch-Polynesien (Tahiti) kamen. Der erste Europäer, der Neuseeland sichtete, war im Jahr 1642 der Holländer Abel Tasman. Der Engländer James Cook kartographierte zwischen den Jahren 1768 und 1779 die gesamte Küstenlinie. Im Jahr 1840 wurde Neuseeland britische Kronkolonie, 1947 erlangte es volle Souveränität, ist formell jedoch bis heute dem englischen Königshaus untertan.

Neuseelands angenehmes Klima wird vom Meer bestimmt, mit gemäßigten Temperaturen (im Sommer 20-30 Grad, im Winter 5-15 Grad) und vorherrschend westlichen Winden. Durch seine Lage unterhalb des Äquators sind die Jahreszeiten entgegengesetzt zu denen der nördlichen Hemisphäre, die Sonne steht am nördlichen Himmel, die Temperaturen sind im Norden allgemein höher als im Süden. Neuseeland kann im Prinzip das ganze Jahr über bereist werden, wenn man nicht einen ausgesprochenen Badeurlaub bevorzugt. Der Sommer reicht von Anfang Dezember bis Ende April, zumindest auf der Nordinsel. Im Süden setzt der Herbst früher ein. Wegen der Laubfärbung sind die Herbstmonate auf der Südinsel am schönsten. Die Nordinsel ist wärmer und immergrün. Der Winter dauert drei Monate von Juni bis August, wobei nur auf der Südinsel auch in tieferen Lagen Schnee fällt, der allerdings selten liegen bleibt. Auf der Nordinsel schneit es nur auf den Vulkanbergen des Tongariro National Park.

Von den rund 3,8 Millionen Einwohnern leben fast drei Viertel auf der Nordinsel, im Schnitt hat Neuseeland mit rund 13 Einwohnern pro Quadratkilometer eine der niedrigsten Bevölkerungsdichten der Welt. Achtundsiebzig Prozent der Einwohner sind europäischer Abstammung, 15 Prozent sind Maori.

Die Hauptstadt Wellington (330 000 Einwohner) liegt an der Südspitze der Nordinsel. Das kulturelle Angebot ist einer Hauptstadt würdig, der Festivalkalender reicht durch das ganze Jahr. Die große Attraktion für Besucher ist Te Papa, das Nationalmuseum, das jedem kostenlos offensteht.

Die größte Stadt ist allerdings Auckland auf der Nordinsel mit knapp einer Million Einwohnern, im gesamten Ballungsraum sogar 1,3 Millionen. Fast 20 Pozent der Auckländer sind Maori oder polynesische Einwanderer aus dem Südpazifik. Die Stadt ist das Wirtschafts- und Handelszentrum des Landes und erste Station für die meisten Einwanderer. Die multikulturelle Bevölkerung trägt zum kosmopolitschen Flair der Stadt bei. Internationale Regatten wie das Volvo Ocean Race oder der America's Cup haben Auckland über Neuseeland hinaus bekannt und vor allem das Hafenviertel zu einem internationalen Treffpunkt gemacht.

Mit mehr als 300 000 Einwohnern ist Christchurch die größte Stadt der Südinsel. Den Beinamen „Garden City" verdient die Stadt zu Recht, ca. 20 Prozent der Stadtfläche bestehen aus Parks und Grünflächen. Vor allem aber ist Christchurch die englischste Stadt Neuseelands. Die Architektur der Altstadt mit ihren neugotischen Steingebäuden und Kirchen geben ihr ein romantisches mittelalterliches Flair. Mit zwei Universitäten und zahlreichen Colleges sieht sich Christchurch gern als geistiges Zentrum des Landes.

Die südlichste Stadt ist Dunedin, wegen der ausgeprägten viktorianischen Architektur auch Edinburgh des Südens genannt. Der Grundriss der schottischen Hauptstadt wurde nämlich auf Dunedin übertragen. Von den 110 000 Einwohnern sind viele schottischer Herkunft, was sich auch im Dialekt, in den Traditionen und in den Geschäften bemerkbar macht. Zum besonderen landschaftlichen Reiz dieser Stadt trägt die anschließende Otago Peninsula bei, die sich zu einem Natur- und Freizeitpark entwickelt hat.

Das touristische Potenzial Neuseelands liegt vor allem in seinen unberührten Naturlandschaften, deren Vielfalt von gletscherbedeckten Hochgebirgen bis zu tropischen Südseestränden reicht. Verschiedene Freiluftaktivitäten, die man heute unter den Schlagworten „Outdoor" oder „Adventure" zusammenfasst, bilden das Gros des touristischen Angebots. Ein dichtes Netz von Wanderwegen und Bergtouren führt durch die Nationalparks beider Inseln; viele Flüsse und Seen sowie eine buchtenreiche Küstenlinie bilden ideale Reviere für alle Arten von Wassersport. Pflanzen- und Vogelliebhaber kommen in Neuseeland ebenso auf ihre Kosten wie Fischer und Jäger.

Langeweile wird bei einem Aufenthalt in Neuseeland kaum aufkommen. Vierzehn Nationalparks, 13 000 Kilometer Küste, kilometerlange Strände und Sanddünen, ausgedehnte Regenwälder, ungezählte Seen, Gletscher, Fjorde und Hochgebirge mit mehreren Dreitausendern geben Spielraum für jede Art von Urlaub. Man kann den Neuseeländern nur beipflichten. Sie leben in Godzone Country.

ANREISE

Zwei nahezu gleichlange Anreisewege führen von Europa nach Neuseeland: in östlicher Flugrichtung über Asien bzw. Asien und Australien (z.B. mit der australischen Qantas über Singapur und Sydney, Zwischenstopps möglich), in westlicher Flugrichtung über die USA (z.B. mit Air New Zealand über Los Angeles). Wer mit Air New Zealand fliegt, kann seine Reise auch in der Südsee in Französisch-Polynesien, auf den Cook-Inseln, in Fidschi, Samoa oder Tonga unterbrechen. Die reine Flugzeit dauert ungefähr 24 Stunden. Der größte internationale Flughafen Neuseelands ist Auckland auf der Nordinsel.

UNTERWEGS

Es gibt mehrere Arten, das Land zu bereisen: im Campervan, Leihwagen, Express-Bus, eventuell auch in Kombination mit Flugzeug, Bahn, Motorrad oder Fahrrad. Es herrscht Linksverkehr, was etwas Umstellung erfordert, aber aufgrund des geringen Verkehrs auf den Landstraßen keine Schwierigkeit darstellt. Das Lenkrad befindet sich in neuseeländischen Fahrzeugen auf der rechten Seite.

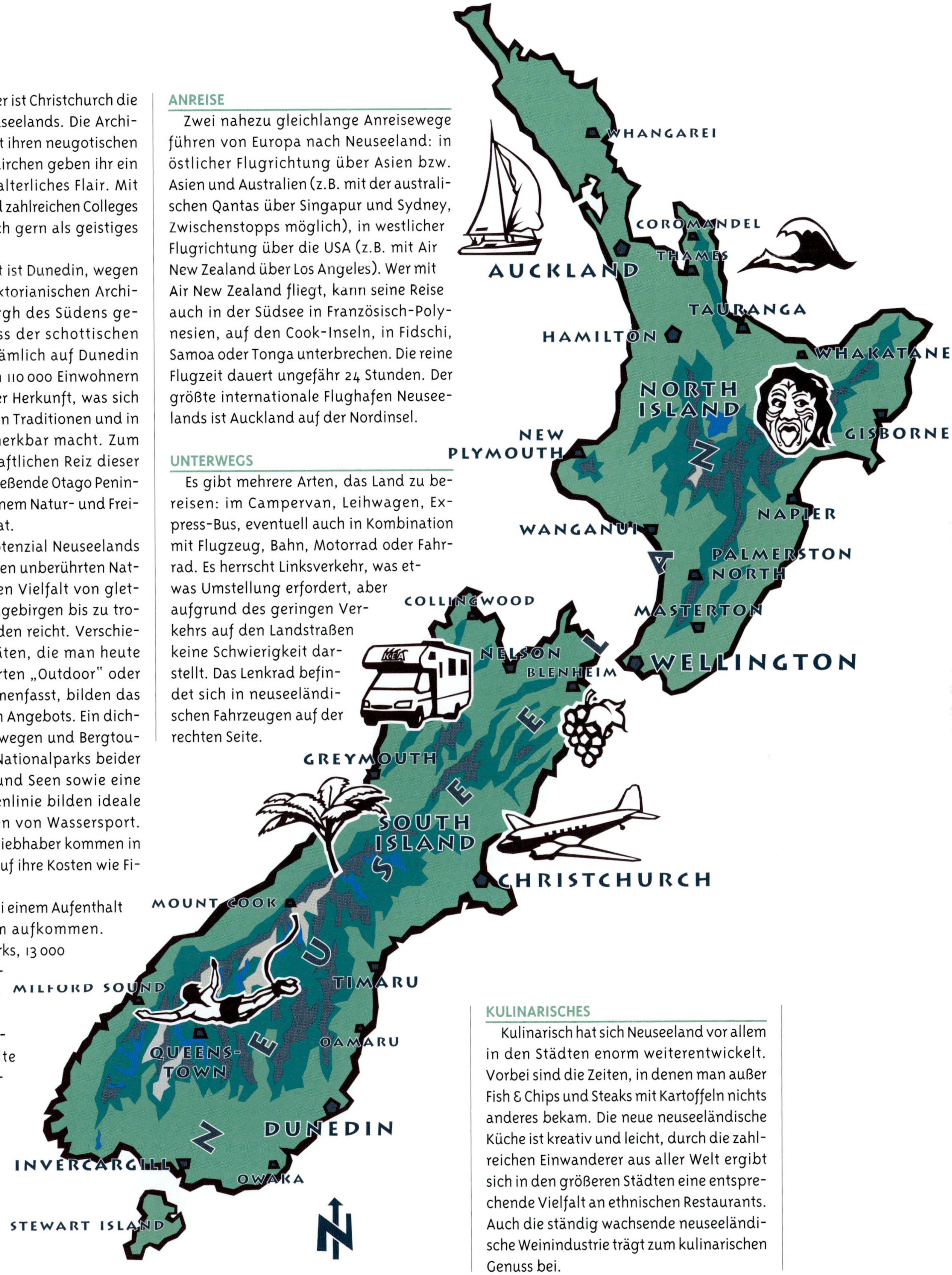

KULINARISCHES

Kulinarisch hat sich Neuseeland vor allem in den Städten enorm weiterentwickelt. Vorbei sind die Zeiten, in denen man außer Fish & Chips und Steaks mit Kartoffeln nichts anderes bekam. Die neue neuseeländische Küche ist kreativ und leicht, durch die zahlreichen Einwanderer aus aller Welt ergibt sich in den größeren Städten eine entsprechende Vielfalt an ethnischen Restaurants. Auch die ständig wachsende neuseeländische Weinindustrie trägt zum kulinarischen Genuss bei.

PIONAIR

Die nostalgische Rundreise mit der DC-3 wird von Pionair veranstaltet: **Pionair**

Propellerflug. Nostalgie über den Wolken in einer restaurierten DC-3.

Adventures Ltd., PO Box 333, Wigram Airfield, Christchurch, Tel. 0064-3-343 3333, Fax 3-343 3035, Internet: www.pionair.com

AUCKLAND

In der City of Sails ist das Hyatt Regency unsere erste Wahl, nicht nur wegen des deutschen Managements. Es liegt zentral, Stadtzentrum und Hafen sind zu Fuß zu erreichen. Von den Zimmern in den oberen Stockwerken hat man einen tollen Blick. Old English Style bietet das **Aachen House**, eines der schönsten Boutique-Hotels in Auckland (39 Market Road, Auckland 5, Tel. 0064-9-520 2329, Fax 9-524 2898, Internet: www.aachenhouse.co.nz). Die große Jugendstilvilla aus dem Jahr 1905 liegt in einem alten Garten im Stadtteil Epsom. Sie hat neun elegante Gästezimmer mit Bad. Woher allerdings der deutsche Name stammt, ist bisher nicht bekannt. **Villa Cambria** liegt auf der anderen Seite des Hafens, im malerischen Stadtteil Devonport, mit vielen Restaurants, Galerien und Geschäften (71 Vauxhall Road, Devonport, Auckland, Tel. 0064-9-445 7899, Fax 9-446 0508, Internet: www.villacambria.co.nz). Mit der Fähre ist man in zehn Minuten im Stadtzentrum.

Auckland hat als Metropole natürlich eine breite Auswahl an guten Restaurants und Bars. Für Snacks und Kaffee zwischendurch ist die High Street in der Innenstadt mit ihren kleinen Cafés und Takeaways ideal. Die beliebtesten „Essstraßen" sind die Ponsonby Road, die Parnell Road (beide auch gut zum Einkaufengehen) und das Viaduct Basin am Hafen, zu jeder Tageszeit und am Wochenende bis spät in die Nacht. In den Einkaufszentren und in der Queens Street gibt es tagsüber überall die so genannten Food Malls mit vielen kleinen Snackbars und Spezialitäten aus aller Welt. Eine der beliebtesten Kneipen ist das **Occidental Belgian Beer Café** (6-8 Vulcan Lane, Downtown, Tel. 0064-9-300 6226). Nach Büroschluss zwischen 17 und 20 Uhr ist hier aber kaum ein Stehplatz zu ergattern. Samstagmorgen trifft sich die südpazifische Bevölkerung Aucklands an dem **Pacific Market** in Otara (Parkplatz am Otara Shopping Centre von 6 Uhr bis mittags). Hier gibt es jede nur denkbare Obst- und Gemüseart, vieles direkt aus der Südsee eingeführt und auch eine gute Dosis Südseemusik .

STRÄNDE

Die besten Ausgangspunkte für die Traumstrände in Far North sind die Orte rund um die Doubtless Bay, wie Mangonui, Cooks Beach, Cable Bay, Taipa. Hier findet man jede Art von Unterkünften. Im kleinen Fischerort Mangonui ist der berühmteste Fish & Chips Shop des Landes mit einer Terrasse direkt über dem Wasser (**Mangonui Fish Shop & Takeaways**, Beach Road, Mangonui, Tel. 0064-9-406 0478). Unser Favorit im Norden ist **The Rocket Café** (Kerikeri Road, Tel. 0064-9-4073100) kurz vor Kerikeri in einer Obstplantage gelegen. Heimelige Atmosphäre, guter Kaffee, ausgezeichnete Küche, akzeptable Preise und freundlicher Service machen das Rocket Café zu einem der besten des Landes. Ein kleiner Deli-Laden mit Selbstgemachtem gehört ebenfalls dazu.

In Coromandel hat uns **Kuaotunu Bay Lodge** in Kuaotunu gut gefallen (State Highway 25, RD2, Whitianga, Tel. 0064-7-866 4396, Internet: www.kuaotunubay.co.nz). Bed & Breakfast mit Anspruch direkt an einem langen weißen Strand. Nette Gastgeber, ausgezeichnetes Frühstück und auf Wunsch auch Abendessen. Von hier aus sind alle Traumstrände Coromandels gut zu erreichen, auch einige einsame Geheimtipps in unmittelbarer Nähe. Im Ort Coromandel und in der Umgebung gibt es Muschel- und Austernfarmen, weshalb man an Imbissständen und in Restaurants des Ortes jede Art von Muschel- und Austerngerichten bekommt.

Kina Colada in Upper Motuere (Kina Peninsula Road, Upper Motuere, Tel. 0064-3-526 6700, Fax 526 6770) liegt strategisch günstig für viele Touren an der Nordküste der Südinsel. Das Wellness Retreat mit nur drei Zimmern liegt auf einer Halbinsel mit phantastischem Blick. In Pool und Sauna kann man relaxen, die deutsche Besitzerin Susanne sorgt für Body and Soul. Das **Boatshed Café** in Nelson ist zwar klein (350 Wakefield Quay, Tel. 0064-3-546 9783) aber über die Stadtgrenzen hinaus bekannt mit Seafood in allen Varianten. Das ehemalige Bootshaus liegt direkt über dem Wasser mit gutem Blick auf Nelsons Hafen.

Die Surfer-Szene und die Pinguin- und Albatross-Kolonien von Otago Peninsula lassen sich gut vom **Nisbet Cottage** aus erkunden (6A Elliffe Place, Shiel Hill, Dunedin, Tel. 0064-3-454 5169, Fax 454 5369, Internet: www.nznatureguides.com). Gastgeberin Hildegard Lübcke hat ihre eigenen Natur-Touren dorthin. Das **B&B** hat drei Gästezimmer mit Bad und Blick und gutem Frühstück. Das **High Tide Waterfront Restaurant** (32 Kitchener Street, Dunedin, Tel. 0064-3-477 9784) hat außer einem phantastischen Hafenblick auch eine ausgezeichnete Küche.

Die einzige Ansiedlung auf Stewart Island ist Halfmoon Bay. Hier liegt auch die **Stewart Island Lodge** mit Rundumblick (Halfmoon Bay, Stewart Island, Tel./Fax 0064-3-219 1085, Internet: www.stewartislandlodge.co.nz). Die Lodge hat ein eigenes Restaurant mit Gerichten und Weinen aus dem südlichen Neuseeland; es gibt sogar eine deutsche Bäckerei (10 Thule Road, Golden Bay, Stewart Island, Tel. 0064-3-219 1457). **Third Rock Bakery** hat eine gute Auswahl an europäischem Brot.

TE KAHA

In Te Kaha kommt eigentlich nur die **Tui Lodge** zum Übernachten in Frage (201 Copenhagen Road, Te Kaha, Tel. + Fax 0064-7-325 2922); ein typisches Homestay mit Rundumversorgung und Familienanschluss. Die exklusive **Huka Lodge** liegt in Ausflugsnähe von Rotorua und Taupo (Huka Falls Road, Taupo, Tel. 0064-7-378 5791, Fax 378 0427, Internet: www.hukalodge.co.nz). Zwanzig exquisite Bungalows stehen in malerischer Lage auf einem großen Park am Huka River. Hier steigen nicht nur Neuseelands Staatsgäste ab, u.a. auch die

Queen, sondern Industriebosse und Prominenz der Glitzer- und Medienwelt. Das Gästebuch ist beeindruckend.

CAMPERTOUR

Die in diesem Buch beschriebene Campertour wurde mit einem Fahrzeug von **KEA Campers** gemacht (Tel 0064-9-444 4902, Fax 444 2990, Internet: www.kea-campers.com). KEA Campers haben eine Top-Ausstattung nach europäischem Standard. Dazu gehören große Kühlschränke, Klimaanlage, Standheizung, Mikrowelle, Gasherd. Die größeren Camper haben Dusche, WC und Waschbecken, Grill und Dunstabzugshaube. Alle Camper sind hoch genug, um aufrecht zu stehen, die Betten sind komfortabel und groß. In den Verleihstationen in Auckland und Christchurch spricht man auch Deutsch.

Bei den **Mussel Boys** in Havelock am Pelorus Sound (73 Main Road, Havelock., Tel. 0064-3-574 2824, Fax 574 2878, Internet www.musselboys.co.nz) bekommt man Muscheln in jeglicher Form , dazu Wein aus der Region oder ein frischgezapftes Bier. Das rustikale Lokal hat eine Dependance in Kaikoura. In Wanaka lohnt sich der Abstecher zum **Rippon Vineyard** (Mt. Aspiring Road, Tel. 0064-3-443 8084, Internet: www.rippon.co.nz). Phantastisches Essen in unglaublich schöner Umgebung. Leider nur tagsüber geöffnet und im Mai und Juni geschlossen.

QUEENSTOWN

The **Dairy Guesthouse** (10 Isle Street, Tel. 0064-3-442 5164, Fax 442 5166, Internet: www.thedairy.co.nz) liegt zentral und hat acht Zimmer. Früher war es ein Tante-Emma-Laden (Dairy). **Browns Boutique Hotel** (26 Isle Street, Tel. 0064-3-441 2050, Fax 441 2060, Internet: www.brownshotel.co.nz liegt in der gleichen Straße. Blick auf See und Remarkables hat man von allen Zimmern des **Rydges Lakeland Resort** (38-54 Lake Esplanade, Tel. 0064-3-442 7600, Fax 442 9653, Internet: www.rydges.com.au). Die hoch gelobte **Matakauri Lodge** (Glenorchy Road, PO Box 888, Tel. 0064-3-441 1008, Fax: 441 2180, Internet: www.matakauri.co.nz) liegt außerhalb Queenstowns in Richtung Glenorchy. Phantastischer Blick auf See und Berge. Kulinarisch gut versorgt wird man im **Gibbston Vineyard** (State Highway 6, zwischen Queenstown und Cromwell, Tel. 0064-3-442 6910, Fax 442 6909, nur tagsüber geöffnet). Frisch gebrautes Bier gibt es bei **McNeills Brewery** (14 Church Street, Tel. 0064-3-442 9688), immer gute Stimmung und Live Musik ist in **Póg Mahones Irish Pub** (14 Rees Street, Tel. 0064-3-442 5382).

Den Routeburn Track kann man auch mit Führung machen und somit komfortabel in privaten Hütten übernachten (**Routeburn Track Guided Walk**, PO Box 568, Queenstown, New Zealand, Tel. 0064-3-442 8200, Fax 442 6072).

WESTLAND

Das **Fox Glacier Hotel** (Corner Cook Flat Road & SH6, Fox Glacier, Tel. 0064-3-751 0839, Fax 751 0868, Internet: www.resorts.co.nz) hat einfache Zimmer mit und ohne Bad und viel Charme und Pubstimmung.

NEW REBLAND

Die Winzereien der Hawke's Bay sind schnell und bequem vom Art Deco-Städtchen Napier zu besuchen. Das charmante **County Hotel** aus dem Jahr 1909 (12 Browning Street, Napier, Tel. 0064-6-835 7800, Fax 835 7797) hat zwölf Zimmer im Edwardian Stil mit hohen Decken, Holztäfelung und stilgerechter Möblierung. Das **Hotel d'Urville** in Blenheim (52 Queen Street, Blenheim, Tel: 0064-3-577 9945, Fax:577 9946, Internet: www.durville.com) ist die ideale Unterkunft in der Weinregion Marlborough mit einer Weinbar und Brasserie, in der Gerichte aus biologischem Anbau und Zutaten der Region sowie Weine aus Marlborough serviert werden. Wer auf deutschen Siedlerpfaden wandeln will, für den ist Nelson der ideale Ausgangsort. Das **California House Inn** ist ein Bed & Breakfast mit fünf geschmackvollen Zimmern in einer Jugendstilvilla und hübschem Garten (29 Collingwood Street, Nelson, Tel. 0064-3-548 4173, Fax 548 4173, Internet: www.californiahouse.co.nz). Eine der schönsten Töpfereien der Gegend ist **Neudorf Ceramics** (Tel. 0064-3-543 2640). **Höglunds Glassware Studio** in Richmond (Tel. 0064-3-544 6500) ist weit über Neuseeland bekannt.

Weiterführende Infos über das **Fremdenverkehrsamt** von Neuseeland, Rossmarkt 11, 60311 Frankfurt, Tel. 069-971211-0, Fax 069-971211-13, Internet: www.pure-nz.com.

Marianne Weissbach

Produktmanagement, Sonderausgabe:
Joachim Hellmuth

Lektorat:
Robert Fischer

Grafische Konzeption und Gestaltung:
PUBLIC IMAGE®, München,
(www.publicimage.de)

Umschlaggestaltung:
Studio Schübel, München

Herstellung:
Bettina Schippel

Repro:
Repro Ludwig, Zell am See

Bildnachweis:
Alle Abbildungen Australien:
Don Fuchs
Alle Abbildungen Neuseeland:
Holger Leue (www.leue-photo.com)

Stilisierte Kartografie und Piktogramme:
Frank Duffek, München

Übersichtskarten:
Astrid Fischer-Leitl, München

Gesamtherstellung:
Verlagshaus GeraNova I Bruckmann

Alle Angaben dieses Werkes wurden von der Autorin sorgfältig recherchiert und auf den aktuellen Stand gebracht sowie vom Verlag geprüft. Für die Richtigkeit der Angaben kann jedoch keine Haftung übernommen werden.

Für Hinweise und Anregungen sind wir jederzeit dankbar. Bitte richten Sie diese an:
Bruckmann Verlag
Postfach 40 02 09
D-80702 München
E-Mail: lektorat@bruckmann.de

Die Deutsche Nationalbibliothek verzeichnet diese Publikation in der Deutschen Nationalbibliografie; detaillierte bibliografische Daten sind im Internet über http://dnb.d-nb.de abrufbar.

Die beiden Originalausgaben erschienen unter dem Titel »Magisches Australien« (2001) und »Erlebtes Neuseeland« (2002).

ISBN 978-3-7654-5771-5

0
500 km
AUSTRALIEN
Sydney
NORDINSEL
Auckland
NEUSEELAND
40° s. Br.
Wellington
Christchurch
Tasman-See
STEWART ISLAND
SÜDINSEL
TASMANIEN
150° ö. L.
170° ö. L.
Cape Reinga
North Cape
Ninety Mile Beach
Houhora
Kaitaia
Whangaroa Bay
Whangaroa
Kerikeri
Bay of Islands
Waitangi
Russell
Paihia
Kaikohe
Kawakawa
Hokianga Harbour
Waiomio
Waipoua Kauri Forest
Whangarei
Dargaville
Marsden Point
Kaipara Harbour
GREAT BARRIER ISLAND
NORDINSEL
N
0
50 km
Warkworth
Hauraki Gulf
Puhoi
MERCURY ISLANDS
Helensville
Coromandel
Muriwai Beach
Auckland
Mercury Bay
Whitianga
Waitakere
Hot Water Beach
Firth of Thames
Manukau Harbour
Pauanui
Thames
COROMANDEL PENINSULA
Tasman-See
Waihi
Waihou
King Country
WHITE ISLAND
Hamilton
Tauranga
Mt. Maunganui
Waihau Bay
Bay of Plenty
East Cape
Matamata
Te Puke
Te Awamutu
Waikato
Lake Rotorua
Whakatane
Tikitere
Rotorua
Opotiki
Ohinemutu
Whakarewarewa
Waitomo Caves
Waimangu
Mt. Tarawera 1111 m
Raukumara Range
Lake Rotomahana
Lake Tarawera
Waiotapu
Tolaga Bay
UREWERA NATIONAL PARK
Wairakei
Huka Falls
Taupo
Lake Taupo
Lake Waikareiti
Gisborne
Lake Waikaremoana
New Plymouth
Poverty Bay
Turangi
Mt. Tongariro 1968 m
Mt. Ngauruhoe 2290 m
Mt. Taranaki 2517 m
Mt. Ruapehu 2796 m
TONGARIRO NATIONAL PARK
Hawkes Bay
MT. EGMONT NATIONAL PARK
Waiouru
Napier
Whanganui
RUAHINE STATE FOREST
Hastings
Te Awanga
Cape Kidnappers
Patea
Rangitikei
Ruahine Range
Whanganui
Waipukurau
Palmerston North
Levin
Tararua Range
TARARUA STATE FOREST PARK
Castlepoint
Masterton
Wellington
Lake Wairapapa
PAZIFISCHER OZEAN
Cook Strait
Cape Palliser

SÜDINSEL
N
0
50 km
Tasman-See
PAZIFISCHER
OZEAN
Cape Farewell
Golden Bay
Abel Tasman Track
Marlborough Sounds
Cook Strait
Aorere
Tasman Bay
ABEL TASMAN NATIONAL PARK
Aorerea R.
Picton
Havelock
Nelson
Blenheim
Karamea
Karamea Bight
Wairau
Lake Rotoiti
Lake Rotoroa
Inland Kaikoura Range
Seaward Kaikoura Range
Mt.Travers
2338 m
Westport
Cape Foulwind
Kaikoura
Charleston
NELSON LAKES NATIONAL PARK
PAPAROA NATIONAL PARK
Pancake Rocks
Punakaiki
Lake Summer
Greymouth
Lake Brunner
Shantytown
Southern Alps
ARTHUR'S PASS NATIONAL PARK
Waipara
Hokitika
Arthur's Pass
920 m
Pegasus Bay
Ross
Christchurch
Mt. Hutt
2226 m
Canterbury Plains
BANKS PENINSULA
Okarito Lagoon
Lake Ellesmere
Akaroa
Methven
Franz Josef Glacier
Mt. Tasman
3497 m
Fox Glacier
MT. COOK NATIONAL PARK
WESTLAND NATIONAL PARK
3754 m
Mt. Cook (Aorangi)
Lake Tekapo
Hermitage
Mackenzie Country
Lake Pukaki
Timaru
Haast
Haast
Lake Benmore
MT. ASPIRING NATIONAL PARK
Lake Ohau
Omarama
Lake Hawea
Mt. Aspiring
3027 m
Pukeuri Junction
Lake Wanaka
Oamaru
Wanaka
Moeraki
Milford Sound
Milford Sound
Cromwell
1692 m
Mitre Peak
Queenstown
OTAGO
Lake Wakatipu
Taiaroa Head
Dunedin
OTAGO PENINSULA
Te Anau
Lake Te Anau
FJORDLAND NATIONAL PARK
Milton
Lumsden
Manapouri
Invercargill
Catlins Coast
Bluff
RUAPUKE ISLAND
Foveaux Strait
Halfmoon Bay (Oban)
STEWART ISLAND